요한 크리소스토무스

LUDOLF BRÄNDLE
Johannes Chrysostomus
Bischof -Reformer -Märtyrer

© 1999 W. Kohlhammer GmbH, Stuttgart.
All rights reserved.

Translated by LEE JONG-HAN
Korean translation copyright © 2016 by Benedict Press, Waegwan, Korea.

Korean translation rights arranged with W. Kohlhammer GmbH.

요한 크리소스토무스
고대 교회 한 개혁가의 초상

2016년 3월 4일 교회 인가
2016년 3월 31일 초판 1쇄

지은이	루돌프 브랜들레
옮긴이	이종한
펴낸이	박현동
펴낸곳	성 베네딕도회 왜관수도원 ⓒ 분도출판사

등록	1962년 5월 7일 라15호
주소	39889 경북 칠곡군 왜관읍 관문로 61
전화	02-2266-3605(출판사업부) · 054-970-2400(인쇄사업부)
팩스	02-2271-3605(출판사업부) · 054-971-0179(인쇄사업부)
홈페이지	www.bundobook.co.kr

978-89-419-1606-2   03230
값 15,000원

이 책의 한국어판 저작권은 W. Kohlhammer GmbH와 독점 계약한 분도출판사에 있습니다.
저작권법에 의해 한국 내에서 보호를 받는 저작물이므로 무단 전재와 무단 복제를 금합니다.

요한 크리소스토무스

고대 교회 한 개혁가의 초상

Johannes
Chrysostomus

루돌프 브랜들레 지음
이종한 옮김

분도출판사

차례

머리말 7
연표 11

I. 순교자로 돌아오다 13

II. 삶과 활동 17
  1. 안티오키아 시절(349~397) 17
    1.1. 안티오키아, 동방의 꽃부리 17
    1.2. 유년기와 학창 시절 25
    1.3. 율리아누스 황제 34
    1.4. 은수사요 금욕 고행사 37
    1.5. 부제 시절(381~386) 43
    1.6. 사제 시절 초기(386~387) 50
    1.7. 안티오키아 폭동 57
    1.8. 발전의 시기(387~397) 62
    1.9. 사회 개혁의 단초들 71
    1.10. 안티오키아의 미사 76
    1.11. 신학적 중점들 78
    1.12. 뜻밖의 명령 81

  2. 콘스탄티노플 시절(397~403) 85
    2.1. 주교 서품 85
    2.2. 처음의 성공 102
    2.3. 콘스탄티노플 교회 개혁 110
    2.4. 최초의 위기들 114

2.5. 새로운 강조점들　121
2.6. 에우트로피우스의 실각　127
2.7. 요한과 고트인들　132
2.8. 에우독시아와의 충돌　138
2.9. 교회정치적 조처들　144
2.10. '키다리 수도승들'　158
2.11. 테오필루스 총대주교의 전략　169
2.12. '떡갈나무 시노드'　173

3. 유배(403~407)　187
3.1. 첫 번째 유배 그리고 콘스탄티노플로 돌아옴　187
3.2. 피로 물든 부활절　199
3.3. 두 번째 유배　205
3.4. 죽음의 행진　230
3.5. 훗날의 복권　233

주　243
주요 용어 해설　251
인명 해설　259
그림 출처　267
출전　269
참고 문헌　271

| 머리말 |

후세 사람들이 '크리소스토무스'Chrysostomus[황금의 입(金口)]라고 부르는, 안티오키아 출신의 콘스탄티노플 주교 요한은 고대 말엽 교회의 위대한 인물이다. 요한 크리소스토무스는 주일마다 수천 개의 정교 성당에서 거행되는 그의 이름을 딴 전례를 통해, 그리고 수많은 사본으로 전해져 왔고, 대부분 현대어로 번역된 그의 저술들을 통해 오늘날에도 우리 가운데 살아 있다.[1]

나는 20년 남짓 요한 크리소스토무스의 작품과 활동을 집중적으로 연구했고, 이 교부에 관한 여러 종류의 책과 논문을 출간했다. 강연과 세미나와 대화에서 나는 요한이 오늘날에도 사람들의 마음을 사로잡을 수 있음을 자주 확인했다. 그런 까닭에 이 작은 책을 쓰게 되었거니와, 이 책은 전문가들보다는 교회사에 관심을 가지고 있는 일반 독자들을 대상으로 한다. 교부학에 정통한 사람들은 내가 다른 학자들의 저작에 크게 의지하고 있음을 알아챌 수 있을 것이다. 여기서 누구보다도 먼저 존 노먼 데이비드슨 켈리John Norman Davidson Kelly를 거명해야겠다. 그의 학술적 전기 『황금의 입. 요한 크리소스토무스 이야기』*Golden Mouth. The Story of John Chrysostom. Ascetic, Preacher, Bishop*에 큰 신세를 졌으며, 이 책 덕분에 몇 가지 중요한 세목細目에 대한 새로운 평가를 배웠다. 또한 피터 브라운 Peter Brown의 대가다운 저작 『천사들의 정결』*Die Keuschheit der Engel*과 로버트 루이스 윌켄Robert Louis Wilken의 탁월한 연구 『요한 크리소스토무스와 유다인들』*John Chrysostom and the Jews*도 마땅히 언급해야겠다. 바우르P. Chrysostomus Baur의 두 권짜리 전기『요한 크리소스토무스와 그의 시대』 *Johannes Chrysostomus und seine Zeit*는 아직도 많은 도움을 준다. 바우르는 크리소스토무스에 관한 사람들의 표상을 수십 년 넘게 꿀지어 왔다. 이 책에서 그리스어 본문의 번역은 통상 바우르를 따랐지만, 매번 그의 번역문을 꼼꼼히 살펴 더러는 바로잡기도 했다.

부록에는 우선 미주가 들어 있다. 미주에서는 주로 인용 구절들의 출처를 명기했다. 주요 용어 해설에서는 일반인이 잘 모르는 용어들을 간략히 설명했다. 더 많은 정보는『고대와 그리스도교에 관한 백과사전』 *Reallexikon für Antike und Christentum*(Bd. 18, 1997, 426-503)에 실린 요한 크리소스토무스에 관한 나의 논문을 참조하라. 인명 해설에서는 이 책에 등장하는 사람들의 이름을 열거하고, 그들의 직책 등을 간략히 설명했다. 기쁘게도, 출판사가 책에 그림 몇 개를 집어넣자는 나의 제안을 받아들여 주었다. 그림 목록에서 출처를 좀 더 상세히 밝혔다. 끝으로 주요 출전들의 목록과 선별한 참고 문헌들을 제시함으로써 부록을 마무리했다.

나는 이 책에서 요한 크리소스토무스의 역사를 내 말로 재현하고, 그러는 가운데 그의 설교와 행동의 아주 중요한 측면들을 뚜렷이 제시하려 애썼다. 종종 그의 저작들을 인용했는데, 이것들은 미주에 표시되어 있다. 또한 때로는 요한의 상론詳論들을 알기 쉽게 풀어 요약했으며, 그런 경우 상세한 인용 표시는 생략했다.

이 역사의 무대는 고대의 두 대도시 안티오키아(오늘날 터키 남부의 안타키아)와 콘스탄티노플인데, 우리는 4세기 후반의 이 도시들에 관해 상당히 많은 정보를 가지고 있다. 안티오키아에서는 354년부터 393년까지 리바니우스가 활동했다. 그는 옛 종교들에 줄곧 충실했던 수사학 교수로서,

수많은 이교·그리스도교·유다교 젊은이들의 스승이었다. 리바니우스의 연설들과 1544통이나 되는 그의 편지들이 보존되어 있다.[2]

율리아누스 황제(재위 361~363)도 이 도시에 일곱 달 동안 주재하면서, 몇 가지 저술을 남겼다.[3] 안티오키아에서 요한 크리소스토무스는 수많은 설교를 했는데, 다수가 보존되어 있으며 우리에게 이 도시 주민들과 그들의 삶을 충분히 엿보게 해 준다. 역사가 암미아누스 마르켈리누스[4]도 안티오키아 출신이다.

콘스탄티노플에 관한 자료 역시 넉넉하다. 이 수도에서 활동한 두 사람의 변호사요 교회사가인 소크라테스[5]와 소조메누스[6]는 테오도시우스 2세(재위 408~450) 치세에 자신들이 중요하게 여겼던 4세기와 5세기의 사건들을 기록했다. 그리고 400~403년의 사건들을 아주 가까이서 함께 겪은 팔라디우스 주교는 요한 크리소스토무스가 사망한 직후, 아마도 408년 아수안Assuan에 유배되어 있을 때, 요한의 삶과 운명에 관한 책[7]을 저술했는데, 주로 콘스탄티노플 시절과 유배 기간을 집중적으로 다루고 있다. 이로써 우리 역사의 가장 중요한 출전들은 거의 다 언급한 셈이다. 여기에 요한 크리소스토무스 사망 직후 '마르티리우스'라는 가명의 저자가 쓴 책자가 덧붙여지는데, 보충적 정보를 담고 있다.[8] 그 밖에 유배 시기와 관련하여 우리는 요한 자신의 편지 약 240편을 가지고 있다.[9] 그런데 지금까지 언급한 자료들의 보고 내용은 서로 항상 일치하지는 않는다. 또한 나는 이 책에서 종종 스스로 결정을 내려야 했는데, 학문적 서술에서와는 달리, 그 사실을 언급하거나 근거를 제시하지는 않았다.

나는 명확하고 알기 쉽게 쓰려고 애썼다. 그래도 포기할 수는 없다고 생각한, 일반인이 잘 모르는 몇 가지 낱말은 부록의 주요 용어 해설에서 간략히 설명했다. 현대 독일어에서는 불명료해진, 그리고 명백히 평가절

하하는 개념인 '이교인들'die Heiden이라는 낱말에 관해 한마디 하고 넘어가자. 요한 크리소스토무스는 통상 '그리스인들'die Hellenen이라고, 또는 더 일반적으로, '외부인들'이라고 말했다. 그런데 이 두 개념은 오늘날의 텍스트에는 적절하지 않다. 그런 까닭에, 부담 없는 다른 표현을 찾아내지 못한 것은 좀 안타깝지만, '이교인들'이라는 낱말을 계속 사용하는 수밖에 없겠다. 또 하나, 고유명사 표기 방식에 관해서도 잠깐 언급하자. 나는 통상 이름들을 라틴어 형태로(Theophilos가 아니라 Theophilus), 또 때로는 독일어에 맞추어 표기했다(Julianus가 아니라 Julian).

끝으로 감사할 일이 남았다. 바젤 대학의 우르스 요스 박사와는 이 책의 형식과 문체에 관해 고무적인 대화를 나누었다. 바젤 대학 동료 비트 브렌크 교수는 그림 선별과 관련하여 조언을 해 주었고, 또 기꺼이 자신이 수집해 놓은 사진들을 이용하게 해 주었다. 원고의 완성과 교정, 인쇄에 로마/바트 베를레부르크의 안티예 카셀, 취리히의 사무엘 C. 친슬리, 그리고 나의 조교들인 레굴라 타너와 마틴 하임가르트너가 귀중한 도움을 주었다. 노이엔데텔사우의 안드레아 시베르트와 콜함머 출판사의 위르겐 슈나이더는 원고가 책으로 나올 때까지 뛰어난 능력으로 함께해 주었다.

이 작은 책을, 1997/1998년 겨울 학기를 그곳 기숙사와 도서관에서 머물며 원고를 집필했던 로마의 '파콜타 발데세 디 테올로지아'Facoltà Valdese di Teologia에 삼가 드린다.

1998년 9월 14일 바젤에서
루돌프 브랜들레

| 연표 |

349 요한 크리소스토무스, 안티오키아에서 출생

349~374 안티오키아에서 유년기와 학업기

361~363 율리아누스 황제

363~364 요비아누스 황제

364~378 동방의 발렌스 황제

367 요한 크리소스토무스, 리바니우스 문하를 떠남

367~372 디오도루스의 금욕 고행자 동아리에서 수행

368 부활절에 세례 받음

368~371 멜레티우스를 보좌함

371 독서자로 서품됨

372~378 수도승과 은수자 시절

378 아드리아노플의 전투(학살)

378~381 독서자 시절

379~395 동방의 테오도시우스 1세 황제

380.2.28 테살로니카 칙령(「모든 민족」)

381 콘스탄티노플 공의회

383~386 부제 시절

381~408 동방의 아르카디우스 황제

386 사제로 서품됨. 설교자 직분 받음

387 안티오키아에서 '기둥 폭동' 발생

393~423 서방의 호노리우스 황제

394~395 유일 통치자 테오도시우스 1세

397 요한 크리소스토무스, 콘스탄티노플 주교가 됨

400.7.12 콘스탄티노플의 학살

401.4.10 테오도시우스 2세 출생

402 에페소 여행

403.9 '떡갈나무 시노드'

403.10 요한 크리소스토무스, 첫 번째 유배

404.6.20 두 번째 유배

407.9.14 코마나 폰티카에서 사망

408~450 동방의 테오도시우스 2세 황제

I. 순교자로 돌아오다

438년 1월 27일 늦은 저녁, 아시아 쪽으로부터, 귀중한 짐 하나를 실은 배 한 척이 '황금 뿔' 만(灣)을 통해 콘스탄티노플로 들어왔다. 이 배를 횃불을 환히 밝힌 수많은 작은 배들이 에워싸고 따랐기 때문에, 사람들은 육지가 바다로 이어진 것처럼 느낄 수도 있을 터였다. 해안에는 황제 테오도시우스 2세가 수행원들과 함께, 요한 크리소스토무스의 유해를 맞을 준비를 하고 있었다. 무수한 능불이 비추는 가운데 관이 땅에 내려섰다. 황제가 관 앞에 무릎을 꿇었고, 거기에 이마를 대고 기도하며 자기 부모 아르카디우스와 에우독시아가 무지하여 저지른 짓을 용서해 주기를 망자에게 간청할 때, 무거운 정적이 사람들을 짓눌렀다. 그런 다음 황제와 총대주교를 동반한 불빛의 행렬은 도시 한가운데를 관통하여, 이레네 성당과 성 소피아 대성당을 지나 사도 성당으로 향했다.

　백 년 전 콘스탄티누스 대제는 이 성당을 건립하게 하고 자기가 묻힐 장소로 정했다. 반구형 지붕이 덮인 이 중앙집중식 건축물의 중앙에는 제단이 자리했고 열세 개의 기둥이 원형 공간을 형성하고 있었다. 그중 열두 개는 사도들의 기념비를, 열셋째 것은 황제의 묘지를 표시했다. 카이사리아의 에우세비우스가 쓴 콘스탄티누스 전기에 따르면, 황제는 자신이 사도 중의 하나로 공경되리라 예견했다고 한다. 전통적으로 황제들과 총대주교들의 묘지인 이 영묘靈廟에 이제 저 머나먼 코마나로부터 모셔 온, 요한 크리소스토무스의 유해가 담긴 관이 엄숙하게 매장되었다.[1]

이로써 하나의 새로운 역사가 시작되었다. 성 요한 크리소스토무스의 역사 말이다. 해마다 부활 주간 월요일이면 비잔티움 황제가 장엄한 행렬을 이끌고 그의 무덤을 참배했다. '크리소스토무스', 즉 '황금의 입'이라는 애칭이 6세기에 생겨났다. 그의 저작들은 널리 퍼져 나갔고 라틴어, 콥트어, 시리아어, 아르메니아어, 게오르기아어로 번역되었으며, 훗날 거의 모든 현대어로 옮겨졌다. 요한 크리소스토무스와 대충이라도 견줄 수 있을 만큼, 많은 작품 사본이 전해 오는 교부는 없다. 표트르 대제(재위 1682~1725)는 러시아 교회에 내린 규정서에서, 러시아 성직자는 누구나 요한 크리소스토무스의 저작을 읽으라고 명했다. 또한 요한의 이콘들이 무수한 정교 성당에서 공경되고 있다. 정교 성당들의 중심 전례는 그의 이름을 따서 '성 요한 크리소스토무스의 거룩한 전례'라고 지칭되고 있다. 주일마다 수천 개의 정교 성당에서 거행되는 이 전례는 위대한 성인에 대한 기억을 생생히 보존하고 있다. 경문經文의 주요 부분들은 요한 크리소스토무스 자신에게 소급된다. 이는 특히 전례의 핵심 부분, 즉 기도와 전구轉求, 성찬 제정 말씀 및 망자들 호명을 테두리 짓는 성찬전례문 Anaphora에 해당된다. 이렇게 요한은 정교 특유의 전례 의식意識을 꼴지어 왔다. 988년 러시아인들의 개종에 관한 한 전설에 따르면, 여러 종교의 대표자들이 키예프의 블라디미르 대공에게 각자 자기 종교의 우월함을 납득시키려 애를 썼다. 러시아 사절단이 콘스탄티노플에서 무슬림, 유다인, 가톨릭 신자, 정교 신자 들의 다양한 예배를 참관한 뒤, 대大귀족Bojar 들의 회합 전에 자기네 대공에게 이렇게 보고했다. "그래서 저희는 그리스인들을 방문했고 그들은 자기네 신을 섬기는 곳으로 저희를 안내했는데, 저희는 천국에 있었는지 지상에 있었는지를 지금도 알 수 없습니다. 과연 지상에는 그런 광경과 그런 아름다움이 존재하지 않으며, 저희는 그것을 말로 표현할 수 없습니다. 다만 저희가 아는 것인즉, 그곳에선 신이 인간들 가운데 머문다는 사실입니다."[2]

한편 독창뿐 아니라 성가대 노래에서도 순전히 사람 목소리로만 부른다는 특징이 있다. 유다교 회당의 찬송에서처럼 악기는 없다. 그렇지만 차이콥스키로부터 라흐마니노프에 이르기까지 러시아 음악의 거장들이 크리소스토무스-전례를 음악화했다. 비잔티움 교회의 이 중심 전례가 어느 시점부터 이 위대한 성인의 이름을 따서 불리게 되었는지는 정확히 알 수 없다. 확실한 것은, 유스티니아누스 황제(재위 527~565) 치세에 콘스탄티노플의 성 소피아 대성당에서 거행된 전례가 크리소스토무스의 이름과 결부되어 있었다는 사실이다. 그에 대한 기억은 크리소스토무스-이콘을 통해서도 생생히 보존되어 있는데, 수많은 성당에서 이 이콘은 성화벽Ikonostase을 거쳐 제단 구역으로 통하는 입구에 장식되어 있다.

II. 삶과 활동

1. 안티오키아 시절(349~397)

1.1. 안티오키아, 동방의 꽃부리

"지상의 도시들 가운데 위대함과 아름다운 지세가 고르게 결합되어 있는 도시는 (안티오키아 외에) 달리 없다. 이곳으로 오는 사람은 전의 도시를 잊어버리며, 이곳을 떠나는 사람은 이 도시를 잊지 못한다"라고 4세기의 저명한 수사학 교수 리바니우스는 자기 고향 도시를 찬미했다. 그는 359년 올림픽 경기에 즈음하여 '안티오키아'라는 제목의 공개 연설을 했고, 나중에 이것을 보완하여 출간했다.[1] 그 명성이 그리스 땅의 올림픽 경기를 이미 오래전에 능가했던 이 경기에서, 시리아의 젊은이들이 달리기, 레슬링, 활쏘기, 경마 기량을 겨루었다. 우승자들은 평생 세금을 면제받을 수도 있었다. 다프네는 매혹적일 만큼 아름다운 지역이었음이 틀림없다. 안티오키아 남쪽으로 두 시간 거리의 이곳에는 부유한 안티오키아 시민들의 별장, 공중목욕탕, 티투스 황제가 건립한 극장, 온갖 종류의 경기장과 유흥 시설을 갖춘 드넓은 공원 지대가 펼쳐져 있었다. 다프네는 특히 여름에 인기가 많았다. 기분 전환을 위해 안티오키아 시민들이 수천 명씩 다프네의 나무 그늘과 물가를 찾았다. '다프네'(월계수)라는 이름은 한 요정을 상기시키는데, 아폴론 신의 구애를 피해 다니던 그녀는 신들에게 간청하여 이곳에서 월계수로 변했다고 한다. 그 변신의 순간을 지오반니 로렌조 베르니니가 놀라운 조각 작품으로 포착했다.[2] 아폴론이 다프네를 붙잡으려 손을 뻗자 그녀의 모습이 바뀌는데, 발에서 나무 뿌리가 자라나고 손에서는 월계수 잎들이 뻗어 나온다. 요한 크리소스토무스 시대만 해도 사람들은 이 나무를 알고 있었다. 한편 요한은 설교에서 화려한 다프네 교외를 종종 언급해야 했다. 사제로서 요한은 청중에게 다프네에서 보고 들을 수 있던 흐드러진 춤과 질탕한 연극에 대해 경고했다. 359년 요한은 열 살짜리 소년이었다. 우리는 요한이 다프네에서 열린 올림픽 경기에 함께하여, 훗날의 스승 리바니우스의 열렬한 연설을 귀 기울여 듣는 것을 생생히 그려 볼 수 있다. 스스로 이야기했듯이 요한은 학생 시절에 연극과 경주와 서커스 공연에 참여했다. 요한의 어머니 안투사가 어린 아들을 다프네로 데리고 갔는지, 아니면 요한 혼자 그곳으로 가는 것을 허락했는지는 물론 알 수 없다. 그녀는 이미 오래전부터 과부였다. 남편 세쿤두스는 아들이 태어난 지 얼마 되지 않아 사망했다.

안티오키아는 리바니우스 같은 이 대도시 시민들만이 아니라 외지의 방문객들도 그 장려함을 찬미했던 실로 아름다운 도시였다. 다프네에서 발견된 한 모자이크 부조浮彫에서는 화려하게 치장한 아름다운 여인을 통해 '넉넉한 마음'Megalopsychia을 표현하고 있다(그림 I 참조). 이 모자이크는 사냥 장면들로 에워싸여 있다. 테두리의 넓은 띠는 다프네와 안티오키아의 건물들을 보여 주며, 일상의 장면들을 도해圖解한다. 이 모자이크는 보는 사람의 상상력을 자극하는데, 우선 물이 풍부한 지대 한가운데 있는 다프네의 공공건물들과, 안티오키아 쪽 도로에 줄지어 있는 부유한 시민

그림 I 넉넉한 마음. 모자이크, 안티오키아

들의 화려한 집들을 보여 준다. 교외와 도시 사이의 비어 있는 땅을 시사하는 한 수목군樹木群이 모자이크 일부를 마무리한다. 이어지는 세로 방향의 가늘고 길쭉한 부분은 우리를 도시 안으로 이끈다. 먼저 상업 구역을 통과하여 대표적인 입상立像들이 늘어서 있는 공공 광장을 거쳐, 안티오키아를 북에서 남으로, 그리고 동에서 서로 잇는 유명한 주랑柱廊 거리에 이른다. 바로 다음에 이어지는 가늘고 긴 부분은 애석하게도 보존되어 있지 않다. 모자이크의 둘째 면은 한 다리 아치로 시작된다. 이로써 우리는 오론테스 섬에 도착했다. 여기서 모자이크는 '큰 성당'이 우리 앞에 우뚝 솟아오르게 한다(52쪽 그림 VI 참조). 한 남자가 성당 앞에서 손을 들고 기도하고 있다.

안티오키아는 실피우스 산과 오론테스 강 사이의 약 20제곱킬로미터의 평지에 펼쳐져 있었다(시가 지도: 23쪽 그림 Ⅱ 참조). 시의 성벽들은 건물이 들어서지 않은 지역도 에워쌌고, 그래서 도시 안에 가파른 절벽, 언덕, 급류, 폭포, 동굴 들이 있었다.³ 거대한 성문들이 도시 출입을 통제했다. 몇 개의 성문은, 멋진 별장들이 있는 남쪽의 교외로 길을 열어 주는 다프네 성문처럼 그 위치에 따라 이름이 붙여졌다. 시내 쪽으로 좀 들어가서는 케루빔 성문이 우뚝 솟아 있었다. 이 성문은 청동 그림들로 장식되어 있었는데, 안티오키아 사람들은 70년 티투스가 파괴한 예루살렘 성전에서 가져온 그림들이라고 말했다. 약 4킬로미터에 이르는 화려한 중심가가 온 도시를 관통하고 있었다. 대리석 포석鋪石이 덮인 그 중앙은 양쪽으로 이중 열주列柱들로 에워싸여 있었다. 주랑 안에는 수많은 상점과 유행 상품을 파는 작은 가게들이 들어차 있었다. 교차로가 상점들의 대열을 끊어 놓는 한가운데에, 부조와 조각상과 모자이크들로 장식된 네 개의 장려한 대문이 세워져 있었다. 이 교차로가 고대 도시의 중심이었다. 이 도시를 창건한 셀레우쿠스 왕조가 일찍이 여기에, 유명한 델피의 아폴론 신전의 반원형 돌Omphalos(그리스인들의 믿음에 따르면, 지구의 중심이다)을 흉내 내어, 휴식하는 아폴론 신의 모습이 새겨진 바위를 세워놓게 했다. 여기에는 끊임없이 물이 솟아 흐르는 님프의 전당도 세워져 있었다. 안티오키아는 물이 풍부한 것으로 유명했다. 모든 집에 수도관이 설치되어 있었다. 대규모 목욕탕들이 도시를 장식했다. 티베리우스로부터 발렌스 황제에 이르기까지, 셀레우쿠스 왕조의 임금들로부터 헤로데 대왕에 이르기까지 황제와 임금들은 여기서 건축물들을 통해 자기들 이름을 영원히 남겼다.

이 도시는 장려한 신전들, 도서관, 내성內城을 갖춘 아크로폴리스, 그곳의 바위들을 쪼아 내 줄지어진 좌석들로 이루어진 원형극장으로 이름 났다. 황궁 가까이 경마와 마차 경주가 열리던 경기장이 있었는데, 그것의 유명한 본보기인 로마의 원형경기장 '키르쿠스 막시무스'Circus Maximus 처럼 '키르쿠스'라고도 불리었다. 또한 도시 곳곳에 재판과 공개 토론에 이용되던 넓은 공회당들이 있었다. 사람들은 이 건물들을 '바실리카'라고 불렀는데, 여기서 바실리카 성당 양식이 발전해 나왔다. 두 개의 거대한 성당의 이름이 널리 알려져 있다. '옛 성당'은 콘스탄티누스 이전 시대에 건립되었다. 안티오키아 그리스도인들은 이 성당을 박해 시대의 한 표지로 매우 영예롭게 여겼다. '황금 집'이라고도 불린 '큰 성당'은 콘스탄티누스 치세에 오론테스 섬의 황궁과 경마장 아주 가까운 곳에 건립되기 시작하여, 그의 아들 콘스탄티우스 2세(재위 337~361) 치세 때 비로소 완공되었다. 이 성당은 341년 1월 6일 안티오키아에서 소집된 시노드 개막식 때 봉헌되었고, 그래서 이 시노드는 '성당 봉헌 시노드'라는 이름을 얻었다. '큰 성당'은 팔각형으로 이루어진 중앙집중식 건축물이었다. 매우 높은 중앙 공간을 에워싸고 2층으로 회랑이 자리 잡았는데, 기둥들의 배열에 의해 장방형 벽감과 원형 벽감으로 번갈아 구분되있다. 중앙 공간은 거대한 금빛 반구형 지붕으로 우뚝 솟아 있었다. 이 성당에서 요한 크리소스토무스는 11년간 설교를 했다. 그는 종종 대리석 상감象嵌 세공의 화려함, 풍부한 금과 청동 장식, 벽의 무수한 양각화陽刻畫들에 청중의 주의를 환기시켰다. 기나긴 담벽이 성당 구역을 에워싸고 있었다. 여기에 안티오키아 교회의 폭넓은 사회적 의무 실행을 위한 나그네 숙박소 하나와 급식소 넷이 있었다. 다프네의 성 바빌라스 순교자 경당과 케라테이온 시구市區에 있는, 성당으로 탈바꿈한 예전 유다교 회당이 많은 사람의 마음을 끌었다. 이 두 곳에 관해서는 앞으로 다시 이야기하게 될 것이다. 그 밖에도 많은 순교자 경당이, 요한 크리소스토무스의 증언에 따르면 마치 하나의 방벽처럼 도시를 에워싸고 있었다. 다프네 성문 앞에는 그리스도인들의 공동묘지가 자리 잡고 있었는데, 부유한 안티오키아 시민들의 거창하고 화려한 무덤도 꽤 많았다. 그 호사스러움을 요한은 설교 중에 모질게 비판하게 된다.

오론테스 강은 서쪽으로 섬 하나를 이루었는데, 거기에 '큰 성당'과 경마장 외에 디오클레티아누스 황제(재위 284~305)가 건축하게 한 황궁도 있었다. 부분적으로 남아 있는, 동일한 황제가 건립하게 한 스플리트(달마티아) 궁이, 그 시설의 장려한 인상을 우리에게 전해 줄 수 있다. 다섯 개의 다리가 이 섬과 연결되어 있었다. 다리 하나는 님프의 전당이 있는 중심가의 주요 교차로와 '큰 성당'을 이어 주었다. 또 하나의 다리 위로는 역시 중심가에서 출발하여 네 문으로 둘러싸인 테트라필론 광장에 이르는 또 하나의 주요 도로가 지나갔다. 서쪽으로 20킬로미터 남짓 떨어져서, 안티오키아의 항구도시 셀레우키아 프리에리아가 바다와 맞닿아 있었다. 고대에는 오론테스 강을 작은 배들이 통행할 수 있었고, 그래서 배들이 짐을 싣고 안티오키아까지 들어왔다. 안티오키아의 가장 오래된 광장인 아고라는 강변에 있었는데, 여기서 배들이 짐을 부렸고 화물은 창고에 쌓거나 곧장 상점들로 옮겨졌다.

안티오키아는 오늘날 안타키아로 불리며, 남쪽으로 돌출한 좁고 긴 지대에 자리 잡은 작은 도시인데, 1939년 이래 터키 땅에 속한다. 그러나 고대에 안티오키아는 시리아의 수도였고, 옛 실크로드 상의 교역 거점, 동방과 서방의 문화 교류의 관절關節, 로마제국의 군사상 요충지였다. 안티오키아를 직접 보아서 잘 알고 있던 율리아누스 황제는, 이 도시의 특징으로 부유하고 운 좋고 사람 많은 것을 꼽았다. 그러나 안티오키아 사람들은 얼마 지나지 않아 그 금욕적인 통치자를 조롱하고 그의 철학자식 수염을 비웃었으며, 황제는 그들을 천박하고 유흥에 탐닉하며 축제는 나무

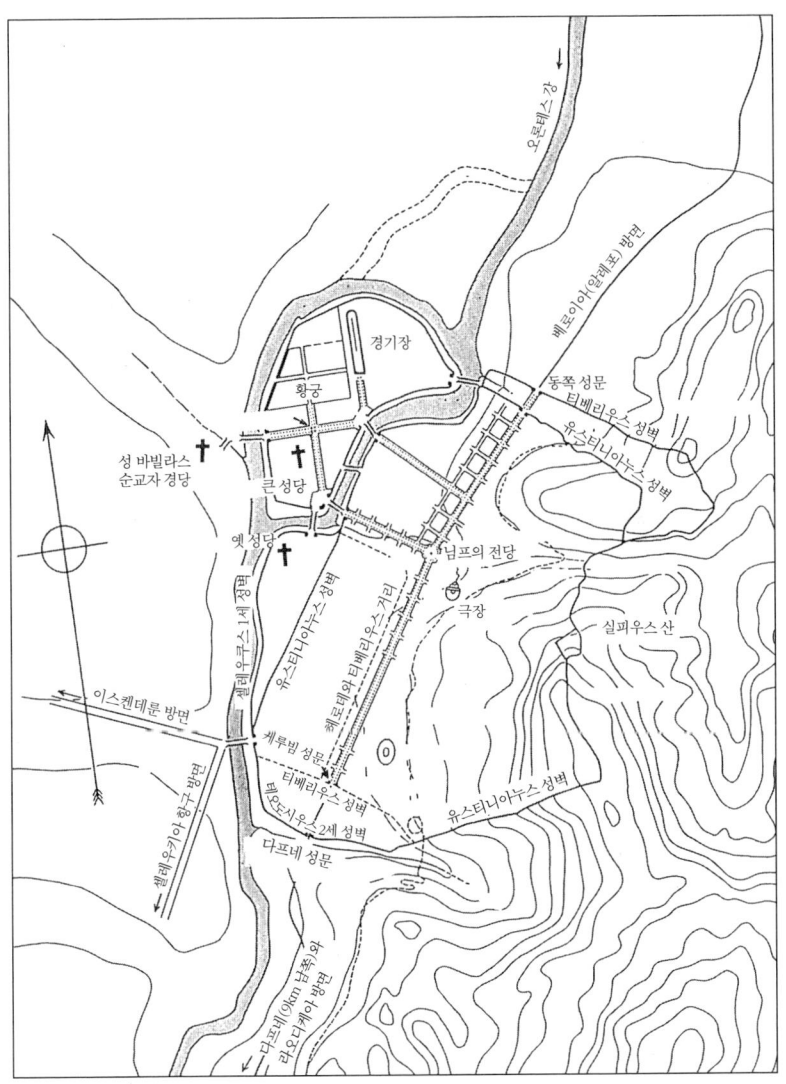

그림 II 6세기의 안티오키아 시가 지도

들 수만큼이나 많다고 모질게 비난했다. 또한 단언하기를, 안티오키아에는 춤꾼, 풍각쟁이, 광대 들이 시민보다 많다고 했다.

온갖 분망함과 충동으로 날이 새고 졌다. 주요 광장과 거리들은 밤새 불이 밝혀져 있었다. 금 레이스를 단 노예들이 주인들의 시내 행차에 시중들며 따라갔다. 귀부인들은 가마를 타고 다녔다. 부유한 자들은 비단이나 금실을 짜 넣은 천으로 지은 옷을 입었고, 여인들은 값비싼 치장을 했다. 요한 크리소스토무스는 한 설교에서 이렇게 외치게 된다. "그대가 한 개의 진주로 치장할 수 있기 위해, 수천의 가난한 이들이 굶주려야 합니다!" 사치품 상점들은 유명한 안티오키아 산 향수와 장미수, 그리고 아라비아·에티오피아·페르시아 산 향료들도 팔았다. 남자들도 유행 구두를 신었고, 아이들을 위한 특수 신발도 있었다. 이른 아침 상류층 집안의 구매 담당자들이 최고급 물품을 사재고 진수성찬을 준비하기 위해 시장에 왔다. 시장에는 그러나 날품팔이꾼으로 고용되기를 고대하며 서성대는 가난한 사람들도 있었다. 거지들도 있었는데, 곡예사 흉내로 행인들의 눈길을 끌거나, 동정심을 자극하기 위해 자식들에게 불구자 행세를 하도록 시키기도 했다. 의사들도 시장에서 행인들이 보는 앞에서 시술을 했다. 거지들은 특히 성당 부근에 즐겨 자리를 잡았다. 미사가 끝난 뒤 사람들은 빈번히 거지들이 두 줄로 늘어선 사이를 통과해야 했다. 가난한 사람들은 밤에 공중목욕탕 앞마당의 아직 따스한 재 속에서 잠을 청하는 일이 많았다.

안티오키아는 국제도시였다. 안티오키아에서는 그리스어를 사용했으나, 인접한 마을들에서는 시리아어가 주로 사용되었는데, 요한 크리소스토무스는 시리아어를 구사하지 못했다. 제국 관청과 군대에서는 라틴어 사용이 원칙이었다. 아주 많은 지방에서 끊임없이 새로운 사람들이 이 대도시로 몰려들었다. 그래서 리바니우스는, 여기서는 누구나 고향 사람을 만날 수 있다고 말하곤 했다. 주민들은 종교에서도 혼합적이었다. '이교인', 그리스도인, 유다인이 함께 뒤섞여 살았다. 사람들은 서로 인사하고 새로운 소식을 교환했다. 8만 명을 수용할 수 있는 경마장에는 정기 관람석들이 있었다. 사람들은 어깨를 맞대고 앉아 뜨거운 오후나 횃불을 현란하게 밝힌 서늘한 저녁에 경주를 관람했다. 종교 집단들 사이에서는 토론이 벌어졌는데, 종종 그 치열함이 요한 크리소스토무스 같은 종교 지도자들에게는 위험하게 비쳐졌다. 이 수도는 4세기 후반에 주민이 40~50만을 헤아렸다. 그러나 551년 무서운 지진으로 하루아침에 25만 명이 사망하고 만다.

1.2. 유년기와 학창 시절

요한 크리소스토무스 생애의 첫 단계에 관해서는 알려진 바가 거의 없다. 요한은 누나 한 명과 함께 어머니가 가상인 집안에서 자랐다. 누나의 이름을 우리는 모른다. 그녀는 유명한 남자 형제를 둔 고대의 다른 많은 여인들과 함께, 무명無名이라는 운명을 공유하고 있다. 이 오누이는 궁핍을 겪지 않아도 되었다. 아버지 세쿤두스는 로마제국의 동방 군대 최고 사령부의 고위 관리였다. 그는 라틴어식 이름을 가지고 있는데, 이 사실이 그가 꼭 서방 출신임을 의미하는 것은 아니다. 덧붙여, 세쿤두스의 누이 이름이 사비니아나라는 사실도 물론 같은 경우다. 그녀는 이 책 말미에서 다시 한 번 만나게 될 것이다. 안투사는 결혼할 때 상당한 재산을 가지고 왔다. 아들(딸은 일찍 사망한 것으로 보인다) 교육을 자기 돈으로 시킬 수 있다는 것, 그래서 아들이 아버지에게 물려받은 유산을 헐지 않아도 된다는 것이 그녀의 자랑이었다. 요한과 어머니 안투사의 관계는 매우 친밀했다. 그녀는 아들에게 늘 말하길, 자기는 그의 얼굴에서 남편의 생생한 모습을 본다고 했다. 요한은 어머니가 사망한 뒤, 무슨 언짢음의 기미가 그들의 관계를 흐리게 만든 적은 단 한 번도 없었다고 썼다. 요한은 그의 저작 가운데 가장 많이 읽힌 『사제직에 관하여』라는 작품으로, 어머니에게 아름다운 기념비를 세워 주었다. 거기서 우리는 안투사에 대해, 그리고 그녀와 아들의 관계에 대해 여러 가지를 알게 되는데, 물론 바로 몇 년 뒤 아우구스티누스가 『고백록』에서 어머니 모니카에 관해 이야기한 것보다는 훨씬 내용이 적다. 요한은 5~6년간 초등학교를 다닌 것 같고, 거기서 문법 선생이 학생들에게 읽기와 쓰기 그리고 산수 따위를 가르쳤다. 일종의 가게가 교실로 사용되었는데, 광장 쪽으로 트여 있었다. 그래서 수업이 거의 옥외에서 이루어진 셈이었고, 거리의 번잡함과는 커튼 하나로 표면적으로만 분리되어 있었다. 아이들은 나무 걸상에 앉았는데, 책상 없이 무릎 위에 공책을 펴 놓고 글을 썼다. 학생들은 선생 주위로 올망졸망 무리를 지었고, 선생은 한 단 높은 교단에 앉았다. 요한의 초등학교 시절은 아우구스티누스와 다르지 않았다. 아우구스티누스는 『고백록』에서, 그의 최초의 기도는 학교에서 매를 맞지 않게 해 달라는 것이었다고 털어놓는다. 요한은 더위와 목마름, 회초리와 채찍과 눈물 콧물 범벅인 얼굴들에 관해 이야기한다.

  3년 뒤, 더 높은 학업 단계가 시작되었다. 교실은 여전히 광장 쪽으로 트여 있었으나, 벽들이 위대한 시인들의 흉상으로 장식되었고, 선생은 철학자 덧옷을 걸쳤다. 이 단계의 선생(문법학자)의 봉급은 초등학교 선생 봉급의 거의 네 배였으나, 여전히 보잘것없는 수준이었다. 선생이라는 직업의 사회적 위신은 아주 낮았다. 이 단계에서 학생들은 그리스 문학, 역사, 시학과 운율학, 기하학과 지리학 수업을 들었다. 열네 살이나 열다섯 살에 기본 학업기가 끝났다. 교육을 더 받고자 하고 또 그럴 형편이 되는(이 때부터 학업은 상당한 비용과 결부되었다) 사람은 수사학자와 철학자들의 학교에 들어갔다.

요한은 학업을 계속하기로 결정했는데, 상류층 집안 아이들에게 걸맞은 일이었다. 363년부터 요한은 로마제국 동방에서 널리 알려진 수사학 교수였던 리바니우스의 강의를 들었다. 리바니우스는 안티오키아의 연설가 가운데 스타였는데, 여러 해 동안 떠나 있던 고향 도시로 354년 돌아왔다. 안티오키아 사람들은 그를 따뜻하게 맞아 주었다. 그의 첫 공개 연설에 청중은 열광하여 날뛰었다. 그러나 리바니우스는 훗날 선생 생활의 지극히 힘겨운 측면들도 몸겪어야 했다. 그는 청소년들을 상대로 한 연설에서 학생들의 무관심을 쓰라리게 한탄했다. "어떤 아이들은 저기 그림 기둥들처럼 다리를 꼬고 서 있고, 다른 아이들은 이리저리 코를 후비고, 또 다른 애들은 제일 좋은 자리에 아무것도 하지 않고 죽치고 앉아 있거나 열광하여 뛰려는 아이들을 가만히 앉아 있게 만든다. 또 어떤 학생들은 교실에 들어오는 아이들 숫자를 세면서 서로 잡담을 한다. 몇몇은 마땅하지 않은 곳에서 박수갈채를 하고 마땅한 곳에서는 박수를 못 치게 하면서 수업을 방해한다. 또 몇몇은 강의실을 어슬렁거리며 이런저런 소문 따위를 이야기하거나 목욕탕으로 서로 초대한다."⁴ 자부심 강했던 리바니우스는 보통 그런 방해 행동들을 못 본 체했다. 안티오키아 사람들은 그러나 노장군 집정관인 리코메르가 리바니우스에 대해 던진 뻔뻔한 농담을 듣고는 비웃었다. 리코메르가 여행을 마치고 콘스탄티노플로 돌아오자 황제가 그에게 안티오키아에서 가장 마음에 드는 것이 무엇이냐고 물었고, 그는 리바니우스라고 대답했다. 그러자 황제는 자기도 리바니우스를 만나 보기 위해 언젠가 한 번 안티오키아로 가겠다고 대답했다는 것이다. 리바니우스는 리코메르가 자신을 비꼬았다는 것을 알아채지 못하고, 오히려 황제의 말을 고스란히 자서전에 남겼다.

리바니우스의 강의실은 시청 안에 있었다. 역시 시에서 봉급을 받던 네 조교가 보조하는 가운데, 리바니우스는 고대 말엽 출세에 필수적인 분과였던 수사학을 가르쳤다. 국가와 행정 관청에서 재판관이나 변호사로 성공하고자 하는 사람은 수사학자가 되는 교육을 받아야 했다. 리바니우스가 한 편지에서 기록했듯이 수업에는 "호메로스와 헤시오도스를 비롯한 작가들, 데모스테네스와 리시아스를 비롯한 수사학자들, 헤로도투스와 투키디데스를 비롯한 역사학자들"이 포함되었다. 교수의 강의는 실제 관찰로 보완되었다. 학생들은 호기심에 가득 차서 공개 변론을 눈여겨 관찰했다. 연설은 이 시대에 일종의 '공연'이었고, 연설가는 자신의 의도를 청중에게 호감을 주는 방식으로 개진하려 애썼다. 청중도 온전히 동참하여 귀 기울여 들었고, 호불호를 분명히 표현했다.

약 40년 동안 리바니우스는 안티오키아와 넓은 주변 지역의 부유한 집안 아들들을 가르쳤다. 학생들은 이교인, 그리스도인, 유다인이 섞여 있었다. 모든 학생에게 공통적인 것은 그리스 거장들에 대한 공부였다. 이는 리바니우스가 유다교 대★장로 가말리엘 5세에게 보낸 편지 한 단락이 잘 알려 준다. 가말리엘의 아들이 리바니우스 문하에서 공부하고 있었지만, 아버지가 바란 만큼 열심히 학업에 몰두하지는 않았다. 리바니우스는 그것이 젊은 남자들에게는 보통이며, 그들은 걸핏하면 여행이나 떠난다는 말로 그 아비를 위로했다. 그러고는 대장로에게, 오디세우스 역시 머나먼 세상으로 떠나갔으나 나중에 다시 집으로 돌아와 자기 본분을 자각했음을 지적했다. 공동의 문화적 배경은 이교에 의해 깊이 각인되어 있었다. 안티오키아에서는 사람들이 들이마시는 공기 자체가 여전히 이교적이었다.⁵ 안티오키아는 아직도 신들의 거처라고 리바니우스는 말할 수 있었다. 성대한 축제들이 이교적으로 꼴지어져 있었다. 이는 앞으로도 오랫동안 출생, 결혼, 죽음 등과 관련된 풍습에서도 유지된다. 오래된 신전들이 여전히 우뚝 서 있었고, 안티오키아의 수호 여신 티케Tyche가 줄곧 이 도시를 지키고 있었다. 도시 창건 당시(기원전 300년경)의 에우티키데스의 걸작 중 하나는, 톱니 모양의 흉벽胸壁 관冠을 쓰고 오른손에 이삭 묶음을 들고 앉아 있는 거대한 티케 여신의 모습을 보여 준다. 실피우스 산을 나타내는 바위에 앉아 있는 티케의 발아래로, 머리털이 긴 남자의 가슴 윗부분이 보인다. 머리를 휙 돌리며 힘차게 헤엄치는 모습을 하고 있는 그는 오론테스 강을 상징한다. 이 조각상은 극장 측벽의 한 벽감壁龕 안에 세워져 있었다. 안티오키아 시에서는 이 티케 여신상의 소형 복제품들을 기념품으로 판매했다. 진품은 남아 있지 않지만, 많은 복제품 가운데 몇 개가 보존되어 있다. 그중 하나를 로마 바티칸 박물관의 칸델라브리 화랑에서 볼 수 있다(30쪽 그림 III 참조).

요한 크리소스토무스는 리바니우스의 이름을 한 번도 직접적으로 언급하지 않는다. 그러나 다음과 같은 언급에서는 가리켜 말하는 사람이 리바니우스라는 것을 분명히 알 수 있다. "나는 청소년 시절 모든 이교인 중에서 신들을 가장 열심히 공경하던 내 선생님이 언젠가 나의 어머니에 관해 크게 경탄한 일을 기억하고 있다. 선생님이 당신 습관대로 가까이 있던 학생들에게 내가 누구인지 물었다. 한 학생이, 내가 과부의 아들이라고 대답했다. 그러자 선생님이 나에게 어머니 연세가 몇이며 얼마 동안 과부로 지내 왔는지 물었다. 나는 어머니가 사십 세이며, 아버지와 사별한 지 20년이 된다고 대답했다. 그러자 선생님은 크게 놀라 거의 제정신이 아닌 듯 사람들을 바라보며 소리쳤다. '오, 그리스도인들 가운데는 그

그림 III 안티오키아의 티케 여신. 바티칸 박물관, 칸델라브리 화랑 Galleria dei Candelabri

런 부인도 있구나!'"⁶ 반면 소조메누스가 전해 주는 다음 이야기는 전설적이다. "리바니우스의 죽음이 임박했을 때, 친구들이 그에게 가장 후계자로 삼고 싶은 사람이 누구냐고 물었다. 리바니우스가 대답했다. '요한이지, 만일 그리스도인들이 그를 훔쳐 가지 않았다면 말일세.'"

  요한이 학업에서 어떤 목적을 추구했는지 우리는 알지 못한다. 아버지의 본을 따라 제국 관청의 직책을 얻고자 했으리라 생각할 수도 있을 것이다. 아무튼 확실한 것은, 요한이 친구 바실리우스와 함께 자신들의 목적은 "홀로 살아 있는 사람들의 복된 삶을, 참된 철학을 움켜쥐는" 것임을 확신하게 되었다는 사실이다. 이 친구의 신원에 관해서는 추측이 많았는데, 훗날 에메사와 안티오키아 사이의 위수衛戍 도시 라파네아에의 주교가 된 사람이라는 것이 가장 신빙성 있다. 그리스도인들도 그리스철학에 몰두하곤 했는데, 그것을 연구하여 그리스도교 신앙이라는 참된 철학과 맞세우려는 목적이 컸다. 요한은 그리스도교적으로 양육되었지만 — 당시 드문 일이 아니었거니와 — 아직 세례는 받지 않았다. 아마도 367년 여름 요한은 리바니우스 문하에서 학업을 마치고 368년 사순 시기에 세례 교육을 받은 것 같다. 그리고 부활 주일에 멜레티우스 주교에게 세례를 받았다. 멜레티우스는 앞날이 촉망되는 그 젊은이를 보조자로 가까이 두었고, 371년에는 독서자로 임명했다.

367~372년 요한은 훗날 타르수스의 주교가 된 디오도루스의 학생이었다. 디오도루스는 금욕 고행자 동아리Asketerion의 지도자였다. 이 낱말은 무슨 집이나 수도원을 가리키는 게 아니라, 안티오키아의 젊은 금욕 고행자들의 한 제한된 집단을 위한 교육 프로그램을 가리킨다. 학생들을 자극하는 선생이었던 디오도루스는 자연과학 문제들도 다루었는데, 특히 '태양이 얼마나 뜨거운가'라는 주제로 논문을 한 편 썼다. 그러나 그의 특장特長은 성경 주석이었다. 디오도루스는 훗날 안티오키아 학파라고 불리게 된 학파에서 우리가 명확히 포착할 수 있는 최초의 대표자다. 요한의 동료 학생으로서 나중에 몹수에스티아의 주교가 된 테오도루스가 이 노선의 가장 탁월한 주석자가 된다. 안티오키아 학파는 주석에서 일차적으로 성경 구절의 역사적 의미에 관심을 기울였다. 예외적으로만, 역사적 의미 외에 예형론적 의미도 상정했다. 한 가지 예를 들면, 이사악의 번제는 역사 안에서 일어난 한 사건으로 이해되었으나, 동시에 예수 십자가형의 예형으로, 모델로도 해석되었다. 알렉산드리아 학파는 안티오키아 학파가 주창하는 노선과는 달리, 말씀 배후와 아래에 감추어져 있는 보다 깊은 우의Allegorie적 의미에 일차적 관심을 기울였다. 성경 구절의 역사적

이고 축어遂語적인 의미에 대한 안티오키아 학파 주석자들의 집중은, 율리아누스 황제와 그의 동아리들이 대표하던 신화관에 대한 반동으로 이해할 수 있다. 황제의 친구이자 협력자인 살루스티우스 세레누스는 신들과 우주에 관한 책에서 핵심을 짚었다. 신화란 언제나 있는 것이지, 발생했던 적이 있는 것이 결코 아니다.

디오도루스 문하의 수업 시기는 학업에의 몰두만이 아니라, 요한의 새로운 확신에 상응하는 삶의 방식에 의해 특징지어졌다. 이 시기에 문헌상으로 요한의 첫 작품들이 생겨났다. 「임금과 수도승의 비교」라는 논설은 철학에서 플라톤 이래 애호되던 주제를 되잡았다. 아마도 디오도루스가 제자에게 그 주제를 제시했을 것이다. 소책자 『수도생활의 적들을 거슬러』 역시 수도생활에 대한 찬양에 바쳐졌다. 이 책의 집필 계기는, 안티오키아 주변 지역에서 살던 은수자들이 겪어야 했던 적대 행위였다. 이 은수자들은 도시 젊은이들을 받아들여 가르치며 훈도했고, 젊은이 중 몇몇이 이 금욕 수행자들 곁에 머무르기로 결심했음이 분명하다. 그러자 그 가족들이 분개하여, 아들을 잃은 실망을 수도승들에게 쏟았다. 그리하여 폭행까지 저질렀고, 수도승들을 어떻게 해치웠는지를 고약스레 시장에서 떠벌리며 즐거워했다. 요한은 책에서, 먼저 이교에 머물러 있는 한 가상의 아비를 상대로, 그다음엔 한 그리스도인 아비를 상대로 말을 한다. 그는 이 두 아비에게 그들의 아들들이 은수자들 곁에서 행복해진다는 것을 알려 주려고 애쓴다. 사실 노인들은 오직 선한 사람만이 참으로 행복하다는 것을 잘 알고 있다고 말이다. 이 시기의 셋째 작품은 최상류층 가문 출신의 테오도루스라는 젊은 사내를 대상으로 한 것이다. 테오도루스는 은수자들 밑에서 금욕 생활을 하기로 결심했다. 그러나 어느 날 아름다운 헤르미오네에 대한 기억이 떠오르자, 다시 그녀의 품으로 돌아갔다. 요한은 테오도루스에게 모쪼록 예전의 결의를 다시 추구하라고 훈계한다. "그대는 형제들의 대열에서 떨어져 나갔고, 그리스도와의 약속을 짓밟았소. 그대가 그 상태에 머물러 있다면, 이 탈영에 대한 엄한 벌을 받게 될 것이오." 이 훈계 책자에 들어 있는 한 편지에서 요한은 좀 더 상세히 말한다. "상인도 언젠가 파선을 겪을 수 있고, 경기자도 패배하고, 군인도 도망치는 일이 벌어질 수 있소. 그러나 그들은 다시 일어난다오. 다윗 임금은 추락했으나 다시 곧추섰소." 요한은 테오도루스에게 친구들인 발레리우스, 플로렌티우스, 포르피리우스가 그를 두고 한탄한다는 이야기도 한다. 요한은 다음과 같은 말로 편지를 끝맺는다. "나는 그대에게 절망하지 않소. 파선당한 그대를 이 편지라는 작은 구명선으로 어떻게든 구해 내고 싶소. 그대가 나를 완전히 잊지는 않았거든 답신으로 나를 기쁘게 해 주오!" 우리는 테오도루스의 답변을 알지 못한다. 아마도 도시에 계속 머문 그는 수도승의 삶보다는 속인의 삶을 더 좋아했던 것 같다.

371/372년 겨울은 요한의 기억 속에 특히 뚜렷이 남았다. 그 몇 달 동안 이른바 궁정 동아리들이 결탁하여 꾸민 발렌스 황제에 대한 반역 음모가 적발되었다. 수사는 수많은 사형 판결로 이어졌다. 광장에서는 백성을 경악하게 하는 광경들이 펼쳐졌다. 죄수들을 목 매달아 죽이고 목 잘라 죽였으며, 심지어 철학자 시모니데스 같은 경우엔 불태워 죽였다. 가혹한 법령들은 모든 마술적 방책을 탄압했고, 관련 서적들의 소지도 사형으로 협박하며 금지했다. 요한은 훗날 그 시기의 일화를 상기했다. 그가 친구와 함께 오론테스 강을 따라 걷고 있었는데, 무엇인가 흰 것이 강물에 떠다니는 것을 보고 건져 올렸다. 열어 보니 금지된 책들 중 하나였다. 바로 그 순간 군인 하나가 그들 옆을 지나갔다. 아슬아슬하게 친구가 그 책을 긴 겉옷 속에 숨길 수 있었고, 잠시 뒤에 다시 강물 속에 던져 버렸다.

1.3. 율리아누스 황제(재위 361~363)

그로부터 10년 전인 362년 8월, 율리아누스 황제가 안티오키아를 주재지로 정했다. 당시 요한은 열세 살이었다. 율리아누스의 통치 기간, 그리고 교회를 거슬러 취한 그의 조처들은 어린 요한의 기억 속에 깊이 각인되었다. 콘스탄티누스 대제의 조카였던 플라비우스 클라우디우스 율리아누스는 그리스도교 교육을 받았으나, 이미 일찍부터 그리스철학과 종교에 관심을 보였다. 율리아누스의 사촌 콘스탄티우스 2세는 355년 그를 부제副帝(Caesar)에 임명하고, 갈리아 지방의 군사적 책무를 맡겼다. 율리아누스는 탁월하게 이끈 전투들(슈트라스부르크 전투가 가장 중요했다)을 통해, 갈리아 지방에서 로마의 패권을 확고히 다졌다. 그는 바젤 부근의 아우구스타 라우리카에도 체류했다. 그러나 1961년 발견된 은제銀製 귀중품들은, 예전에 추측했던 것과는 달리 그의 소유물에서 유래하는 것이 아니다. 아무튼 파리에서 자기 군대에 의해 황제로 공포된 율리아누스는 콘스탄티우스 2세 쪽으로 진군했다. 그런데 361년 11월 콘스탄티우스 2세가 오늘날의 터키 남동쪽 킬리키아 지방에서 갑자기 사망하여, 율리아누스는 유일 통치자가 되었다.

곧바로 율리아누스는 옛 제의들을 장려하기 시작했다. 그는 예전의 온갖 신들에게 무수한 희생 제물을 봉헌했다. 율리아누스의 통치가 지속된다면 짐승들 씨가 마를 것이라는 야유가 떠돌아다녔다. 율리아누스의 열망은 특히 안티오키아에서 마땅치 않은 결과를 빚었다. 안티오키아에서는 대부분의 신전이 이미 오래전부터 사람들의 왕래가 없었고, 더러는 아예 허물어졌다. 율리아누스는 다프네의 아폴론 신전을 보수하도록 했으나 큰 실망을 맛보아야만 했다. 아폴론 신의 최대 축제 때 율리아누스는 경건한 순례자로서 다프네까지 걸어서 갔다. 그는 거기에서 성대한 신자들 무리가 젊은 남녀 합창단과 함께 자신을 기다릴 것이라고 상상했으나, 그저 늙은 사제 한 명과 그가 집에서 끌고 온 제물용 거위 한 마리만 발견했을 뿐이다. 다음번에 율리아누스는 신에게 어울리는 희생 제물을 신경 써서 준비했다. 흰 새 천 마리가 도살되었다. 그런 다음 율리아누스는 신탁을 구했으나 응답을 얻지 못했다. 사제들이 그에게 알려 주기를, 순교자 바빌라스의 무덤이 아폴론 신전 아주 가까운 곳에 자리 잡은 이후 신탁이 벙어리가 되었다고 했다. 율리아누스의 배다른 형 갈루스가 안티오키아 시내 공동묘지에 잠들어 있던 그 거룩한 순교자의 시신을 아폴론 신전 맞은편에 매장토록 했었다. 율리아누스는 그 순교자의 유해를 안티오키아의 그리스도인 공동묘지의 예전 자리에 도로 옮겨 놓으라고 명령했다. 석관이 무덤에서 끄집어내어져, 기다리고 있던 그리스도인들에게 넘겨졌다. 362년 10월 23일 밤 수많은 등불이 밝혀진 가운데, 성인이 도시로 돌아가는 길을 엄청난 군중이 동행했고, 찬미가가 불려졌으며, 시편 97편 7절이 낭송되었다. "우상을 섬기는 자들은 누구나 부끄러워하리라, 헛것으로 으쓱대는 자들은 누구나 …." 그날 밤, 아폴론 신전이 화염에 싸여 사라졌다. 천장까지 우뚝 솟아 있던, 아테네의 거장 브리악시스가 만든 아폴론 신의 입상은 칠갑한 금과 상아와 함께 불 속에서 파괴되었다. 화재의 원인은 아직도 분명히 밝혀지지 않았다. 어떤 열심한 신전 참배객이 거기에 촛불들을 켜 놓았던가? 그리스도인들은 벼락이 화재의 원인이라고 말했고, 율리아누스는 그리스도인들에게 혐의를 씌웠다. 황제는 보복 조처로 '큰 성당'을 폐쇄하고, 성작들을 압류토록 했다. 리바니우스는 궤멸된 신전을 위한 조가弔歌를 지었다. 요한은 훗날 『율리아누스와 이교인들과 맞선 성 바빌라스에 관하여』라는 작품에서 이 362년 10월의 사건들을 다시 한 번 다룬다.

이로써 율리아누스는 몹시 미워하던 그리스도교와의 투쟁을 새로운 단계로 이끌었다. 첫 번째 단호한 조처는 362년 6월 17일 자 학교 법령이었다. 이제 관습적으로 좀 더 적합한 교사들만이 학생들을 가르칠 수 있게 되었다. 그 시행 규정들에, 율리아누스는 자신이 의도하는 바를 명기하도록 했다. 앞으로는 호메로스와 헤시오도스의 신화들을 믿는 사람들만이 허용될 것이라는 내용이었다. 황제는 안티오키아에서 '갈릴래아인들을 거슬러'라는 제목으로 그리스도교를 격렬히 비난하는 글을 썼다.[7] 율리아누스는 그리스도인들을 야유하여 '갈릴래아인들'이라 불렀는데, 무식하고 미개한 점이 갈릴래아 출신 어부들을 닮았다고 여겼기 때문이다. 그리고 안티오키아 사람들이 자신의 철학자식 수염을 조롱하는 것에 맞서, 『수염을 미워하는 자』라는 풍자 작품을 내놓았다. 율리아누스는 자기 주재지의 주민들이 자신의 금욕적인 철학자의 삶에 존경심을 보이지 않는 것을 모질게 비난했다.

율리아누스는 안티오키아로 대군을 집결시켰다. 363년 3월 5일 군대는 메소포타미아를 향해 행군을 시작했다. 그에 앞서 황제는 선언하기를, 자신은 앞으로 이 지긋지긋한 도시에 결코 돌아오지 않을 것이며, 페르시아에 승리를 거둔 뒤 타르수스에 주재할 것이라고 했다. 이 말은 곧 실현된다. 363년 6월 26일, 황제는 샤푸르 2세와의 전투 중에 사망했는데 그 정황이 모호했다. 죽어 가는 사람이 마지막으로 이렇게 말했다고 한다. "그대가 이겼네, 갈릴래아 사람아!" 얼마 지나지 않아 그의 직속 부대의 한 그리스도인 병사가 황제를 살해했다는 소문이 퍼져 나갔다. 황제의 시신은 타르수스로 옮겨져 그곳에 매장되었다.[8]

율리아누스의 통치 기간은 일 년 반에 불과했지만, 동시대인들의 기억 속에 깊이 남았다. 어떤 이들은 황제가 옛 제의들을 부흥시키고 그리스도인들의 생경한 신앙을 구축해 주리라 희망했다. 그리스도인들 쪽에서는 율리아누스를 자기네 신앙의 중대한 적으로 여겼고, 곧 그를 '배교자', '변절자'라고 불렀다. 아주 많은 저자들이 율리아누스를 공격하는 책을 썼다. 몰매의 첫 매를 든 사람은 나지안주스의 그레고리우스였는데, 율리아누스를 격렬히 공박하는 두 편의 연설을 작성했다. 요한 크리소스토무스 역시 앞에서 언급한 순교자 바빌라스에 관한 글에서 율리아누스를 비난했다. 알렉산드리아의 키릴루스(444년 사망)도 『율리아누스 공박』이라는 장황한 작품을 저술했다. 덧붙여 말하면 이런 저작들을 바탕으로, 율리아누스가 '갈릴래아인들', 즉 그리스도인들을 거슬러 쓴 책을 포괄적으로 재구성할 수 있다. 키릴루스는 율리아누스의 그 책을 조목조목 인용하고는, 이어서 그의 주장을 반박했다.

1.4. 은수자요 금욕 고행자

우리가 살펴본 바는 이러하다. 리바니우스 문하에서 학업을 마친 뒤, 요한 크리소스토무스는 탁월한 주석자 디오도루스의 학생이었고, 371년부터는 독서자로서 안티오키아 교회를 위해 일했다. 이 시기에, 정확한 시점은 알 수 없으나 요한의 어머니가 세상을 떠났다. 어머니가 사망한 지 얼마 안 되어, 요한은 예전의 갈망대로, 심부름꾼들을 데리고 도시 쪽으로 돌출한 실피우스 산으로 은둔했다. 몇 년 전 그는 어머니와 헤어지려 한 적이 한 번 있었다. 그러나 그녀는, 요한이 『사제직에 관하여』라는 글에 기록했듯이, 뭉클한 말로 아들을 계속 머물러 있게 만들었다. "나를 두 번이나 과부로 만들지 마라! 내가 살아 있는 동안은 내 곁에 나의 집에 머물러 있거라!"[9]

요한이 372년 이러한 결단을 내린 것은, 여러 가지 사정과 관련되어 있다. 멜레티우스 주교가 371년 발렌스 황제가 추진한 교회 정책에 연루되어 다시 유배를 떠나야 했다. 교회 상황은 황망했다. 그리스도인들은, 주민의 과반수는 간신히 넘었지만, 서로 싸워 여러 파로 갈려 있었다. 한동안은 주교가 세 명이었던 적도 있었다. 월등하게 큰 공동체는 멜레티우스 주교를 중심으로 모였다. 그러나 로마와 알렉산드리아는 파울리누스 주교와 그의 아주 작은 집단을 지지했다. 그리고 몇 년 동안은 아리우스파 주교도 직책에 있었다. 이 파의 명칭은 알렉산드리아의 사제 아리우스에게서 유래하는데, 그는 그리스도는 피조물 쪽에 속하며(비록 피조물 중에 첫째이긴 하지만) 그런 까닭에 하느님과 동등하지 않다는 교설을 힘주어 주장했다. 이 교설은 콘스탄티누스가 325년 니케아(오늘날 터키의 이즈니크)에 소집한 공의회에서 정식으로 단죄되었다. 그러나 성부와 성자의 관계에 대한 이 관점은 다양한 변형태들 속에서 살아남았고, 콘스탄티누스의 아들들과 그 이후 시대의 교회정치에서 결정적 요소가 되었다.

이런 불안정한 상황에서 멜레티우스파는 자기네 입지를 강화하고자 했다. 그러기 위해선 젊고 유능한 자들이 사제로 서품되어야 했다. 요한은 실피우스 산으로 물러남으로써, 임박한 징발을 피했다. 그는 자신이 그런 직책을 감당할 만하지 못하다고 느꼈다. 실피우스 산의 '거룩한 사람들과 사람 모습을 한 천사들의 움막'이 그의 목적지였다. 그들의 삶을 요한은 그 후 4년간 함께했다. 약 20년 뒤 안티오키아 시절이 끝날 무렵, 요한은 티모테오 1서에 관한 설교에서 그들의 삶을 좀 과장하여 칭송하고 청중에게 권고했다. "먼 여행을 떠나 그들을 만나 보십시오!" 그들에게 가는 길은 가까우나 내적 여정은 멀고 머니, 그들의 움막에 이르는 길은 지상에서 천상으로의 여정과 같기 때문이다. 도시에서는 분주함이 군림하고, 넘치도록 먹고 마시며, 머리는 무겁고 잠은 악몽이 되지만, 저 산 위에서는 거룩한 사람들이 옷 입은 채로 누워 어지러운 꿈에 방해받지 않는 단잠을 잔다. 첫 닭이 울면 장상이 나타나 잠든 이들 가운데 한 사람을 가볍게 발로 찬다. 그러면 즉시 모두 깨어나 화음을 이루어 시편 찬미가를 부른다. 은거 수도승들은 천사들과 함께 노래한다고 요한은 강조했는데, 이로써 오늘날에도 정교 전례의 이해에 결정적인 한 관점을 부각시켰다고 하겠다. 수도승들은 아침 기도와 식사 이후엔 성경을 읽었다. 그 다음에는 쓸모 있는 노동이 이어졌다. 채소밭을 가꾸고, 광주리를 엮고, 천연 직물을 짜고, 책을 필사했다. 저녁 식사는 그야말로 소박했다. 빵과 소금에 몇몇은 기름을 조금 받았고, 허약한 사람들은 채소와 깍지 열매도 섭취했다. 거룩한 노래로 식사 시간이 끝나면, 밤의 침묵이 이어졌다.[10] 다른 한 설교에서 요한은 수도승들의 삶을 묘사한 다음 청중에게 서둘러 확언하길, 그렇다고 자신이 그들의 삶을 깎아내리려는 것은 아니라고 했다. 도시 안에서 하느님의 계명들을 준수하고 동료 인간들을 기꺼이 도와주는 삶 역시, 하느님의 뜻을 실천하는 길이라는 것이었다.[11] 다른 대목에서 요한은 가족과 친지들을 보살피고 가난한 사람들을 도와주는 '속인'이, 오직 자기 영혼 구원에만 마음 쓰는 은수자보다 하느님 보시기에 더 귀하다고 강조했다. 금욕 생활은 요한에게 하나의 이상으로 남아 있었거니와, 수도의 주교로서도 되도록이면 지키려 했다. 그러나 요한은 점차 하나의 구상을 발전시켜 나갔는데, 이에 따르면 안티오키아 시의 모든 집과 가정이 '거룩한 이들의 움막'이 되고, 온 도시가 일종의 수도원이 될 터였다.

370년대로 돌아가자. 4년 뒤 요한은 또 한 걸음을 내디뎠다. 헬레노폴리스의 주교 팔라디우스는 자신이 저술한 요한 크리소스토무스 전기에서, 요한은 관능의 정욕을 극복한 뒤, 여덟 달씩 세 차례 한 동굴에 은거했다고 전해 준다. 이 2년 동안 요한은 아주 혹독한 금욕 생활을 했다. 잠을 아주 조금만 잤고, 더구나 때로는 앉아서 잤다. 단식도 극단적으로 했다. 영적으로 위축되지 않기 위해, '그리스도의 유언' — 복음서들을 가리키는 것 같다 — 을 외웠다. 그러나 2년 뒤 요한은 그 '고행'mortificatio을 그만두어야 했다. 중병이 들었던 것이다. 이후 그의 건강은 평생 아슬아슬한 문제가 된다. 요한은 가벼운 음식물을 아주 조금만 섭취할 수 있었고, 불면과 오한에 시달렸다. 오늘 우리에게는 터무니없어 보일 수도 있는 이 금욕적 생활 방식은 당시에 아주 널리 퍼져 있었고, 특히 젊은 사람들에게는 일종의 유행이었다. 그리스도인들만이 아니라, 옛 종교들을 따르는 철학자들도 금욕적으로 살았다. 그들의 위대한 본보기는 3세기 신플라톤주의 철학자 플로티누스였는데, 그는 자신이 육신 안에 존재하는 것이 수치스러우며 그래서 육신의 욕구들을 최대한 억제한다고 말했다. 율리아누스 황제 같은 사람도 금욕적인 생활을 하여, 성적으로 절제했고 먹는 것도 극히 소박했다. 후세는 2년간 동굴에서 살던 때의 요한보다 더 극단적인 금욕주의자들을 낳았다. 5세기에 안티오키아에서 멀리 떨어지지 않은 곳에 주두柱頭 수도승 시메온(390~459)이 거듭 높아져 마지막에는 20미터까지 솟은 기둥 위에 몸을 꼭 묶은 채 수십 년간 서 있게 된다. 그가 사망한 뒤 그 기둥을 중심으로, 그 유적지에 웅장한 수도원 단지Qal'at Sem'an(시메온의 기둥)가 건립되어 오늘날까지 남아 있다.

    378/379년 겨울, 요한은 도시로, 또 그로써 세상으로 돌아왔다. 짐작건대 멜레티우스 주교가 돌아오라고 재촉했던 것 같다. 아무튼 우리는 그 후 2년간 다시 주변 사람들 속에서 독서자로 활동하는 요한을 만나게 된다. 요한이 동굴에서 금욕 생활을 하는 동안, 제국 동방에 재앙이 들이닥쳤다. 요한이 젊은 나이에 과부가 된 여인을 위로하는 소책자에 기록했듯이, "야만인들이 자기네 거주지를 버리고 우리 지역 안으로 깊숙이 밀

고 들어와 평지를 불질러 망치고 도시들을 약탈했다. 그들은, 전쟁하는 게 아니라 마치 춤이라도 추는 듯이 우리 군대를 놀려 먹었다."[12] 전투에서 죽지 않았거나, 야만인들의 포로로 고생해야 하는 사람은 오히려 복되도다! 이 소책자의 대상인 여인은 남편이 자연스러운 죽음을 맞을 수 있었다는 사실을 위로로 삼아야 할 터였다. 남편의 시신은 정중히 매장되었으며, 아무도 모르는 곳에 나뒹굴고 있지 않은 것이다. 재앙은 378년 8월 9일 아드리아노플(오늘날 터키의 유럽 쪽 지역 에디르네)에서 정점에 이르렀다. 거기서 발렌스 황제는 고트족과의 전투에 패하고 사망했다. 이 어려운 상황에서 그라티아누스 황제(재위 367~383)는 378년 가을 스페인 출신 장군 테오도시우스를 동방 최고 사령관으로, 그리고 379년 1월 19일에는 공동 황제로 임명했다. 테오도시우스는 자신이 탁월한 군사 전략가임을 입증했다. 그는 고트족에게 승리를 거두고, 그들을 동맹 종족으로 국경 지역에 정주시켰다. 제국의 비상 상황에서 테오도시우스는 내부의 종교적 통일이 필요하다고 확신했다. 그래서 380년 2월 28일 테살로니카에서 칙령 「모든 민족」을 반포하여, 그리스도교를 국교로 만들었다.

   381년 1월 멜레티우스 주교는 요한을 부제로 서품했다. 그달 말 멜레티우스는 제국 수도 콘스탄티노플로 여행을 떠났다. 황제가 381년 봄 그곳에서 소집한 공의회의 사회를 맡아 볼 예정이었다. 거기에 모인 주교들은 한 신앙고백문에 합의했는데, 훗날 니케아-콘스탄티노플 신경이라는 이름으로 널리 알려진 이 신경은 오늘날에도 그리스도 교회에서 상당한 역할을 하고 있다. 이것은 또한 바흐와 베토벤 미사곡들의 신경이기도 하다. 아무튼 그로써 교회, 특히 동방교회는 황제가 절실히 바라던 일치를 찾았다. 한편 공의회에서 주교들의 협의가 종결되기 전에 멜레티우스가 사망했고, 그의 후임 안티오키아 주교로는 당시 안티오키아 교회의 가장

그림 IV 테오도시우스 1세와 아들 아르카디우스 그리고 발렌티니아누스 2세(왼쪽)가 한 관리에게 임명장을 수여하는 자리에 함께했다. 은쟁반, 388년, 마드리드, 스페인 왕립 역사 아카데미

우뚝한 사제였던 플라비아누스가 임명되었다.

 테오도시우스는 그 후 몇 년간 이단자들을 배격하는 일련의 법령을 반포했다. 이교인들에 대해서는 처음엔 여전히 관용적이었다. 이교인들은 아직 최고위 관직들에 오를 수 있었다. 신전 참배, 그리고 번제도 여전히 허용되었다. 물론 이제 종종 열심이 지나친 관리들이 텅 빈 신전들을 파괴했다. 리바니우스는 384년 테오도시우스 황제에게, 위협받는 신전들을 지켜 달라고 청원하는 연설문을 썼다. 386년 테오도시우스는 옛 신전들과 연고가 깊은 이교인들이 이집트에서 최고위 관직들에 올라야 한다고 명령했다. 그런 사람들만이 신전들의 보수 관리에 참으로 헌신하고, 거기서 거행되는 거룩한 의식들에 마음을 쓸 수 있기 때문이었다. 에페소에 있는 하드리아누스 신전의 한 장식裝飾 소벽小壁에서, 테오도시우스가 가족과 함께 아르테미스와 아테나에 의해 에워싸여 있는 그림을 볼 수 있다. 한편 크고 둥근 은쟁반인 이른바 테오도시우스 쟁반에는 다른 모습으로 묘사되어 있는데, 이 접시는 고대 말엽 황제들이 특별한 때에 고위 관리들에게 하사하곤 했다(42쪽 그림 IV 참조). 이 그림에서 테오도시우스는 아들 아르카디우스와 발렌티니아누스 2세 사이의 옥좌에 앉아 있다. 이것은 훗날 비잔티움 통치자들의 자세인데, 옥좌에 앉아 있는 그리스도 역시 이 자세를 취하게 된다. 또한 테오도시우스는 황제의 긴 자포紫袍를 입고 보석들로 장식된 왕관을 쓰고 있으며 광채가 그의 머리를 에워싸고 있다. 우리에게 매우 친숙한 중세 그림들 속 성인들의 후광은 본디 궁정의 상징들에서 유래한다.

1.5. 부제 시절(381~386)

짐작건대 안티오키아에서는 로마처럼 일곱 명의 부제가 직책을 수행하고 있었다. 그들의 소임은 전례, 관리, 사복 등 매우 다양한 분야를 포괄했다. 부제들은 성찬례를 준비했다. 또한 신자들의 봉헌물을 받아 두었다가, 미사 말미에 가난한 이들에게 나누어 주었다. 성경 봉독 전에는 참석자들에게 정숙을 명령했다. 해당 교회의 주교와 살아 있거나 사망한 구성원들 그리고 세례 지원자들을 위해 탄원하는 연송호칭기도Ektenie도 부제가 주관했다. 이 기도 후에 부제는 세례 지원자들과 참회자들에게 성당 밖으로 나가라고 요구했다. 성찬례 이후 부제가 평화의 기도를 바치고, "평안히 가시오!"라는 말로 미사가 끝났음을 알렸다.

교회 재산 관리도 중요한 소임이었다. 이런저런 기부 덕분에 교회는 땅, 가옥, 셋집 들을 소유하고 있었다. 안티오키아의 '큰 성당'은 긴 담벽으로 에워싸여 있었다. 여기에 나그네 숙박소 하나와 급식소 네 개가 있었다. 담 너머에는 치유 가망이 없는 환자들을 위한 호스피스 건물이 하나 자리 잡고 있었다. 교회는 과부, 병자, 장애인, 나그네, 죄수 들을 보살폈다. 이런 일을 교회가 아주 믿을 만하게 수행했기 때문에 율리아누스 황제조차 교회에 경의를 표시했고, 옛 종교들의 사제들도 이제부터는 사회복지 활동에 힘쓰라고 지시했다. 황제는 갈라티아 지방의 이교 대사제로 임명한 아르사키우스에게 보낸 편지에 이렇게 썼다. "신들을 믿지 않는 갈릴래아인들은 자기네 가난한 자들 외에 우리의 가난한 이들도, 우리 사람들인데도 우리의 돌봄을 받지 못하는 사람들도 먹여 준다." 다른 곳과 마찬가지로, 안티오키아에서도 부자와 빈자의 차이는 대단했다. 부자들의 주택은 기후상 가장 좋은 장소들에 자리 잡았고, 3~4층으로 우뚝 높았다. 1층은 노새 따위와 노예들의 거처였다. 부유한 집의 시설에는 정원과 목욕탕이 포함되어 있었다. 부자들의 궁궐 같은 호화 저택은 엄청났다. 넓은 회랑과 복도들을 갖추었고, 대리석 기둥, 조각상, 프레스코 벽화들로 장식되었으며, 더러는 지붕에 금을 씌우기까지 했다. 그런 지붕들이 밤하늘의 별들처럼 빛났다고 리바니우스는 기록했다. 또한 바닥은 모자이크로 장식되었다. 그런 대저택들의 호사스러움은 파편들로나마 우리 시대까지 전해 온다. 안티오키아의 한 대저택에서 나온, 디오니소스와 헤라클레스의 술 마시기 시합 광경을 묘사한 모자이크를 한 예로 들 수 있겠다(47쪽 그림 V 참조). 저택의 장려함에 가구의 호화로움이 상응했다. 거실과 침실의 벽은 값비싼 양탄자로 장식되었다. 눕는 의자는 상아로 만들어졌고, 흑단 침대는 금이나 은으로 덧씌워졌으며, 안락의자와 걸상은 흑단으로, 족대足臺는 귀금속으로 만들어졌다. 지체 높은 집안은 수많은 노예를 부렸다. 부자들이 타고 다니는 말은 호사스럽게 치장했고, 마차는 은칠갑을 했다. 상류층 사람들은 재미로 광대, 난쟁이, 개, 곰, 맹수 따위를 거느렸다. 이와는 반대로 가난한 이들은 꼭 필요한 것도 없었다. 시장 등지에 누워 있는 그들 중 많은 이가 눈멀고 손 없고 고름투성이였다. 여름에는 그들의 처지도 견딜 만했다. 옷이나 신발 없이도 그럭저럭 지낼 수 있었고, 먹을 것도 비교적 쉽게 얻을 수 있었다. 건축업자와 선주船主들이 가끔 일할 기회도 주었다. 그러나 겨울에는 굶주림과 추위 때문에 곱으로 고통스러웠다. 요한은 자신을 그 가난한 사람들의 사절로 자기 공동체에 소개하고, 그들에게 인색하지 말라고 부탁했다.

부제직을 수행하는 5년 동안 요한은 다양한 저술 활동을 했다. 호교서 『율리아누스와 이교인들과 맞선 성 바빌라스에 관하여』에서 요한은, 자기 시대에도 강력히 역사하시는 그리스도의 권능을 찬미했다. 안티오키아 주교로서 250년경 순교한 바빌라스는 죽어서도 여전히 힘을 발휘했다. 아폴론 신전의 신탁을 벙어리로 만들었고, 자기 무덤의 안식을 어지럽힌 벌로 아폴론 신전에 하늘로부터 불을 불러 내렸다. 요한이 이 글을 큰 열정을 가지고 썼다는 사실은, 옛 송교늘의 신봉자들이 380년대에노 매우 강력했음을 알려 준다.

이 시기의 저술 대부분은 금욕 수덕이라는 대전제 아래 있다. 382년에 쓴, 표현이 현란한 논설 「동정童貞에 관하여」에서 요한은 대담하고 독특하게 말한다. 이 세상은 이미 사람으로 완전히 가득 찼고, 그래서 생식을 위한 성생활의 시대는 끝났다고. 현시대는 종말을 향해 나아가고 있으며, "부활의 일들이 문 앞에 와 있다". 그리스도께서 하늘로부터 내려오신 것은, 사람들을 천사로 만들고 천상 삶의 방식을 지상에 이식移植하기 위해서였다. 그래서 이제 바야흐로 이교 철학자들은 한 번도 꿈꾸지 못했던 것이 가능해졌으니, 바로 금욕의 삶이다.

결혼은 물론 여전히 유효하지만 그 목적은 새롭다. 자식을 낳아 도시의 미래를 보장하는 것은 더 이상 최우선의 목적이 아니다. 젊은 남녀는 오히려 자신들의 육신을 제어하는 것을 서로 돕기 위해 결혼해야 한다. 결혼은 부부를 이 도시의 유혹들로부터 지켜 주는 안전한 항구가 된다. 그러므로 부모는 자식이 일찍 결혼하도록 마음 써야 한다. 덧붙여 말하면, 똑같은 충고를 유다고 라삐들도 했다. 결혼식은 가정에서 거행되고, 사제를 모셔 와야 한다. 요한은 결혼식에서 통례적이던, 노골적인 이교적 특징들을 보여 주는 관습들과 맞서 싸웠으나 헛일이었다. 공공연한 축하 행렬이 면사포로 가리지 않은 신부를, 시내를 두루 돌아 남자 집으로 데리고 갔다. 노래와 춤은 노골적으로 사랑과 성애를 암시했다. 창녀들도 초대받아 가면을 쓰고 등장했다. 이런 짓을 요한은 콘스탄티노플에서 행한 설교에서 질책했다. "도대체 결혼식이 무슨 연극이란 말입니까? 결혼은 하나의 신비이며(서방에서라면 성사라고 했을 것이다), 그리스도와 그분 교회와의 관계의 모사模寫입니다."[13] 신랑 신부가 춤추지 않으면 아무도 춤을 추지 않을 것이라는 항변은 요한에게 통하지 않았다. 도대체 춤을 왜 꼭 춰야 한단 말인가? 이교인들이 밀교 의식에서 춤을 춘다면, 우리에게는 고요함과 단정함이 군림해야 한다는 것이었다. 고래古來의 관습들은 출생, 질병, 죽음에서도 여전히 강력하게 작용하고 있었다. 유모가, 사악한 시선을 차단하기 위해 갓난아기 이마에 진흙이나 재, 소금과 검댕을 발랐다. 각기 이름이 쓰인 홰에 불을 붙여, 가장 오래 타는 횃불에 쓰여 있는 이름이 아기에게 붙여졌다. 사람들은 흔히 조상들 이름을 선택했는데, 그들의 죽음에 대해 스스로 위로하기 위해서였다. 이에 반대하여 요한은, 그 자신이 사도 요한의 이름을 따서 불리었듯이 아기에게 순교자, 의인, 주교, 사도 들의 이름을 붙여 주라고 권고했다.

피터 브라운은 요한이 그의 결혼관을 통해, 그 대도시의 위태로운 자유

그림 V 디오니소스와 헤라클레스의 술 마시기 시합. 어느 대저택의 모자이크, 안티오키아

분방함에 맞서 그리스도교 가정의 구조들을 강화하려 했다고 지적했는데, 옳은 말이다. 요한의 목적은 도시 공동체라는 새로운 형태의 창출이었다.[14] 그 목적지에 이르는 길은 그리스도인 가정의 쇄신을 거쳐 가야 했다. 요한은 설교에서 모범적인 가정생활을 해 나가는 방법에 관해 자주 충고했다. 그래서 플루타르쿠스 같은 그리스 저자들의 작품을 되잡았다. 남편과 아내는 긴장 관계를 이룰 수밖에 없는데, 여기서는 물론 남편에게 우위가 주어져야 마땅하다. 남편은 공공장소나 법정 등에서의 일을 담당한다. 아내는 가족과 집안을 돌보고, 남편을 만족시키고, 바깥 출입을 삼가야 한다. 집 밖의 일을 맡아서는 안 된다. 의복과 치장에서, 특히 향수와 화장품을 멀리해야 한다. 절약한 돈을 날마다 부부 침대 옆의 자선함에 모아 두어야 한다(이것은 요한이 경탄해 마지않았던 유다인들의 관습이었다). 이 함에 자선금을 넣는 것은, 역시 침대 옆에 걸려 있는 '복음 말씀'과 마찬가지로 효력이 강하다. 이 두 가지는 악마에게 대항하는 훌륭한 무기다. 아

내들은 '복음서들' — 짐작건대 각별한 효력이 있다고 여겨지던 단락들을 가리키는 것 같다 — 을 목덜미에도 감고 다닐 수 있었다. 요한은 신명기 6장 8절에 근거한, 이에 관한 설교에서, 성경 구절들을 몸에 지니고 다니는 유다인들의 관습에 청중의 주의를 환기시켰다.[15] 집에, 창문과 소파에, 외투에도 십자가를 걸어 둔다. 그리고 손가락으로 이마와 가슴에 십자성호를 긋는다. 어머니들은 아픈 자식들 위로 성호를 긋는다. 식사 전에는 엄숙한 기도를 바친다. 주일에는 가장이 집에서 강론 본문을 봉독하고, 가족들과 함께 그것에 관해 이야기한다. 그런 가족이 살고 있는 집은 작은 수도원이 된다. 그런 가정들은 안티오키아 시 위쪽의 산에 사는 수도승 공동체들과 마찬가지로, 복음서의 계명들에 의해 인도된다. 떠들썩하고 가혹한 도시 한가운데서 그리스도교적 온전함이라는 불빛이 비쳐야 할 터였다. 요한은 물론 남편들에게 아내들을 너무 속박하지 말라는 훈계도 했다. 그러나 근년의 연구자들이 강조하는바, 대부분의 교부들처럼 요한 크리소스토무스도 그의 교설을 통해, 교회가 여성의 가치를 평가하는 데 있어서, 이미 그리스도교 이전 시기의 생활과 사상이 거의 극복했던 단계들로 다시 후퇴하는 데 한몫을 했다. 한편 4세기 후반에 특히 금욕 생활을 하는 여인들이 중요한 의의를 획득했다. 여성을 대상으로 하거나, 『올림피아스의 생애』처럼 특정 여인의 삶을 서술한 그리스도교 저작 십여 편이 널리 알려져 있었다.

세속 안에서 살아가는 그리스도인이라는 구상, 작은 수도원으로서의 그리스도인 가정이라는 구상이 요한의 확신에서 핵심이었다. 그는 수년간 은수자 생활을 했고, 수도승의 삶을 예전과 마찬가지로 소중히 여겼다. 그러나 이제 대도시의 사제로서, 수도승에 대한 지나친 경탄은 그리스도인 가정의 부모들이 스스로 완전함을 추구하는 것을 포기하면서 자신을 변명하는 빌미가 될 수도 있는 위험성이 있음을 직시했다. 요한은 산상설교의 진복선언이 모든 그리스도인을 겨냥한 것임을 강력히 주장했다. 참그리스도인으로 살아가는 것은 결혼 생활에서도 가능해야 했다. 요한은 자기 공동체 구성원들이, 수도승들만이 온전한 의미에서 그리스도인일 수 있다는 견해에 익숙해지는 것을 심각하게 걱정했다. 이런 견해가 그리스도교 신앙을 붕괴시킨다는 것이었다. 요한에게서는 훗날 중세 때 매우 중요하게 여겨질 구분, 즉 하느님의 계명들을 모든 신자가 준수해야 하는 기본적 규정들praecepta과, 완전함 추구의 특별한 길을 선택한 남녀들을 겨냥한 '복음적 권고들'consilia evangelica로 구분하는 기미가 아직 발견되지 않는다.

요한은 사제직을 수행하는 동안, 그리고 나중에는 콘스탄티노플 주교로서 자신의 관점을 수정했으며, 결혼의 존귀한 가치에 관해서도 이야기했다. 이제 그는 결혼은 하느님이 우리 인류의 번식을 위해 제정하셨다고 말할 수 있었고, 그로써 예선과는 다른 입장을 취했다. 마태오 복음서에 관한 한 설교에서 상론하기를, 지상에서는 아내와 자식들을 가지고 있는 것보다 더 달콤한 기쁨이 없으며, 죽을 때 자식을 남기는 것보다 더 큰 위로는 없다고 했다. 그러나 그의 가치 체계에서 금욕은 여전히 우위에 있었다. 요한의 이런 가치 판단은 아주 많은 그의 동시대인들도 공유하고 있었다. 이런 관점이 예수와 바오로에게서도 근거를 찾을 수 있다는 것을, 오늘 우리는 대개 너무 모르고 있다(참조: 마태 19,12; 1코린 7,7).

요한은 과부와 홀아비들에게 재혼 포기를 권면하는 진기한 논설 한 편을 썼다. 이로써 그는 재혼을 권장하는 국가의 법률을 거스른 셈이다.[16] 한편 두 편의 소책자에서 요한은 당시의 정서들과 밀접히 관련된 한 가지 문제, 즉 금욕 생활을 찬미하는 남자들와 여자들이 '영적 결혼' 관계로 함께 사는(共住) 문제를 다루었다. 요한은 그리스도의 일에 몸 바치는 대신, 함께 사는 여인들에게 어울리는 향수나 장신구를 입수하기 위해 애쓰는 '그리스도의 경기자들' — 당시 사람들은 금욕 고행자들을 이렇게 불렀다 — 에게 혹독한 야유를 퍼부었다. 요한은 그런 남자는 내시가 되기 십상이라고 꼬집어 말할 수 있었거니와, 이로써 자신이 — 켈리가 적확하게 표현했듯이 — 어쩔 수 없는 여성 차별론자임을 드러냈다.[17] 참된 동정녀들은 그러나 그리스도와 친밀하며, 케루빔과 세라핌이 하느님을 에워싸고 있듯 그리스도를 에워싸고 있다. 다년간 안티오키아에 머물렀던 히에로니무스는 — 우리는 그와 요한이 만난 적이 있는지 확실히 알지 못한다 — 로마 최상층 가문 출신의 젊은 부인을 대상으로 쓴 소책자『동정童貞의 보존에 관하여』에서 요한의 이 진기한 언설을, 그의 이름은 언급하지 않은 채 이렇게 비판했다. 그 글은 "수사학적 장려함도 포기하니, 예를 들면 이런 식이다. '나는 그대를 천사로 들어 높인다. 그대의 동정성의 행복을 묘사하고 세상을 그대 발아래 놓는다.'".[18]

1.6. 사제 시절 초기(386~387)

386년 사순 시기가 시작되기 전, 플라비아누스 주교가 요한을 사제로 서품했고, 또 그로서 설교자로 임명했다. 요한의 첫 설교는 보존되어 있다. 거기서 우리는 요한이 처음으로 설교를 하기 위해 독서대Ambo로 걸어갈 때 '황금 성당' 안에 모여 있던 많은 신자들을 압도하던 긴장감을 어느 정도 감지할 수 있다. 그는 자기 공동체에 아름다운 화환을 엮어 바쳤고, 또한 작고한 멜레티우스 주교를 칭송하고 현임 주교 플라비아누스에게 경의를 표현하는 일을 소홀히 하지 않았다. 흥미롭게도 요한은 이 첫 설교에서 이상적인 사제는 '고행'mortificatio에 몰두하지 않음을 강조했는데, 그로써 동굴 시절의 극단적인 금욕적 이상들과 거리를 두었다.

한편 유다인을 배척하는 여덟 편의 설교[19]는 어조가 훨씬 모질다. 하필이면 386년 가을 유다교의 큰 축제들 직전에 한 이 설교들은 안티오키아 그리스도인들의 큰 호응을 얻었다. 유다교의 초막절, 신년제, 파스카 축제에 참여하고 안식일을 주일과 함께 지키고 유다인 의사의 진찰을 받고 유다교 회당에서 맹세를 통해 계약을 확증하고 심지어는 경우에 따라 아들에게 할례를 받게 해도 되며, 그렇더라도 자신의 신앙을 배반하지는 않는 것이라고 생각하는 수많은 그리스도인의 영혼 구원이 위태롭다고 요한은 생각했다. 그는 상당수 그리스도인이 부활절을 유다교 파스카 축제와 같은 시점에 지내는 아주 오래된 관습을 고집하는 상황을 특히 당혹스럽게 느꼈다. 전체 교회로서는 그러나 니케아 공의회(325)의 결정 이후 통일된 부활 시기를 지켰다. 그러니까 같은 도시의 그리스도인들이 교회의 가장 큰 축제를 서로 다른 날짜에 기념하고 있었던 것이다. 부활절에 앞서 40일간의 사순 시기Quadragesima가 선행했다. 어떤 신자들은 아직 단식을 하고 있는 동안, 다른 신자들은 이미 부활을 경축했다. 그렇게 공공연한 교회 일치의 파괴가 요한을 매우 화나게 했다.

요한의 설교들은 당시 시리아 수도의 상황을 엿보게 해 준다. 유다인들은 주민의 약 1/7에 불과한 소수 집단이었으나, 높은 신망을 누리고 있었음이 분명하다. 이 시기 유다교의 특징은 놀랄 만큼 다양한 모습이었던 바, 70년 예루살렘 성전이 파괴된 이후 유다교는 통일적인 형태를 지니고 있었으리라고 사람들이 흔히 생각하는 것과는 전혀 달랐다. 문화적 측면에서도 당시 유다교는 매우 다양한 모습을 지니고 있었다. 안티오키아 유다인들은 392년 이웃 도시 아파메아의 회당 장식을 위한 모자이크 마련에 재정을 지원했다. 부유한 안티오키아 유다인들은 고국 땅 벳 세아림에 자기들 묘지를 마련해 두었다. 안티오키아 주민 1/3은 옛 종교들에 여전히 충실했는데, 이들을 두고 유다인들과 그리스도인들이 치열한 경쟁을 벌였다. 유다인들도 그리스도인들과 마찬가지로 강한 자부심을 지니고 행동했다. 요한에 따르면, 유다인들은 이렇게 말했다. "우리는 정복되고 내쳐졌으나, 그것은 우리가 온 세상의 선생들이 되기 위해서다."[20] 요한은 안티오키아의 유다인들과 이교인들이 그리스도인들이야말로 이 도시의 구원자요, 그들의 보호자, 통괄자, 선생이라는 사실을 알게 되기를 열망했다. 그리스도인, 유다인, 이교인 들이 토론을 벌였다. 유다인들은 그리스도인들에게 공공연히 물었다. "왜 당신들은 사순 시기를 더 이상 예전처럼 지키지 않는가? 왜 당신들의 스승이 그랬던 것처럼 율법을 준수하지 않는가?"[21] 유다인들은 그리스도인들의 주장을 조롱했다. 로마서에 관한 설교에서 요한은 그런 조롱을 인용한다. "다음과 같은 주장은 누가 뭐라 해도 완전히 웃기는 얘기다. 그분은 어떤 이들에게는 약속을 주셨고, 다른 이들에게는 그 약속을 지키셨다. 전자가 후손이지만, 후자를 구원으로 이끄셨다. 유다인들의 조상들에게 약속을 하셨지만 그들의 후손들은 내버려 두시고, 예전에 당신을 전혀 모르던 사람들이 유다인들의 자

그림 VI 큰 성당이 있는 안티오키아 경관. 모자이크, 안티오키아

산을 향유하게 하셨다. 유다인들은 율법을 준수하고 예언자들의 예언을 읽고 깨닫기 위해 온갖 애를 썼지만, 방금 제신諸神의 제단을 버리고 이쪽으로 온 이 사람들이 저들에 앞서 우선권을 얻었다. 그런즉 섭리를 어디서 알아보아야 하겠는가?"[22]

이미 율리아누스 황제도 그리스도인들을 배격하는 자신의 책에서, 그리스도인들은 계속 유다인들의 성경을 자기네 정당성의 근거로 끌어대면서도 왜 유다인들의 관습에서 떨어져 나갔는지를 비판적으로 따져 물었다. 이교인들은 대화 중에 십자가의 의미를 물었고, 유다인과 그리스도인의 서로 어긋나는 성경 해석을 지적했으며, 그리스도인들을 다음과 같이 비판했다. "그리스도교는 삶의 모든 관계를 뒤죽박죽으로 만들어 놓았다. 주인들에게서 종들을 빼앗아 버리는 등, 매사 무법적으로 행동한다."

요한은 자신이 보기에 위태로운 그리스도인들, 즉 그가 '유다교화하려는 자들'이라 지칭한 자들과의 논쟁에서, 결정적 요점들을 아주 잘 알고 있었다. 이들의 가장 강력한 논거는, 그리스도인들도 자기네 정당성의 근거로 내세우는 거룩한 문서들, 즉 '율법과 예언서들'이 유다교 회당에 떡하니 자리 잡고 있다는 사실이었다. 또한 유다인들이 그 책들의 최초 수령자로서, 그것을 그리스도인들과 달리 해석하고 있다는 사실도 심각한 불안의 원인이었다. 특히 안티오키아 같은 도시에서는 지금까지 그리스도교의 역사에서, 신학적 논증은 구약성경에 바탕을 두어야 한다고 주장하는 견해가 그리스도인들 사이에서 거듭 새삼 강력히 제기되었다. 또 어떤 이들은 그리스도인과 유다인 간에는 그저 사소한 차이만 있을 뿐인데, 쓸데없이 별것 아닌 문제들을 가지고 싸운다는 견해를 내세웠다. 요한은 그런 견해들에 맞서 엄격한 경계 설정을 촉구하면서 이렇게 말했다. "요컨대 유다인들의 삶과 가르침이 존경할 만하고 훌륭하다면, 우리 것은 가

짜입니다. 그러나 우리 것이 참되다면 ─ 사실이 그렇기도 합니다 ─ 저것은 미망에 가득 차 있습니다." 유다교 당국들 역시 경계 설정을 촉구했다. 그들은 자기네 신봉자들에게 그리스도인 의사를 찾아가지 말라고 경고했다. 요한의 촉구 배후에는, 자신에게 맡겨진 사람들의 구원에 책임이 있다는, 거듭 새삼 표출된 자의식이 있었다. 영원한 구원은 그러나 갈라지지 않은 옹근 마음으로 그리스도께 속한 사람들에게만 확실한 것일 수 있다. 이 '유다교화하려는 그리스도인들' 중 많은 사람이 바로 얼마 전에야 교회 쪽으로 왔다는 사실을 염두에 둔다면, 당시 상황을 좀 더 잘 이해할 수 있을 것이다. 앞에서 언급한 380년 테오도시우스 황제의 칙령 반포 이후, 아주 많은 사람이 그리스도교 쪽으로 넘어오려는 결정을 내렸다. 그러면서도 그들은 예전의 이교 제의들과의 관계를 계속 유지하거나, 유다인들의 오래되고 존귀한 종교와의 새로운 접촉을 모색했다. 여기에는 마술적 방책, 액막이, 주문 따위가 큰 몫을 했다. 오늘날 보존되어 있는 마술 관련 파피루스들 가운데는 맹세할 때 사용되는, 구약성경에서 뽑은 약 2백 개의 텍스트도 포함되어 있다. 마술적 방책들은 당시의 시대정신에 부합했거니와, 이교인, 유다인, 그리스도인 들이 모두 그것을 이용했다.

요한이 유다인들을 비난하면서 사용한 표현들은, 교회에 의한 유다인 박해 역사와 20세기의 끔찍한 사건들을 익히 아는 독자들을 경악하게 만든다. 예컨대, 유다교 회당은 법석 떠는 극장일 뿐 아니라 창녀 집, 강도 소굴, 불결한 짐승 우리, 악마의 거처다. 유다인들은 배때기를 위해 살고 세속의 부를 갈망하거니와, 포식과 향락욕 때문에 돼지와 염소보다 나을 게 없다. 이 비방에서 두 가지에 주목해야 한다. 첫째, 요한은 비방을 하면서 예언자들이 이스라엘 백성을 비판하던 말들을 사용한다. 그러나 예언자들의 말은 유다교 자체 내에서의 비판이었고, 그래서 그 말을 유다인들의 적대자가 그냥 차용할 수는 없다는 사실을 잊고 있다. 둘째, 요한은 유다인들이 윤리적으로 열등하다고 단언하는데, 한편으로는 그것을 매우 비통하게도 바로 자기 공동체 구성원들에게서도 발견할 수밖에 없었다. 사실 다른 텍스트들에서 요한은 그리스도인들이 미친 듯이 재물을 향해 질주하고 흐드러진 잔치에 탐닉하는 것을 한탄한다. 또한 그들을 발정난 종마種馬라고 지칭하고, 그들 앞에서는 여자들이 성당 안에서도 결코 안전하지 않다고까지 말한다.[23] 아무튼 요한의 유다인 공박을 역사적으로 타당하게 자리매김하기 위해서는, 표현의 지독함과 무자비함, 그리고 일방적 흑백논리가 그 시대의 취향에 맞았다는 사실을 인식하는 것이 중요하다. 고대 말엽의 수사학자들은 완곡한 표현을 중시하지 않았다. 사실 리바니우스도 학생들에게 과장하여 표현하라고 가르쳤으며, 스스로 진실이 아님을 분명히 알고 있는 것을 강변하는 짓도 마다하지 않았다. 예를 들자면 수도승들은 코끼리보다 많이 처먹으며, 엄청난 술고래들이라고 극렬하게 비난했다.

그리스도인들에게 예루살렘 성전의 파괴는 유다인들과의 논쟁에서 핵심적 중요성을 지녔다. 그리스도인들의 확신에 따르면, 하느님께서는 70년 로마인들에 의한 예루살렘 정복과 성전 파괴를 허락하셨다. 또 그로써 유다교 제의에 종지부를 찍으셨다. 요한은 예수께서 예루살렘 성전을 바라보시며 하신 마태오 복음서 24장 2절 말씀을 전거로 내세웠다. "내가 진실로 너희에게 말한다. 여기 돌 하나도 다른 돌 위에 남아 있지 않고 다 허물어지고 말 것이다." 바로 이 말씀이, 약 20년 전 율리아누스 황제로 하여금 유다인들에게 그들 성전의 재건을 약속하도록 부추겼다. 황제는 그로써 성전의 결정적 종말에 관한 그리스도의 말씀이 터무니없음을 입증하는 한편, 신전에 희생 제물을 바치고자 하는 자들의 대열을 유다인들을 통해 강화하고자 했다. 황제는 브리타니아 총독 알리피우스와 그 밖의 고위 관리들에게 성전 재건 과업을 맡겼다. 363년 3월 5일 율리아누스는 페르시아인들과 맞서 싸우기 위해 자기 군대와 함께 동방으로 출정했다. 도중에 그는 메소포타미아와 바빌론의 유다인들에게 고시문을 공포했다. "나는 지극히 높으신 신의 신전 재건에 열정을 가지고 착수했다." 그런데 일은 그다지 순조롭게 진척되지 않았다. 오래된 잔해들을 치우고 새 기초벽을 겨우 놓자, "기초 가까운 곳에서 무서운 화재가 연속 발생하여 거기서 일하던 사람들을 태워 버렸다". 이렇게 이교인 역사가 암미아누스 마르켈리누스는 보고한 뒤, 계속하여 말한다. "천재天災가 그런 식으로 집요하게 방해했기 때문에 계획은 중단되었다."[24] 이 보고는 크게 논란이 되었다. 그 배후에 그리스도교 쪽에서 만들어 낸 전설이 있었던가? 또는 그 '연속 화재'는 363년에 발생한 것으로 확인된 지진과 관련지어야 하는가? 어찌 됐든, 성전을 재건하려는 시도는 재개되지 않았다. 율리아누스는 363년 6월 26일 페르시아인들과의 전투에서 사망했다.

    율리아누스가 사망한 뒤, 안티오키아의 유다인 공동체는 케라테이온 시구市區에 있던 회당을 그리스도인들에게 넘겨주어야 했고, 그들은 그것을 성당으로 만들었다. 그 회당은 큰 매력을 발산하고 있었다. 회당 안에 또는 그 구역에, 기원전 168년 안티오코스 4세 에피파네스 통치 때에 안티오키아에서 순교한 마카베오 집안의 일곱 형제와 그들 어미의 무덤이 모셔져 공경되고 있었다. 그들의 무덤을 수많은 유다인은 물론, 이교인들과 그리스도인들도 참배했다. 회당이 성당으로 탈바꿈하면서 마카베오 형제들도 그리스도교의 성인이 되었고, 교회는 매년 그 형제들의 순교 기념일에 그들을 추모했다. 그날 요한 크리소스토무스가 했던 기념 설교들도 보존되어 있다. 북이탈리아의 피아첸차에서 온 한 순례자는, 570년경 안티오키아에서 마카베오 집안 형제들의 무덤 위에 그들을 고문하던 도구들이 걸려 있는 것을 보았다고 보고했다.[25] 그들의 유해는 콘스탄티노플을 거쳐 로마로 보내졌고, 오늘날 산 피에트로 인 빈콜리 성당에 모셔져 있다.[26]

안티오키아에서의 사제 시절 초기에 요한은 또한 안티오키아의 순교자들인 펠라기아, 베레니케, 프로스도케, 돔니나, 바빌라스, 필로고니우스, 루키아누스, 이그나티우스(안티오키아 주교로서 2세기 초에 로마 콜로세움에서 사자들 앞에 던져졌다)의 기념일에 그들에게 봉헌된 경당들에서 일련의 추모 설교를 했다. 요한은 이 순교자들을 매우 공경했으며 자기 시대에도, 물론 로마제국 경계선 밖 페르시아에서, 그리스도인들이 신앙을 위해 죽어 간다는 것을 잘 알고 있었다. 또한 성령강림절, 성탄절, 공현절 같은 중요한 축일에 한 설교들도 보존되어 있다. 흥미로운 것은, 부활절 설교는 없다는 사실이다. 짐작건대 이 가장 큰 축일에는 주교가 친히 설교를 했을 것이다. 386년의 성탄절 설교는 중요하니, 안티오키아 교회가 그해에 처음으로 성탄절을 기념했음을 확증해 주기 때문이다. 서방에서 성탄절은 330년경 생겨났는데, 무적의 태양신의 축제일과 같은 날로 결정한 것은 까닭 없는 일이 아니었다. 요한은 방금 언급한 설교에서, 이 새로운 날짜가 옳다는 것을 자기 공동체에게 납득시키려 무진 애를 쓴다. 복잡한 계산을 해 가며, 예수께서 12월 25일에 태어나셨음을 밝힌다.

1.7. 안티오키아 폭동(387년 2월)

방금 언급한 성탄절 설교 이후 두 달이 채 안 된 387년 2월 21일 주일, 요한은 '큰 성당'에서 바오로 사도의 권고에 관해 이야기했다. "이제는 물만 마시지 말고, 그대의 위장이나 잦은 병을 생각하여 포도주도 좀 마시십시오."(1티모 5,23). 요한은 하느님이 지으신 삼라만상은 모두 좋으며, 따라서 포도주도 하느님의 선물인데, 인간이 그것을 남용함으로써 비로소 나쁜 것으로 만든다고 강조했다. 요한은 다음 토요일과 주일에도 설교하기로 예정되어 있었다. 그런 다음 월요일인 3월 1일부터는 일련의 사순절 설교를 시작하고자 했다. 그러나 모든 것이 달리 진행되고 말았으니, 목요일(어쩌면 금요일)에 안티오키아에서 갑자기 폭동이 발생한 것이다. 폭동의 도화선이 된 것은 큰 폭의 세금 인상에 관한 통고였다. 황실 소유의 하구河口 섬에 위치한 재판소 건물에서 훈령이 공개적으로 낭독되었다. 즉시 많은 시의회 의원들이 총독에게 급히 달려가 이 새로운 부담에 항의했다. 그러는 동안 엄청난 군중은 플라비아누스 주교의 집으로 몰려갔는데, 황궁과 관계가 좋은 주교가 자신들을 도와줄 수 있으리라는 큰 기대를 품고 있었다. 그런데 플라비아누스는 부재중이었다. 그러자 군중은 공중목욕탕을 지나 총독 관저로 들이닥쳐, 큰 남포등들의 밧줄을 끊어 버렸다. 그러나 관저를 점령하려는 시도는 성공하지 못했다. 군중의 분노는 관저 앞에 세워져 있던, 황제와 그 가족들의 청동 입상들로 향했다. 동상들이 기둥에서 끌어내려져 밧줄에 묶인 채 거리를 가로질러 질질 끌려갔다. 그런 까닭에 이 폭동은 '기둥 폭동'이라 불린다. 아무튼 이제 군대가 투입되어, 분개한 군중을 해산시켰다. 안티오키아 시의 최고 당국자Comes Orientis가 즉시 주모자들을 체포하여 처형하라고 지시했다. 점심때쯤 소동이 모두 가라앉았고, 대신 불안한 중압감이 사람들을 짓눌렀다. 황제의 동상에 대한 모독은 황제 자신에 대한 공격과 동일시된다는 것을 누구나 알고 있었다. 동상을 통해 황제가 그 도시에 현존하는 셈이었다. 나아가 테오도시우스는 자기 동상들에 도피권을 부여했다. 누구라도 그 동상으로 피신하면, 열흘 동안은 황제의 관리들조차 그를 거기서 떼어 놓을 수 없었다. 테오도시우스는 성마른 것으로 유명했다. 안티오키아에 크나큰 두려움이 퍼져 나갔다.

3년 뒤, 다른 한 도시가 황제의 노여움을 절감해야 했다. 테살로니카에서 군대 사령관이 아주 인기 있던 마차 경주자를 체포하게 했다. 그러자 엄청난 군중이 집결했고, 그 고위 장교를 대로에서 폭행했다. 또 다른 관리들도 험한 꼴을 당했다. 테오도시우스는 즉각 군중을 처벌하라고 명령했다. 자기네 장군이 살해된 데 격분한 군대에 의해 약 7천 명이 학살되었다. 이에 비하면 안티오키아는 훨씬 운이 좋았다. 그러나 처음 몇 주는 불안한 마음으로 견뎌야 했다. 사람들은 재판소 건물 앞에 벙어리처럼 서서, 채찍 후려치는 음습한 소리와 체포된 사람들의 비명을 들었다. 형편이 되는 사람들은 도시를 떠났다. 요한은, 그리고 필시 리바니우스도 안티오키아에 머물러 있었다. 요한은 재판소 건물로 가서 갇혀 있는 사람들을 만나 보았다. 폭동 발생 일주일 뒤, 플라비아누스 주교가 콘스탄티노플로 떠났다. 황제의 노여움을 누그러뜨리러 애써 볼 참이었다. 주교는 떠나기 전 요한에게, 상황이 좋지 않지만 예정된 사순절 설교들을 시작하라고 지시했다. 이것이 그 폭동의 이름을 따서 지칭된, 그리고 요한의 명성이 안티오키아를 넘어 멀리까지 알려지게 한 '기둥 설교들'이 되었다.[27] 21편의 설교 중 첫 번째는, 요한이 폭동 발생 전에 했던, 앞서 언급한 설교다. 요한은 교회에서 이 시기에 봉독하도록 정해져 있던 창세기 본문들에 관해 설교했다. 그는 그 본문들을 거듭하여 현재의 위협과 관련지어 해설했다. 3월 13일(또는 14일)의 열여섯 번째 '기둥 설교'에서, 이교인 시장 티사메누스가 교회로 와서 불안에 떨던 군중을 안심시켰음을 알 수 있다. 3월 15일 황제의 두 고위 관리 카이사리우스와 헬레비치가 안티오키아에 도착했다. 사건 조사 임무를 지니고 온 그들은, 마찬가지로 새로운 세

삶과 활동 59

금 부과를 반대했던 시 의회 의원들도 모두 체포토록 했다. 전시법戰時法이 발효되었다. 그 밖의 조처들로, 공중목욕탕과 극장 들이 폐쇄되었다. 그리고 안티오키아는 시리아 속주 수도의 지위를 상실했다. 일련의 사형 판결이 더 내려졌다. 사형 집행은 그러나 황제가 판결을 재가할 때까지 유예되었다. 이 유예는 수도승들이 얻어냈는데, 그들은 이른 아침 산에서 도시로 내려와, 막 법정으로 말을 타고 가던 황제 관리들을 막아서서는 자비를 간청했다. 카이사리우스는 조사가 종결된 뒤, 제국 급행 마차를 타고 콘스탄티노플로 떠났다. 그동안 콘스탄티노플에 도착한 플라비아누스 주교는 황제를 알현하고, 그의 마음을 누그러뜨릴 수 있었다. 요한은 노련한 수사학자답게, 플라비아누스가 황제에게 했던 간청과 황제의 자애로운 응답을 자신의 마지막 '기둥 설교' 속에 끼워 넣었다. "주교께서 황제의 거실로 안내되었을 때, 처음에는 황제에게서 멀리 떨어져 아무 말씀을 못하고 참회자처럼 얼굴을 너울로 가린 채 눈물을 흘리며 바닥만 보고 서 계셨습니다." 황제는 주교에게, 자신이 풍성하게 후원했던 도시의 배은망덕에 마음이 많이 아프다고 말했다. 플라비아누스는 안티오키아에 대한 황제의 큰 사랑을 자기는 잘 알고 있다고 확언했다. "온 세상 앞에서 우리는 스스로 부끄러워하지 않을 수 없습니다. 가장 무거운 처벌도 그런 배은망덕에는 가혹하지 않을 것입니다. 우리를 벌하십시오. 그러나 폐하의 호의를 우리에게서 거두지는 마시옵소서. 우리 도시를 멸망시키지는 마십시오! 폐하의 왕관을 가장 아름다운 보석으로, 관대함으로 장식하십시오! 그러면 폐하는 청동으로 만들어진 동상이 아니라 감사로 만들어진 동상을 안티오키아 시민들의, 아니 온 인류의 마음속에 세우시게 될 것입니다." 요한이 인용한 플라비우스의 언설은 그 장면을 목격한 사람이 그에게 전해 준 내용에 근거하고 있다. 그러나 그 언설을 자유로이 편집했음이 확실하다. 황제의 답변도 마찬가지로, 요한은 사람들이 그리스도인 황제에게 기대했을 법한 대답을 전하고 있다. "온 세상의 주님께서 우리를 위해 사람이 되시고 십자가에 처형되셨으며, 그 순간에조차 '아버지, 저들을 용서해 주십시오. 저들은 자기들이 무슨 일을 하는지 모릅니다' 하고 말씀하신 이 시대에, 짐이 나를 모욕한 인간들에게 인간으로서 관용을 베푼다고 해서 무슨 놀랍고 대단한 일이겠소?" 마침내 특사特赦가 공포되었고, 플라비아누스는 이 기쁜 소식을 최대한 빨리 자신의 도시에 전하기 위해 서둘렀다. 그러나 고령인 탓에 전혀 속도를 낼 수 없었다. 그래서 급행 기수騎手를 앞서 보내, 구원의 소식을 안티오키아에 전하게 했다. 환호는 엄청났다. 모두 집 밖으로 쏟아져 나왔다. 광장이 화환과 꽃으로 장식되었고, 기쁨의 화톳불들이 피워졌다. 부활절 직전 주교가 도착했다. 요한이 부활절 설교를 했다. 그는 사명을 성공적으로 수행한 주교에게 장황한 말로 감사를 표했다. 그리고 끝으로 청중에게 촉구했다. "이제 여러분의 집만이 아니라 여러분의 마음을 난상하십시오. 하느님의 사비를 찬양하기를 결코 멈추지 마십시오!"

387년의 이 극적인 사건들에 관한 정보를 제공해 주는 자료는 두 가지다. 하나는 여러 번 언급한 크리소스토무스의 '기둥 설교들'이고, 다른 하나는 리바니우스가 쓴 다섯 편의 연설문이다. 이 두 자료 사이에는 일치점은 물론 상이점도 있는데, 이는 근본적으로 입장의 상이함에 기인한다고 하겠다. 리바니우스는 황제를 누그러뜨린 공을 카이사리우스에게 돌리며, 플라비아누스의 여행에 관해서는 언급하지 않는다. 그 까닭은 물론 그의 이교인으로서의 시각에 있다. 거꾸로 요한 역시, 주로 플라비아누스와 테오도시우스에게 집중함으로써, 자기 나름의 강조점을 제시한다. 아무튼 이로써 요한은 자신이 정치적 설교의 대가임을 처음으로 드러냈다.

1.8. 발전의 시기(387~397)

요한은 안티오키아에서 12년간 설교를 했고, 그를 통해 명성을 얻었다. 그는 고대 세계 최후의 위대한 시ⓜ 연설가였다. 요한은 설교를 꼼꼼히 준비했다. 그는 이렇게 고백했다. "앞에 놓여 있는 구절의 의미를 이해하기 위해서는 진지한 연구와 많은 기도가 반드시 필요하다."²⁸ 그러나 대개는 텍스트들을 자유로이 개진했으며, 손에 메모나 책도 들고 있지 않아 청중이 놀라워했다. 종종 지진 같은 예상치 못한 사건들이 발생한 경우에는 즉석에서 아무 준비 없이 설교했다. 그의 설교들은 길이가 매우 다양하다. 짧은 것들은 10분가량 걸렸고, 아주 긴 것들은 1시간 30분짜리도 있었다. 속기사들이 설교를 받아썼다. 요한은 그것들을 손질한 뒤 출간했다. 그는 언제나 온 공동체를 상대로 했으며, 결코 지적인 관심을 가진 사람들만을 위해 설교하지 않았다. 교회 안에서 신분상의 허영을 용납하지 않았고, 모든 사람을 위해 설교했다. 종, 하녀, 과부, 장사꾼, 뱃사람, 농부도 자신의 말을 알아들을 수 있어야 했다. 알아들을 수 있게끔 애썼음에도 의문이 남아 있으면, 설교 후에 기꺼이 답변해 주었다. 요한은 아주 직접적으로 말했고, 그래서 종종 청중의 감정을 상하게 했다. 그런 경우에는 또한 기꺼이 사과했다. 요한은 근본적으로 설교자의 말은 아프게 물어뜯기도 해야 한다는 신념을 지니고 있었다. 그러나 청중의 영혼이 완전히 꺾이거나 부서져선 결코 안 된다는 것도 잘 알고 있었다. 요한은 자신이 청중의 마음을 상하게 하지 않으면서 올바로 훈계하는 어려운 사명을 제대로 수행하도록 하느님의 은총이 도와주시기를 바랐다.

요한 크리소스토무스에게서 언설의 직접성은 천부적 감정이입 능력과 결부되어 있었다. 그는 흔히 대화식으로 구성된 설교들에서, 청중이 사로잡혀 있는 선입견, 근심, 두려움 등을 환기시켰다. 그리고 공동체에서 이루어지는 토론이나 주장들, 예를 들어 "일하기 싫어하는 자는 먹지도 마시오"(2테살 3,10)라는 바오로의 언명은 자선을 베풀 의무와 관계가 없다는 주장에 동의했다. 또는 거꾸로, 하느님의 사랑은 그분의 징벌을 불가능하게 만든다는 주장은 배격했다. 요한은 성경 말씀들을 패러디하는 짓과 대결했다. 그리고 청중의 물음들을 거듭 새삼 받아들였다. 때로는 예전의 설교와 관련지었다. 또는 널리 알려진 일과 연계시켰다. "여러분은 대부분 간음한 아내가 남편을 살해한 이야기를 알고 있을 것입니다." 또는 청중의 교양을 과대평가했다. "어떤 철학자가, 이교 시대의 어떤 거장이 고집하여 소녀들을 전쟁에 데려갔고, 모두가 이용하도록 넘겨 버렸습니다." 그렇게 플라톤을 끌어들일 뿐 아니라, 말을 하다가 혀를 다친 웅변가 데모스테네스도 암시한다. 또한 그리스 작가와 철학자들의 저작을 설교 안에 많이 인용했다. 격언들도 수용했고, 삶의 매우 다양한 분야들, 특히 의학과 스포츠 그리고 전쟁으로부터도 수많은 표상을 빌려 와 설교를 꾸몄다. 요한은 성경을 온갖 꽃이 만발한 초원, 매장량 풍부한 광산, 또는 보석 컬렉션에 견주었다. 순교자의 무덤은 핏방울 뚝뚝 떨어지는 무기가 걸려 있는 전사의 천막에 비겼다. 고대 말엽 수사학이라는 도구로 작업한 요한은, 은유와 두운법頭韻法을 사용했고 낱말과 사유의 형상적 표출법을 활용했다. 그는 세련된 그리스어로 쓰고 말했으나, 리바니우스나 나지안주스의 그레고리우스에 비하면 소박했다. 요한은 일상에서 관찰한 것을 설교에 매우 많이 들여왔다. 그래서 어떤 경우에는 요한 자신이 관찰한 일들을 묘사한 것인지, 아니면 문학적 전통들을 이용한 것인지 판정하기가 어렵다. 말에 마구를 얹기 위해 필요한 일을 모두 꼼꼼히 설명한다. 손바닥을 위쪽으로 향하는 고대의 인사 동작도 언급한다. 또는 중요한 일을 잊지 않기 위해 실이나 끈으로 손가락을 묶는 풍습에 관해서도 이야기한다. 광장에 이것저것 진열해 놓고 파는 사람들과 마술사, 곡예사 들의 분주함을 생생히 묘사하며, 장인들의 작업을 꼼꼼히 살핀다. 또한 성당 바닥에 입맞춤하는 신자들, 온종일 숙제 걱정하는 아이들, 병정놀이하는 소년들에 관해 말한다. 장례와 관련된 풍습들에 대해서도 언급한다. 애곡 몸짓, 빛나는 등잔불, 머리카락 쥐어뜯기, 찬송가. 또한 거리에서 우연히 들은 소문들도 인용한다.

요한의 청중은 열광하여 설교의 흐름을 따라갔으며, 종종 큰 박수갈채로 설교를 중단시켰다. 끝날 때 박수가 터져 나오지 않으면 설교자는 우울하고 슬퍼졌다. 요한은 박수갈채가 자신을 기쁘게 한다고 종종 고백했다. 또한 부탁하기를, 박수로 설교를 끊지 말고 끝날 때 환호를 보내 달라고 하면서 이렇게 덧붙였다. "내가 여러분에게 말하는 것을 여러분이 실행하는 것이, 가장 아름다운 박수갈채입니다."²⁹ 요한은 자기 공동체와 긴밀히 결합되어 있었다. 그래서 상당히 오래 떠나 있은 다음에 이렇게 고백했다. "사랑하는 여러분, 나는 여러분을 한순간도 잊을 수 없었습니다. … 앉아 있거나 서 있거나, 길을 걸어가거나 쉴 때나, 귀가할 때나 외출할 때나 줄곧 여러분 생각에 몰두했으며, 꿈에서조차 여러분에 대한 생각에서 풀려나지 못했습니다." 성당은 늘 사람들로 입추의 여지가 없었고, 덕분에 소매치기들이 돈지갑에 접근하기 쉬웠다. 요한은 자신에게서 매력이 발산된다는 것을, 빛나는 설교자의 말을 듣기 위해 성당에 몰려든 청중을 자신이 사로잡을 수 있다는 것을 알고 있었다. 그러나 또 한편으로는 사람들이 설교가 끝난 뒤, 마치 무슨 운동경기의 관중이었던 듯이 성당을 급히 떠나 버린다는 것도 잘 알고 있었다. 요한은 설교 때의 열광은 금방 사라질 수 있다는 것을, 자기 공동체의 신앙이 진짜배기라고 할 수는 없다는 것을, 많은 이가 그저 이름만 그리스도인이라는 것을 고통스럽게 절감해야만 했다. 요한은 종종 반편이 그리스도인들에 관해 말했다. 리바니우스 역시 새로운 개종자들 중 많은 사람은 매우 피상적인 그리스도인일 따름이라고 기록했다. 경마장에서 시합이 열리면, 설교를 들으러 오는 사람이 아주 적은 것도 요한에게 큰 실망을 안겨 주었다. 그는 많은 그리스도인이 우승마 이름을 예언자들 이름보다 더 잘 안다고 한탄했다. 리바니우스 쪽에서는 사람들이 교수보다 마차 경주자에게 더 많은 관심을 가지고 있는 것을 불쾌해했다.

『사제직에 관하여』라는 저작이 쓰인 시기는 '기둥 폭동' 이후로 추정된다.[30] 여기서 요한은 자기 사상을 당시 널리 퍼져 있던 '대화'라는 문학 양식에 담았다. 요한과 그의 청소년기 친구 바실리우스 사이에 대화가 오고 간다. 첫째 권에서 요한은 몇 가지 자전적 추억을 제공하고, 이어지는 다섯 권에서는 사제직의 존엄성과 무거운 책임에 관해 힘주어 이야기한다. 이 작품은 필경 그때껏 떠돌아다니던 나쁜 소문, 즉 요한은 일찍이 자신이 동무 바실리우스와 함께 사제가 되도록 예정되어 있음을 의식하고 있었다고 스스로 확언했음에도, 간지奸智를 써서 동무는 서품을 받게 하고 자신은 결정적 순간에 서품을 기피했다는 소문에서 요한을 해방시키려는 목적을 가지고 있다고 하겠다. 혹시 요한이 사제 되기를 거부한 것은, 바로 세속의 높은 직책을 얻고 싶었기 때문이 아니었을까? 아니라고, 요한은 자기 책에서 말한다. 오히려, "당시 나는 정말로 내가 그렇게 영예롭고 어려운 직분을 아직은 감당할 만하지 못하다고 느꼈습니다". 그리고 책 말미에서는, 지금도 세속의 즐거움들에 대한 갈망에 의해 종종 위협받는 것을 느낀다고 고백한다. 그리고 완전히 은둔하여 삶으로써 비로소 이런 갈망을 극복했다고 말한다. 영혼의 욕정들은 마치 들짐승 같아서, 먹을 것을 주지 않아야 잘 다룰 수 있다는 것이었다.

요한은 사제로서의 자기 사명을 극히 진지하게 받아들였다. 자신에게 맡겨진 공동체의 구원에 책임이 있음을 의식하고 있었다. 사제로서 그는 공동체의 영적 아버지요 윗사람이었다. 언젠가 하느님께서 그에게 셈을 요구하실 것이다. 에페소서에 관한 설교에서 요한은 이렇게 상론했다. "사랑하는 여러분, 우리는 여러분의 신앙을 감히 지배하거나, 그런 관점에서 독단적인 명령을 내리려 하지 않습니다. 우리가 임명된 교도직이란 통치권도 아니고 독자적 권력도 아닙니다. 우리는 다만 권고하고 훈계하는 조언자의 지위를 지니고 있습니다. 조언자는 듣는 이에게 강요함이 없이 자기 의견을 말합니다. 이 의견에 대한 찬반 결정은 듣는 이에게 맡깁니다. 조언자는 자신이 온전한 양심과 양식에 따라 말하지 않는 경우에만 책임을 집니다. 이것을 우리는 매우 강조하며, 그래서 하느님이 셈을 요구하시는 그날 여러분이 다음과 같이 말하지 않게 되기를 바랍니다. '아무도 우리에게 중요한 것을 말해 주지 않았습니다. 아무도 우리에게 그것에 관해 설명해 주지 않았습니다. 우리는 그것을 잘 알지 못했습니다. 우리는 그것을 죄라고 여기지 않았습니다.'"[31] 이런 책임 의식이, 요한이 교회의 일치를 위해 투쟁하고 또 신앙에서 그릇된 길로 나아간 일치의 적들과, 그리고 '유다교화하려는' 그리스도인들과 그토록 단호히 맞서 싸운 열정의 깊디깊은 바탕이다.

요한은 393년 플루타르쿠스의 작품으로 여겨지던 한 책을 실마리 삼아, 최초로 그리스도교적 어린이 교육에 관한 입문서를 저술했다. 고대 이교의 교육 이상들에 상응하여, 요한은 어린아이들의 자기 관철 욕구에 대해 너무 관대해선 안 된다고 경고했다. 내용상으로는 하나의 새로운 교육 프로그램을 펼쳐 보였다. 교육의 목적은 아이들을 '그리스도의 경기자', '철학자', '천상의 시민'으로 만드는 것이다. 요한은 이 책에서 어린아

이들의 교리문답 교육을 위한 상세 지침들을 제공했다. 설명에 적합한 성경 이야기들을 함께 모았고, 두 가지 교리문답 모델을 카인과 아벨 그리고 야곱과 에사우에 적용했다. 이야기 방식과 아이들에게 맞는 언어에 관해서도 다음과 같이 말했다. 아이들은 아주 어려서부터 시편과 예언서의 말씀을 외워야 한다, 아버지들은 자식들을 교회에 데리고 가야 한다, 그리고 교회에서 들었던 설교에 관해 집에서 점심때 함께 이야기할 수 있어야 한다, 아이의 발전을 날마다 관찰해야 한다, 성장하는 아이는 제작 중인 동상이나 채색 중인 그림에 견줄 수 있다, 그리고 체벌은 가능한 한 삼가야 한다 ….

390년부터 요한은 인상 깊은 발전 과정을 겪게 된다. 초기 설교에서 요한은 종종 상당히 불안정해 보였고, 지나치게 겸손하다고 할 만큼 움츠러들었다. 그런 현상은 특히 청중과 더불어 있을 때 빈번히 나타났다. 그러나 이제 요한은 점차 큰 자신감을 가지게 되었고, 교회 지도자 역할에 차츰 익숙해졌다. 그래서 자격 없는 사람들은, 아무리 신분과 지위가 높더라도 영성체에서 배제하라고 부제들에게 지시할 수 있었다. "그대들이 그렇게 할 자신이 없다면 그들을 내게 보내시오. 누가 뭐래도 나는 부끄러움 모르는 것은 용납할 수 없소!" 자신감의 증대는, 플라비아누스 주교가 요한을 갈수록 더욱 자신의 가까운 협력자로 만든 사실에 의해서도 촉진되었다고 하겠다. 이런 맥락에서 흥미로운 것은, 요한이 교회의 지도층을 갈수록 날카롭게 비판했다는 사실이다. 이는 필경 요한이 자신을 점차 이 지도층과 동일시한 것과 관련이 있다고 하겠다.

대규모 연속 설교들은 대부분 안티오키아 시절의 것이다. 모두 6백 편 이상의 강론이 보존되어 있는데, 물론 이것들 전부를 실제로 설교하지는 않았다. 아무튼 요한에게는 성경이 모든 참된 지식의 원천이었다. 성경 해설에서 요한은 역사적·심리적 성찰을 바탕으로 자신 앞에 놓여 있는 텍스트의 본원적 의미를 찾으려 애썼으며, 성급하게 독특한 신학적 해석이나 우의적 사변에 빠져들지 않도록 조심했다. 그리고 성경의 다양한 책들의 상이성을 깊이 유념했다. 요한에게 이 모든 노력의 목적은, 텍스트가 공동체에게 말을 하도록 하는 것, 자신의 설교가 그리스도의 목소리와 그분 사도들의 외침을 울려 주는 것이었다. 요한은 설교와 다른 저술에서 구약성경을 약 7천 번, 신약성경은 약 1만 1천 번 인용했다.

389년 사순 시기에 요한은 창세기 해설을 시작했다. 35편의 강론에서 본문을 따라가면서 한 구절 한 구절 해석했다. 모두 67편의 강론의 나머지 절반은 성령강림절 이후 공동체에게 설교했다. 그런 다음 이어서 선별한 시편들에 관한 일련의 설교를 했다. 여기서 요한은 전례의 주요 구성 요소인 시편을 각별히 강조하면서 이렇게 언명했다. "시편에서 솟아 나오는 인간의 목소리와 신적 선율의 조화만큼 영혼을 고양·고무하고, 세속적인 것을 멀리하게 하며, 영혼을 이 세상으로부터, 육신의 속박들로부터 해방하고 명상으로 이끄는 것은 결코 없습니다." 마태오 복음서에 관한 90편의 강론은 중요한 의의를 획득한다. 이 강론들은 무수히 필사되어 널리 보급되었으며, 수백 년이 지난 뒤에도 토마스 아퀴나스(1225~1274) 같은 이에게 깊은 감동과 영감을 선사해 주었다. 요한은 통상 복음서 본문을 한 구절 한 구절 해석함으로써 설교를 시작했다. 그리고 상당히 많은 부분을 훈계에 할애했다. 이것 역시 꼭 필요하다고 그는 확신했다. 여든여덟 번째 마태오 복음서 강론에서 요한은 꼬집어 말했다. "우리는 그리스도께서 인간을 천사로 만드심으로써 위업을 완수하셨다고 설교합니다. 그런데 사람들이 우리에게 그 증거를 보여 달라고 요구하면, 우리는 실제로는 천사들 대신 더러운 우리에서 돼지들과 색골의 종마들을 데리고 나가 보여 주어야 할 것이 두려워 그냥 잠자코 있을 수밖에 없습니다. … 사실 지금 모든 것이 타락하고 부패했습니다. 교회는 소와 나귀와 낙타 우리와 다르지 않으며, 새끼 양 한 마리라도 찾으러 돌아다녀 보아도 발견할 수 없습니다. 모두 말과 들나귀처럼 서로 치고받고, 주변의 모든 것을 온통 더럽게 만들며, 쓸데없이 허풍을 떱니다."[32] 요한 크리소스토무스의 이런 훈계가 적극적으로 겨냥하는 것은, 하느님 공경과 이웃 사랑 안에서의 삶이다.

  보존되어 있는 요한 크리소스토무스의 설교 전체의 절반가량은 사도 바오로의 서간들에 관한 것이다. 그는 바오로의 모든 서간을 해설했다. 이 강론들은 하나도 빠짐없이 보존되어 있다. 바오로에게 바친 일곱 편의 설교에서 요한은 그 이방인들의 사도를 칭송했다. 로마서에 관한 서른세 번째 강론에서, 사도가 로마 그리스도인들을 위해 예수 그리스도의 은총을 청원하는 마지막 대목에 이르렀을 때 요한은 이렇게 썼다. "바오로께서 떠나신 후, 이제 누가 우리를 위해 기도해 주겠습니까? 바오로를 본받는 사람들이 그렇게 할 것입니다. 그렇습니다. 그러니 우리가 그런 전구에 합당함을 입증하여, 현세에서 바오로의 목소리를 들을 뿐 아니라 저 세상에서도 그 '그리스도의 경주자'를 뵐 수 있는 자격을 갖추도록 합시다. 그때 여러분은 케루빔이 하느님께 찬미 노래를 부르고 세라핌이 그분 주위를 나는 바로 그곳 하느님의 옥좌 아주 가까이 사도께서 빛나고 계심을 보게 될 것입니다. 그곳에서 우리는 천사들이 합창하는 가운데 우두머리와 통솔자들인 바오로와 베드로를 함께 알아보게 될 것이며, 사도의 참사랑을 향유할 것입니다. 과연 바오로께서 이미 현세에서 인간들을 너무나 사랑한 나머지, 이 세상을 떠나 그리스도와 함께 있는 것보다 이 세상 우리들 곁에 머물러 있기를 택하였다면, 그곳에서는 더욱 뜨거운 사랑으로 우리를 맞아 줄 것입니다. 그런 까닭에 나에게는 로마가 매우 소중한 것도, 그 도시의 위대함과 연륜, 화려함과 수많은 군중, 세계 지배권과 부유함, 숱한 승전 때문이 아닙니다. 보통 사람들은 물론 그런 것들 때문에 로마를 찬미할 수 있겠지만, 나에게는 아닙니다. 나는 그 모든 것을 모르는 체하고자 합니다. 내가 이 도시를 기쁘게 찬미하는 것은 어디까지나 바오로께서 생전에 로마의 그리스도인들에게 편지를 쓰셨고 그들에게 큰 사랑을 가지고 계셨기 때문이요, 친히 그들과 친교를 나누셨고 또 거기서 삶을 마치셨기 때문입니다. 이 사실 하나만으로도 이 도시는 다른 어떤 도시보다 유명해집니다. 이 두 성인의 생명은 마치 이 도시의 거대하고 힘찬 몸의 빛나는 두 눈과 같습니다." 펠루시움의 이시도루스는 이 위대한 설교자가 사망한 지 몇 년 뒤 이렇게 썼다. "거룩한 바오로 자신도, 요한과 같은 세련된 언변을 지니고 있었다 하더라도, 달리 말하지는 못했을 것이다." 오늘날에도 요한 크리소스토무스와 바오로의 친밀한 관계를 묘사한 그림을 볼 수 있다. 상트 갈렌 신학교 도서관의 한 18세기 프레스코 벽화는 책상에 앉아 글을 쓰고 있는 요한을 보여 주는데, 바오로가 요한을 팔로 감싸고 그의 귀에 무엇인가 불러 주고 있다.

청중의 사회적 신분과 지위는 매우 다양했다. 노예도 있었고, 숙소가 없어 성당에서 밤을 보내는 사람들도 있었다. 부유한 사람들도 교회에 왔다. 그들은 자기네 사제가 재물을 비판했기에 종종 감정이 상했고, 다른 사제들은 그 문제와 관련하여 자신들을 배려한다고 불평했다. 가난한 사람들에 대한 보살핌은 요한에게 핵심적이었다. 마태오 복음서에 관한 90편의 설교에서 40번 이상 가난한 사람들에 대한 도움에 관해 말했고, 그들의 처지를 강렬하고 생생히 묘사했으며, 재물에 대한 탐욕과 오용을 한탄했다. 그런 일이 너무 잦았기 때문에, 공동체의 부유한 구성원들이 항의를 했다. "끊임없이 가난뱅이와 거지들을 당신 설교에 끌어들이고, 우리가 장차 영락하여 결국 모두 스스로 거렁뱅이가 되리라고 예언하는 짓을 언제까지 계속할 거요?"[33]

1.9. 사회 개혁의 단초들

 안티오키아는 매우 부유한 도시였고 땅은 비옥했다. 이곳에서 빈곤은, 카이사리아의 바실리우스가 카파도키아(오늘날의 카이세리)에 관해 보고한 것처럼 가뭄과 흉작의 결과가 아니라, 도시 생활의 구조들에 의해 야기된 것이었다. 요한 크리소스토무스의 다양한 언급들로부터, 당시 안티오키아에는 수천 명이 거지나 다름없이 가난했고 약 5만 명이 최저생활비로 근근이 생존했음을 추론할 수 있다. 요한은 가난이란 부의 과시로 말미암아 더욱 고통스럽게 된다는 것을 잘 알고 있었다. 가난한 사람들은 일거리가 있으면 제 손으로 일하여 먹고살았다. 반면 부자들은 자기네 땅에서 수입을 올렸다. 요한은 대지주들이 자신들에게 매여 있는 사람들을 나귀나 노새처럼 부린다고 비난하면서 단호히 언명했다. "자기의 부를 땅에서 뽑아내는 토지와 대지 소유자들보다 더 불의한 사람들이 있을 수 있겠습니까?" 요한은 동료 인간들의 곤경을 악용하는 투기꾼들을 특히 모질게 비난했다. 그리고 자기 재산을 불리기 위해 기근이 발생하기를 바라고, 가격을 올리기 위해 곡물을 비축하며, 곡물과 포도주를 아무렇게나 쌓아두어 못쓰게 만드는 상인들에 관해 말했다. 여러 황제가, 마지막으로는 율리아누스도, 최고 가격 고시를 통해 그런 폐해들을 제거하려 시도했지만 헛일이었다. 요한의 확신에 따르면, 부라는 것은 언제나 불의 — 비록 아주 예전 세대에서 발생했다 하더라도 — 와 결부되어 있다. 인간은 하느님에 의해 더불어 살게끔 정해졌다. 하느님은 우리에게 땅, 해, 공기, 물을 공동소유로 선사하셨다. '내 것'과 '네 것'이라는 매정한 말들로 말미암아 비로소 다툼이 생겨났다. 요한은 확신하고 있었다. "우리 삶에서 재화 공유가 사유보다 더 합당한 형태이니, 이것이 본성에 맞갖습니다."³⁴ 물론 요한은 반박을 당했다. 한 설교에서 그는 모든 부는 하느님이 주신 선물이라는 주장과 대결해야만 했다. 그런 식으로 자기네 재산 소유를 옹호하는 자들은 전거로 하까이서 2장 8절을 끌어댔다. "은도 나의 것, 금도 나의 것이다. 만군의 주님의 말씀이다." 그러고는 이른바 이 성경 구절을 다음 말로 보충했다. "그리고 나는 그것들을 내가 주고 싶은 자에게 준다." 요한은 이 같은 성경 악용을 격렬히 배척했다.

요한은 자신을 가난한 이들의 사절이라고 의식하고 있었다. 코린토 1서에 대한 설교에서 그들에 관해 이렇게 말했다. "그들은 도시의 가로수 길을 개처럼 떠돌아다니고 거리 귀퉁이에 몰려 살며, 대저택 마당으로 들어와 그 지하실에서 외치며 너그러운 자선을 간청합니다." 거지들은 적선을 기대하여 어릿광대 노릇도 해야 했다. 심지어 동냥을 좀 더 얻기 위해, 자식을 장님으로 만들기까지 하는 것을 요한은 한탄했다. 그런데 이 모든 일이, 사람들이 "처음으로 '그리스도인'이라고 불리게 된"(사도 11,26) 바로 그 도시에서, 그리고 요한이 말한 대로 가장 개화된 인간들을 배출한 도시에서 일어나고 있었다.

요한은 청중에게 권면했다. "여러분의 기도가 지겹고 응답을 받지 못한다면, 얼마나 자주 가난한 사람이 외치는 소리를 들었는지를, 그리고 듣고서도 얼마나 자주 그들의 바람을 들어주지 않았는지를 생각해 보십시오." "여러분이 손을 뻗기(이 기도 자세는 고대 말엽 로마의 카타콤바 그림들을 통해 우리에게 친숙하다) 때문에 여러분의 기도가 청허되는 것이 아닙니다. 여러분의 손을 하늘이 아니라 가난한 이들에게 뻗으십시오!"³⁵ 요한에게는

'엘레모시네'eleemosyne — 여기에서 독일어 낱말 '자선'Almosen이 파생되었다 — 라는 개념이 핵심적이었다. 요한에게 이 개념은 자선 훨씬 이상의 것이었다. '엘레모시네'는 동료 인간에 대한 다정한 개방의 태도이며, 아주 다양한 자비 행위로 표현될 수 있다. 물질적 도움뿐 아니라 유익한 말도 거기에 포함된다. '엘레모시네'는 하느님을 인간에게, 그리고 인간을 하느님께 이끄는 힘이다. "이 덕을 사랑합시다" 하고 요한은 자기 공동체에 촉구했다. "이 덕을 하루나 이틀이 아니라 평생 동안 내내 열심히 실천하여, 이 덕이 우리를 인정하게끔 합시다! 이 덕이 우리를 인정해 주면, 주님께서도 우리를 인정해 주실 것입니다. 이 덕이 우리를 모른다고 하면, 주님께서도 우리를 모른다고 하시며 이렇게 말씀하실 것입니다. '나는 너희를 알지 못한다.' 부디 하느님께서 우리가 그런 말씀을 듣지 않게 해 주시기를! 오히려 우리가 저 복된 부름을 들을 수 있게 되기를! '내 아버지께 복을 받은 이들아, 와서, 세상 창조 때부터 너희를 위하여 준비된 나라를 차지하여라.'"[36] 이로써 우리는 요한에게 극히 중요한 의미를 지니고 있던 마태오 복음서 본문에 이르렀다. 고양되신 그리스도께서 재림하시어, 우리가 가장 보잘것없는 동료 인간들에게 베푼 도움은 당신 자신에게 베푼 것이라고 선언하시는 마태오 복음서 25장 31-46절의 비유 말씀은 요한의 사회윤리의 바탕이 되었다.[37] 그는 청중에게 스스로 빈민 구호자로 헌신하고 가난한 이들에게 실제적인 도움을 베풀라고 촉구했다. 또한 요한은 교회의 사회복지 활동을 위해 정해져 있는 공과금을 내라고 말할 수 있었으며, 안티오키아에서 수천 명이 겪고 있는 궁핍의 비참함은 제거될 수 있다는 확신을 지니고 있었다. 안티오키아 교회는 3천 명의 과부 명단을 작성하여, 정기적으로 도움을 주었다. 또한 병자, 장애인, 나그네, 이방인, 죄수 들도 돌보았다. 교회 담 밖에는 상피병象皮病이나 암 등을 앓고 있는 불치병자들을 위한 시설도 하나 있었다.

그런데 부자들의 지나친 호사와 낭비벽에 대한 모진 비난 때문에, 그리고 가난한 사람들에 대한 정기적 기부 제안 때문에 요한 크리소스토무스를 일종의 사회혁명가로 본다면 그를 오해한 것이라 하겠다. 제1차 세계대전 전에 이런저런 종교적 사회주의 집단들은 요한 크리소스토무스를 최초의 사회주의자(또는 심지어 공산주의자)로 만들고 싶어 했고, 니콜라이 베르댜예프는 크리소스토무스가 말을 너무나 모질게 해서 마르크스조차 낯빛이 창백해질 수밖에 없을 것이라고 말했다. 이로써 사실 그들은 요한 크리소스토무스에게 결정적이었던 것을 어느 정도 포착했다고 하겠다. 요한은 확실히 교부들 가운데 부를 가장 격렬히 비판한 사람이다. 그리고 사회의 근본적 변혁은 요한의 시야에도, 그리고 — 아마 몇 안 되는 독불장군을 제외하면 — 고대 말엽의 다른 사상가들의 시야에도 들어오지 않았다고 생각한다면 잘못 판단한 것이다. 그는 청중에게 끊임없이 그리고 아주 단호하게, 가난한 이들을 도우라고 훈계했다. 요한은 사회적 유토피아들에 관해서도 생각을 개진했거니와, 그의 확신에 따르면 이 유토피아들은 물론 공허한 상상이 아니었으니, 현재의 행동에 확실히 영향을 미치고 있었다. 이는 노예제도에 대한 요한의 입장에서 범례적으로 드러난다.

사회가 자유인과 노예로 양극화되어 있다는 것은, 요한에게도 사회제도의 한 현실이었다. 사실 교회 자신이, 증여와 기부 따위 덕분에 노예 소유자가 되었다. 교회가 부자들에게서 유증받아 소유하게 된 대장원大莊園들에는 노예가 수백 명씩 부속되어 있었다. 역시 교회가 소유할 수 있게 된 빵 공장에서도 노예들이 일하고 있었다. 요한은 여러 설교에서 노예 매매에 관해 언급하는데, 그 자체는 거의 문제 삼지 않는다. 티모테오 1서 6장 2절을 내세우며, 요한은 노예들에게 주인을 지극히 공경하라고 훈계한다. 그러나 그리스도인 주인들은 자기 노예들이 하느님 앞에서 똑같은 은총을 받았다는 것, 그리고 동일한 성찬 식탁에서 먹는다는 것을 잊어서는 안 된다. 교회 공동체 안에서는 "그리스도 안에서는 노예도 자유인도 없다"(갈라 3,28)는 말씀이 통용된다. 그러므로 노예들을 때리거나 채찍질해서는 안 된다. 요한의 사회윤리 사상에서 특징적인 것은, 다른 그리스도인 저자들과 함께, 그러나 그리스 사상의 '주류'를 거슬러, 노예제도를 자연에 부합하는 것으로 간주하지 않는다는 점이다. 노예제도는 죄의 결과다. 그 기원은 소유욕과 지배욕에 있다. 이 저주를 그리스도께서 폐기하셨다. 사람들이 사랑의 이중 계명을 준수한다면 노예는 더 이상 존재하지 않을 것이다. 몇몇 설교에서 요한은 노예들에게 밥벌이 일을 가르친 뒤, 그들을 해방하라고 충고한다.

피터 브라운은, 요한 크리소스토무스가 고려했던 인간 몸의 새로운 의의를 매우 강조했다. 안티오키아 그리스도인들은 "이름 없는 가난한 이들이 자신과 똑같은 몸 ― 위험에 처한 몸, 굶주림·질병·비참함이 갉아먹는 몸 ― 을 가지고 있음"을 보는 것을 배워야 한다.[38] 자기 몸에 대한 의식을 확장하여, 다른 사람의 몸을 동정심으로 감싸안는 데까지 나아가야 한다. 인간 몸에 대한 이런 심화된 감수성은 결혼과 성, 금욕에 대한 요한의 성찰에도 영향을 미쳤다. 그는 젊은 남녀들에게, 그들의 몸은 그들 자신의 것이지 결코 도시를 위한 것이 아니라고 언명했다. 요한은 계층이나 지위와 관계없이 모든 인간에게 공통된 본성의 의의, 아담으로부터의 기원, 누구나 꼼짝없이 연루되어 있는 몸의 손상 가능성을 매우 강조했다. 이로써 요한은 그의 도시에서 중요하게 여겨지던 온갖 것에 반대 입장을 취했다. 이런 맥락에서 특기할 만한 것은 나체 노출 현상이다. 나체 노출은 이중 의미에서 사회적 신분의 문제였다. 신분 높은 사람들은 나체로

목욕을 하고, 아무 수치심 없이 나체로 하인들 앞에서 행동했다. 귀부인들은 남녀 하인들 보는 앞에서 호화로운 장신구만 남겨 두고 옷을 벗었는데, 사회적으로 현격한 신분 차이를 고려하건대, 성적 수치심에 대한 생각은 전혀 떠오르지 않았을 것이다. 사회적 신분 서열의 다른 쪽 끝에서 가난한 사람들의 딸들은 그런 보호를 받지 못했다. 나체 소녀들이 안티오키아의 화려한 물(水) 극장들에서 첨벙거렸다. 물방울이 진주처럼 반짝이는 그녀들의 빛나는 몸은 님프들을 표상했는데, 안티오키아의 풍부한 물은 그 님프들 덕분이라고 했다. 그 소녀들 역시, 사회적 신분 차이를 고려하여, 그네들을 열광하여 구경하는 부유한 사람들(물론 요한의 공동체 신자들도 포함되어 있었다)과 분리되어 있었다. 그 소녀들은 성적 수치심을 느낄 권리가 없었다. 요한은 모든 인간의 공통된 본성에 대한 확신에 근거하여, 그런 사회적 괴리를 단호히 비판했다. "벌거벗은 여자는 사실 창녀라고 나에게 말하지 마십시오. 아닙니다. 창녀와 자유인 여자는 동일한 본성을 지니고 있으며 똑같은 몸을 가지고 있습니다." 이로써 요한은 장차 중요한 의의를 획득하게 될 사안을 표명한 최초의 사람들 가운데 하나가 되었다. 브라운은 당시 시대 분위기의 변화에 관해, "어스레한 민주주의 안에서 평준화된, 모든 사람은 동일하다는 감정"[39]에 관해 이야기한다. 이 분위기와 감정에 혼성 목욕탕이 희생물이 되었다. 이제 목욕탕들은, 이교인들에 의해 지어지더라도, 남자들과 여자들의 공간이 분리되었다. 안티오키아의 '큰 성당'에서도 요한이 빛나는 설교를 하던 시기에, 급히 세워진 나무 차단 벽이 남자들과 여자들의 자리를 갈라놓았다.

1.10. 안티오키아의 미사

주일미사는 9시에 시작되어 정오 무렵까지 계속되었다. 참례자들은 성당 앞에 있는 공간의 수반水盤에서 손을 씻었다. 그런 다음 백성, 성직자들 그리고 주교가 엄숙하게 성당 안으로 들어갔다. 성당 안에서 사람들은 서 있었는데, 특별한 경우엔 밤새도록 그러했다. 주교는 자신의 고좌高座에 앉기 전, 참석한 사람들에게 평화의 인사를 했다. "평화가 여러분과 함께!" 그러면 신자들은 "그리고 그대의 영혼과 함께!"라고 응답했다. 그런 다음 독서자가 독서대에서 구약성경이나 사도 서간의 단락들을 봉독했다. 이 독서들은 시편 노래에 의해 중단되었다. 시편 노래는 각별한 중요성을 지니고 있었다. 요한이 상술한 바에 따르면, 하느님께서는 노래와 하느님의 진리를 결부시키셨으니, 그 진리에 쉽게 다가갈 수 있게 하기 위함이다. 성당 안에서 음악은 엄격히 성악에 국한되었다. 이는 오늘날의 정교 성당에서도 마찬가지다. 예루살렘 성전이 존재하던 시대에만 하느님께서 유다인들에게 악기 사용을 허락하셨는데, 그들을 순종하게 만들기 위해서였다고 한다. 독서에 이어 부제가 주일 복음을 영송詠誦하면 모두 서서 경청했다. 콘스탄티노플에서는 큰 축일에 주교 자신이 복음을 영송했다. 그 다음엔 강론이 이어졌다. 강론을 주교는 자기 고좌에 앉아서 했고, 사제는 독서대에 서서 했다. 기도가 끝나면 세례 지원자들은 성당 밖으로 내보내졌다. 이어서 제대를 가리고 있던 긴 장막이 걷어 올려졌다. 모두 무릎을 꿇으면, 부제가 공동 기도를 바치라고 신호했다. 기도는 동쪽을 향해 손을 높이 올리고 바쳤다. 향 냄새가 성당 안을 가득 채웠다. 남자들은 맨머리로, 여자들은 머리에 너울을 쓰고 성경 봉독을 들었다.

성찬례는 주일과 축일에 거행되었다. 요한은 신자들에게, 합당치 않은 상태로 영성체하지 말라고 경고했다. 그리고 노골적인 말로 성찬례의 희생의 실제성을 강조했다. 그리스도의 몸과 피를 먹고 마시는 사람은 혀가 피로 붉게 물든다고 했다. 이 혀로는 동료 인간에게 악한 말을 도저히 할 수 없게 된다고도 했다. 신자들이 영성체를 한 뒤 종종 침을 뱉곤 했던 것은, 그런 표상과 관계가 있었던 것일까? 요한은 훗날 콘스탄티노플 주교로서, 영성체 후에 한 모금의 물이나 빵 한 조각을 먹는 관습을 도입하게 된다.

1.11. 신학적 중점들

381년의 콘스탄티노플 공의회는 삼위일체에 대한, 그리고 하느님의 세 위격 상호간의 관계에 대한 올바른 이해를 둘러싼 논쟁에 종지부를 찍었다. 그러므로 요한 크리소스토무스가 활동한 시기에는 엄청난 신학적 대결의 태풍이 이미 지나갔다고 하겠다. 이것이 그가 그리스도론과 교의학의 근본 문제들에 관해 거의 언급하지 않은 이유 가운데 하나임이 확실하다. 또 하나의 이유는 안티오키아 교회가 교회정치적으로 어려운 상황이었으니, 그런 상황에선 교리 문제에서 신중한 것이 바람직했다. 그러나 더 근본적으로 말하자면, 누가 뭐래도 요한은 자신의 성향과 깊은 확신에 따라, 교의들보다는 신앙의 실천에 더 많은 관심을 기울였다고 하겠다. "하느님은 교의들, 교리 명제들을 통해서가 아니라, 삶을 통해 영광을 받으십니다"라고 요한은 자기 공동체에게 큰 소리로 말할 수 있었다. 그의 신학적 중점들에서 두드러진 것은, 한결같이 신학적 관점과 윤리적 측면이 결부되어 있다는 사실이다. 이것은 요한에게 핵심적인 한 개념에서 잘 드러난다. 그는 '쉰카타바시스'synkatabasis(낮춤, 겸비, 적응)에 관해 매우 자주 말했다. 이 개념은 요한에게 아주 다양한 의미를 지니고 있다. 한편으로 이 개념은 성경의 이해에 중요하다. 하느님께서는 인간들의 이해 능력에 당신을 맞추셨으니, 인간들이 당신을 아버지로 말하는 것을, 그리고 당신의 사랑과 노여움에 관해 말하는 것을, 요컨대 인간적 표상들을 통해 당신에 관해 말하는 것을 허락하셨다. 동일한 자세를 설교자도 마땅히 지니고 있어야 한다. 그는 공동체의 능력에 자신을 맞추어야 하며, 그들 머리 위로 지나가 버리게 말해선 안 된다. 다른 한편으로 이 개념은 또한 크리소스토무스의 확신들의 핵심과 맞닿아 있다. 세상의 창조는 인간에 대한 하느님 사랑의 실증이다. 십자가로의 그분의 자기 비허는 더욱 그렇다. 그런데 하느님의 낮아짐은 인간의 높아짐으로 귀결된다. 그러나 이로써 자기 비허는 우리 인간에게도 최고의 완전함이 된다. 과연 하느님 친히 거지 인간 안에서 적선을 받으신다. 그리스도께서는 우리를 위해 돌아가신 것으로 만족하지 않으시고, 당신의 죽음과 부활 이후에도 우리를 위해 많은 일을 하신다. 그분은 우리를 얻기 위해, 오늘도 굶주림과 목마름에 시달리신다고 요한은 여러 설교에서 강조했다. 그러므로 "사랑할 줄 모르는 사람보다 쓸모없는 존재는 없고", "자비만큼 인간을 인간으로 특징짓는 것은 없다".**40** 정통 신앙만으로는 우리를 구원할 수 없다. 겸비謙卑와 자비 없이는 구원을 얻을 수 없다. "우리의 구원은 은총만으로도, 우리의 행업(만)으로도 이루어지지 않으며, 둘 다에 의해 이루어집니다"라고 요한은 에페소서에 관한 한 설교에서 꼬집어 언명했다.**41** 사랑은 모든 덕을 낳는다. "하느님의 계명들에서 그분의 말씀을 귀 기울여 들으십시오. 그러면 하느님께서도 여러분의 기도에서 여러분의 말을 들으실 것입니다!" 하고 요한은 공동체에 훈계했다.**42** 테살로니카 1서에 관한 네 번째 설교의 한 대목은 특히 인상 깊다. "정의라는 태양의 불길이 우리 영혼 속에 뚫고 들어오면, 그 불길은 그 안에서 굳은 것, 마비된 것, 유독한 것, 불모의 것을 결코 내버려 두지 않습니다. 정의는 모든 것을 부드럽고 달콤하고 즐거운 것으로 만들어 줍니다. 우리가 서로 사랑한다면, 우리에게도 그런 빛줄기가 관통할 것입니다."**43** 로마서에 관한 설교들 중 한 대목은 감동적인데, 거기서 요한은 그리스도께서 친히 말씀하시게 한다. "그 모든 것 — 자비의 행위들을 가리킨다 — 이 없다면, 나는 너에게 천상의 화관을 씌워 주지 못할 것이다. 그러나 나는 너에게 자비를 빚지고자 하니, 네가 자비를 일종의 자부심으로 지닐 수 있게 하기 위함이다. 바로 이런 까닭으로 나는, 스스로 구해 먹을 수 있음에도 구걸하는 자로 돌아다니고 네 집 문 앞에 서서 손을 내민다. 나는 네가 먹을 것을 주기를 몹시 바라니, 너를 몹시 사랑하기 때문이다. 그래서 나는, 동무들 사이에서 흔히 그렇듯이 즐겨 너에게 식사하러 가며, 그것을 자랑스러워한다."[44]

하느님의 역사役事와 우리의 행위 중에 도대체 무엇이 우선인가라고 묻는다면, 이 교부의 사상을 올바로 대면하는 게 아니라고 하겠다. 요한은 양자택일식으로 사유하지 않았고, 이를테면 시작도 끝도 없는 원圓 안에서 사유했다. 이로써 그는 정교 신학에서 중요한 의의를 획득하게 되는 신학적 사유의 한 경향을 제시했다. 근본적으로 요한에게는 하느님의 은총이 분명하게 모든 것에 앞서 있었다. 그런데 은총이 인간의 의지를 변화시키지만, 그의 본성을 변화시키는 것은 아니다.

아우구스티누스는 이 문제에서 근본적으로 달리 생각했으며, 또한 원죄의 발견을 통해 서방의 신학을 오늘에 이르기까지 끌지었다. 요한 크리소스토무스는 바오로의 의인(의화)론에 관해 물론 말할 수 있었거니와, 의인론에 따르면 우리 인간은 우리의 행업이 아니라 오직 하느님의 은총으로 말미암아 의롭다고 인정받는다. 이 교설은 그러나 요한에게는 바오로 신학의 중심은 아니었다. 이런 관점을 요한은 다른 동방 교부들과 공유하고 있었는데, 이들은 강조점을 그리스도 안에서의 새로운 실존에 두었고, 그로써 바오로 신학의 중심점을 의인론에 고정시킨 서방 신학자들과 똑같은 마찬가지로 깊이 바오로를 이해했음은 확실하다.

요한 크리소스토무스의 확신에 따르면, 우리 인간들은 우리의 구원에 협력한다. 하느님께서 우리의 구원을 혼자 성취하실 수 없기 때문이 아니라, 우리가 거기 동참하기를 바라시기 때문이다. 이 협력은 나중에 수백 년간 신인 협력설 Synergismus이라는 딱지가 붙여져, 교의학상 온당치 않은 것으로 비난받았다. 마르틴 루터는 요한 크리소스토무스를 처음부터 끝까지 혹평했다. 요한을 자신에게 거의 가치 없는 '빨래꾼'으로 간주했다. 물론 루터는, 그 자신의 언급에 따르더라도, 히브리서에 관한 설교들만 읽어 보았을 뿐이다. 이와는 반대로 바젤의 종교개혁가 외코람파드는 이 교부에게 몹시 마음이 끌림을 느낀다고 기록했다. 에라스무스가 주도한 1522/26년과 1530/57년 바젤 판版 크리소스토무스 저작집의 한 중요한 부분은 외코람파드의 번역이다. 츠빙글리는 외코람파드에게서 교부 문헌 인용문들을 얻었다. 츠빙글리의 저작은 마흔두 대목에서 요한 크리소스토무스에 관해 언급한다. 칼뱅도 이 교부를 매우 높이 평가했다. 이것은 칼뱅이 가지고 있던 1536년도 파리 판 크리소스토무스 저작집(오늘날 제네바 대학 도서관에 소장되어 있다) 여백에 써넣은 수많은 논평으로 알 수 있다. 한쪽으로는 루터 및 루터파 사람들, 다른 한쪽으로는 개혁교회파 사람들 사이의 요한 크리소스토무스에 대한 평가의 상이함은 바로 의인義認과 성화聖化의 관계 문제에서 비롯하거니와, 이 문제는 여러 교파들 간에 신학적으로 거듭 새삼 격렬히 토론되고 있다.

1.12. 뜻밖의 명령

397년 10월 말 어느 날, 요한은 동방 최고위 관리들 Comes Orientis 중 한 사람인 안티오키아 태수 아스테리우스에게서, 즉시 '로마 문門' 밖의 순교자 경당으로 오라는 다급한 명령을 받았다. '로마 문'이라는 이름은 새 로마, 즉 콘스탄티노플로 향하는 길이 그곳을 통과하기 때문에 붙여졌다.**45** 아무튼 그로써 요한의 삶은 크게 바뀔 터였다.

그동안 요한은 당대의 가장 재능 있는 설교자가 되었고, 설교를 통해 불멸의 명성을 얻었다. 그래서 6세기 이래 '크리소스토무스', 즉 '황금의 입'(金口)이라는 별명을 얻게 된다. 그의 설교들은 그 일부가 오늘날에도 설교로서 강독되는 고대 교회의 유일한 설교들이다. 요한은 교의의 발전에는 거의 기여한 바가 없다. 요한 크리소스토무스의 중요한 의의는 다른 분야에 있다. 그는 자기 공동체가 그리스도교 신앙과 윤리의 근본적 가르침들에 친숙해지도록 하는 데, 또한 그로써 하나의 공통된 준거 틀을 창출해 내는 데 진력했던바, 고전 시대의 교육도 엘리트들에게 그런 틀을 제공했다. 그리스도교 신앙에 합당한 실천은 무엇인가라는 물음을 요한은 다른 어떤 교부보다 절박하게 제기했다. 그는 교회와 그리스도인들이 자신의 소명에 불충실하지 않으려면, 가난한 사람들의 옹호자가 되어야 한다는 것을 그들의 마음속 깊이 새겨 놓았다.

고래古來의 도시 공동체를 시민 공동체로 대체하고자 한 요한 크리소스토무스의 대담한 구상은 그러나 실패했다. 피터 브라운이 적확하게 표현했듯이 "도시에게서 그 완고한 신화 ― 시민들은 결혼을 통해 자기네 고향 도시 안티오키아의 항구적 영예에 기여해야 할 의무를 지고 있다는 신화 ― 를 빼앗아 버리는 것이 그의 목표"**46**였다. 요한은 결혼은 개인적인 일이라 선언하고, 관심을 일차적으로 가정에 돌렸다. 일상적으로 작동하는, 영광과 즐거움을 가지고 있으나 처참함과 잔인함도 내포하고 있는 도시를, 요한은 무엇보다도 부와 가난의 갈등이라는 시각에서 보았다. 그는 이런저런 주요 사건들, 예를 들면 동방 최고위 관리들Comes Orientis 중 한 사람인 루키아누스의 처형 같은 일은 설교에서 언급하지 않았다.**47** 395

년 초 전권을 휘두르던 최고 행정관Prätorianerpräfekt 루피누스가 안티오키아에서 루키아누스를 납 구슬이 달린 채찍으로 때려 사망케 했다. 이 소행은 온 도시를 극도로 격앙시켰다. 소요를 가라앉히기 위해, 루피누스는 오론테스 섬의 황궁 옆에 새로운 주랑을 건립하게 했다. 이로써 그는, 물론 동기는 의심스럽지만, 그 도시의 후원자로 행세했다. 기꺼이 자기네 도시를 아름다운 건축물들로 장식하고, 수도 시설을 보수하고, 광장에 포석을 깔고, 마차 경기를 개최하고, 연극 공연을 재정 지원하는 부유한 시민들의 마음 자세가 고대사회를 떠받치는 기둥의 하나였다. 그런데 4세기 말엽, 공공 건축물, 의식, 축제 등으로부터 개인 건축물과 일반인들을 위한 여흥을 통한 부와 권력의 과시로 투자의 대상이 바뀌기 시작했다. 요한은 일찍이 그런 은인들 중 한 사람이 극장에 요란하게 등장하는 것을 극히 생생히 묘사했다. "그들은 그를 자기네 도시의 후원자요 은인이라고 환호하며 맞았습니다." 그들은 그를 심지어 "선행에 있어서 나일 강이나 대양"이라고 지칭했다.[48] 그러나 요한은 극히 비판석으로 그 모든 것을 허영심이 만들어 낸 명예의 사례로 치부했다. 제국 동방의 도시들에서 마차 경기는 안정과 승리에 대한 자신들의 새로운 탈신화脫神話적 정서를 진작하는 능력과 행운의 의식이었다. 그러나 요한은 거기서 바람직한 점을 전혀 발견할 수 없었다.[49] 그는 마차 경기를 자기 적으로 보았으니, 성당을 텅텅 비게 만들고, 또 자신이 공동체에게 확립시키고자 하는 연대감과는 전혀 다른 연대감을 경기 관중에게 제공했기 때문이다. 요한은 안티오키아를 도시 공동체로 간주하기를 거부했다. 공동체란 공속성共屬性 강화를 위해 함께 거행하는 축제들이 꼭 필요했다. 그런데 삶의 좋은 것들을 함께 누린다는 것은, 마차 경기에의 열광 이상의 일이었다. 그 열광적 경기는 "터무니없이 값비싼 의식, 생존 욕구의 잔치"였다.[50] 요한으로서는 집단 만족의 그 떠들썩한 장소에 정적이 내려앉았더라면 아주 좋았을 것이다. 사실 이 꿈이 거의 이루어진 적이 한 번 있었다. '기둥 폭동' 당시 황제의 조사 위원들이 첫째 처벌로 공중목욕탕, 극장 그리고 마차 경주장의 폐쇄를 명령했던 것이다. 요한은 '기둥 설교들' 가운데 하나에서 이렇게 말했다. "극장과 경주장이 폐쇄된 것이 무슨 대단한 일입니까? 나는 오히려 온갖 재앙의 샘들이 더 이상 열리지 않기를 바랍니다."[51] 도시의 공공 생활은 그에게 '악마의 쓰레기 더미'였다.[52]

그후 수십 년, 아니 2백 년이 흘러도 안티오키아는 그리 크게 변하지 않는다. 도시를 그리스도교 가정의 모임으로 변형시키고자 한 요한 크리소스토무스의 구상은, 아직 꺾이지 않은 그 고대 도시의 생존력을 과소평가했던 셈이다.[53] 공적 의식들은 여전히 매우 세속적이고 몰인정하고 도색적이었다. 나체 소녀들도 물이 뿜어져 나오는 저수조에서 계속 첨벙거려야 했다. 6세기 말엽에도 한 안티오키아 주교가 콘스탄티노플에서 돈을 가지고 돌아왔는데, 그 돈은 마차 경주장을 보수하기 위해 주교가 안티오키아의 대표자로서 받아 온 것이었다.

아무튼 397년 10월 말 어느 날, 요한은 '로마 문'으로 갔다. 그곳에는 안티오키아 태수 아스테리우스가 자기 마차에서 기다리고 있었다. 그는 요한에게 자기 옆에 앉으라고 권했고, 마차는 곧 타르수스로 향하는 도로상의 첫 번째 역참인 파그라에로 출발했다.

2. 콘스탄티노플 시절(397~403)

2.1. 주교 서품

여행 도중에 아스테리우스가 요한에게, 콘스탄티노플에서 온 관리 두 사람이 파그라에에서 그를 기다리고 있다고 털어놓았다. 그들은 요한을 제국 수도로 확실히 안내해 오라는 황제의 명령을 받았다고 했다. 그리고 요한이 콘스탄티노플 주교로 선정되었다는 소식을 비로소 전해 주었다. 황제는 아스테리우스에게 보낸 서한에서, 임무 전체가 비밀을 엄수하며 완수되어야 함을 강조했다. 만일 안티오키아 사람들이 자기네 경이로운 설교자가 불리어 간다는 소식을 듣게 되면 벌어질 소동을 걱정했음이 분명했다. 아무튼 플라비아누스 주교는 황궁의 계획을 소상히 알고 있었던 것으로 보인다. 아스테리우스는 요한에게 그가 수도의 주교로 선택된 까닭을 분명히 알려 주지 않았다. 아마 그 자신도 필요한 정보들을 가지고 있지 못했던 것 같다. 파그라에에서 아스테리우스는 요한을 콘스탄티노플로부터 도착한 황궁 내시와 황궁 경비대 사령관의 개인 부관에게 인도했다. 이제 일행은 제국 여행 마차를 타고 우선 바오로의 고향 도시인 타르수스로 간 다음, 타르수스 산맥을 넘어 오늘날 터키의 수도인 앙카라로 향했으며, 그 후엔 계속하여 니코메디아(오늘날의 이즈미트)로, 그리곤 마침내 콘스탄티노플로 갔다.

노정은 대략 1천2백 킬로미터가 넘었다. 역참마다 말을 갈아타는 급행 전령은 안티오키아-콘스탄티노플 노정을 7일에 달렸다. 그러나 요한의 여정은 훨씬 오래 걸려, 약 40일간 계속되었다. 우리는 요한이 여행 중에 무슨 생각을 했는지 알지 못한다. 안티오키아에 무엇을 부탁해 두었는지도 마찬가지로 알지 못한다. 아마도 자기 장서를 부치게 했으리라 짐작된다. 그는 필경 그리스 고전 거장들의 작품을 소장하고 있었을 것이다. 요한은 자기 장서와 거기 포함되어 있는 책들에 관해 한 번도 이야기한 적이 없지만, 그 책들의 인용문과 암시들을 설교에 자주 삽입했다. 플라톤만 하더라도 40번 이상 인용했다. 당시의 모든 그리스도교 저자들과 마찬가지로, 요한 역시 이교 거장들에 대해 이율배반적 관계를 가지고 있었다. 히에로니무스의 꿈 이야기는 유명하거니와, 그리스도께서 그의 꿈에 나타나 이렇게 말씀하셨다고 한다. "너는 사실 전혀 그리스도인이 아니며, 정확히 말하자면 키케로 추종자다." 히에로니무스는 한 편지에서, 그때부터는 더 이상 고전 거장들의 책을 손에 들지 않았다고 확언했다.[1] 요한은 학창 시절에 그들의 작품과 친숙해졌고 그 작품들을 통해 자신의 언어 능력을 갈고닦았으나, 온갖 신들에 관해 말하는 그들은 요한에게는 몰락해 가는 세계에 속한 사람들이었다. 참된 철학은 이제 그리스도인들에 의해 대변되거니와, 이들은 금욕 수덕에 관해 말만 하는 게 아니라 그것을 살아 낸다. 그런 까닭에 요한이 성경 외에 독서를 권장한 유일한 책은, 357년 알렉산드리아의 주교 아타나시우스가 저술한 이집트 수도승들의 아버지 안토니우스의 전기인 『복된 대大안토니우스의 생애』였다. 이 책은 단기간에 베스트셀러가 되었고, 당시로선 온 세상에서 읽혔다. 아우구스티누스는 자신이 밀라노에 있을 때, 이 책을 읽고 감명을 받은 트리어의 황제 관리 두 사람이 그들의 문란한 생활을 은수자의 단순한 삶과 바꾸었다는 이야기를 듣고 큰 감동을 받았다고 말했다.

요한은 12월 초 수도 콘스탄티노플에 도착한 것 같다. 일찍이 콘스탄티누스 대제는 예전의 작은 도시 비잔티움을 '새 로마'라는 공식 명칭으로 새로이 창건하여, 330년 5월 11일 장엄하게 봉헌했다. 이 도시는 그 황제의 이름을 따서 콘스탄티노플로 명명되었고, 아예 '도시'로 통했다. 광대한 주변 지역에서 사람들은 그냥 이렇게 말했다. "우리는 도시로 간다." 이 "도시로 간다"는 말은 그리스어로 '에이스 텐 폴린'eis tän polin인데, 이것이 터키어 명칭 '이스탄불' 안에 오늘날까지 남아 있다. 콘스탄티노플은 방문객에게 우선 웅대한 광장과 공공 건축물 그리고 최대한 곧고 넓은 도로를 가지고 있는 로마 황제 시대 대도시의 전형적 모습을 보여 주었는데, 콘스탄티노플의 경우 이를 위해 빈번히 대규모 대지臺地 형성 작업을 통해 장소를 마련해야 했다. '새 로마'의 체제와 시설들은 아주 세세한 데 이르기까지 모두 서방의 옛 원형을 모방했는데, 예를 들어 도시를 열네 구역과 일곱 언덕으로 나누는 일 따위가 그런 것들이었다. 콘스탄티누스는 자신의 새 수도를 극히 장려하게 꾸미게 했다. 신들과 오랜 그리스-로마 역사의 유명한 인물들의 가장 훌륭한 동상들을 로마, 시칠리아, 안티오키아, 아테네, 소아시아에서 가져와 세워 놓게 했다. 서방에서 가장 유명했던 것은 리시프가 조각한 경이로운 사마상四馬像인데, 이것을 콘스탄티누스는 로마에서 실어 오게 했다. 이 소상은 고대 예술품 도둑질의 한 대표적 사례다. 네로 치세에 이 작품은 키오스 섬에서 로마로 옮겨져, 황제의 개선문에 세워졌다. 그리고 1204년에는 베네치아 사람들이 비극적인 제4차 십자군 원정 와중에 그 조각상을 베네치아로 훔쳐 가서는, 콘스탄티노플의 사도 성당을 본떠 건립한 마르쿠스 대성당을 그것으로 장식했다. 또 그 뒤 나폴레옹 치세엔 그 조각상이 몇 년간 파리의 개선문을 장식했다. 아무튼 히에로니무스는 한탄하기를, 콘스탄티노플은 무수한 다른 도시에서 도둑질해 온 물건들로 장식되어 있다고 했다.

    니코메디아를 떠난 마차는 새 주교를 태우고 별장이 많은 외곽 도시 칼케돈까지 달렸다. 그 직전에 그들은 크고 화려한 한 성당을 통과했는데, 사도 베드로와 바오로 성당이었다. 이 성당은 3년 전 살해된 최고 행정관 루피누스가 건립하게 했었다. 그는 궁전도 하나 건립하게 했는데, 옆에 작은 수도원도 자리 잡고 있는 그 궁전은 그의 이름을 따서 '루피니아 이'라고 지칭되었다. 그러나 '떡갈나무 쪽으로'라는 별명이 더 널리 알려져 있었다. 이로써 요한은 앞으로 그에게 아주 중요한 의미를 가지게 될 장소를 지나간 셈이었다. 요한은 칼케돈에서 배를 타고 도시로 들어온 다음 다시 마차를 달려 주교 관저로 갔다. 주교 관저는 '거룩한 궁전' 남서쪽에 자리 잡고 있었다. 십 년 전 아리우스파 폭도들이 넥타리우스 주교의 관저를 불태워 버렸다. 그들이 그런 짓을 한 것은, 찬탈자 막시무스가 북이탈리아에서 테오도시우스 황제에게 승리를 거두었다는 소식을 들었기 때문이었다. 그러나 이 소식은 나중에 거짓으로 밝혀졌다. 아무튼 관저의 재건은 요한이 그곳에 왔을 때에도 채 끝나지 않았다. 앞에서 그 신학적 신념들을 약술한 아리우스파는 339~379년에 다수파의 지위를 차지하고 있었는데, 테오도시우스 대제와 그가 380년 반포한 칙령에 의해 그 위치에서 밀려났다. 예전에 가톨릭 신자들은 도시 성곽 안의 성당은 사용할수 없었는데, 이제는 아리우스파가 도시 앞에서 자기네 예배를 드려야 했다. 분위기는 아슬아슬했고, 반대파를 모조리 살해하기도 했던 상호간의 폭력 행위들에 대한 기억이 아직 생생히 살아 있었다. 바로 그 도시에, 그리고 바로 그 주교 관저에 바야흐로 요한이 들어선 것이다.

콘스탄티노플은 제국 수도였고 공식적으로 그리스도교적 도시로 여겨졌다. 그러나 사실상 콘스탄티노플은 역사라는 것이 거의 없었다. 요한이 안티오키아에서는 두 우두머리 사도 베드로와 바오로를 자랑스럽게 언급할 수 있었던 반면, 콘스탄티노플의 사도적 기원은 좀 억지로 꾸며 내야 했다. 360년 콘스탄티우스 2세는 사도 성당을 완공하고 사도 안드레아, 복음서 저자 루카 그리고 성 티모테우스의 유해를 그곳으로 옮겨 오게 했다. 비잔티움은 중요한 이교 전통들과도 결부되어 있지 않았다. 아무튼 콘스탄티누스는 퀴벨레 신전을 하나 복구하게 했지만, 그가 자기 도시를 위해 건립하게 한 성당들이 훨씬 많이 눈길을 끌었다. '거룩한 지혜' Hagia Sophia에 봉헌된 '큰 성당'은 옛 비잔티움의 가장 높은 언덕에 자리 잡고 있었다. 평화 성당은 콘스탄티누스의 업적들과, 그가 이룩한 평화에 대한 기억을 생생히 보존할 터였다. 황제는 사도 성당의 원형 건물을 자신과 자기 후계자들의 묘지로 정했다. 나중에 콘스탄티우스 2세가 거기에 바실리카 하나를 더 건립했다.

안티오키아에서 그리스도인들은 가까스로 주민의 과반수를 차지했으나, 플라비아누스 주교와 그의 사제 요한을 중심으로 모이는 가톨릭 그리스도인들(가장 큰 집단이었음) 외에도 분파가 여럿 있었다. 주민의 약 1/7은 유다인이었고, 1/3가량은 여전히 이교 신앙에 머물러 있었다. 요한은 자기 교회에 강력한 공속감을 확립시키고자 했고, 이를 위해 외부인들과의 명확하고 엄격한 경계 설정을 관철시키려 애썼다. 그는 마치 소수파 종교의 대표자인 듯이 행동했다. "아직 그리스도교 시대가 아니"었던 것이다.[2] 요한은 그래서 "아직 권력의 책임이라는 것과 직면한 적이 없는" 사람의 원대한 열정을 발휘할 수 있었다.[3] 피터 브라운은 안티오키아 시절 요한의 카리스마가 열성 당원의 카리스마와도 같은 것이었다고 적확하게 지적했다.

그러나 수도의 주교에게는 이런저런 당파를 넘어 그들을 친절하게 대할 것을, 그리고 외교적으로 중재하고 신분에 맞게 점잖고 무난하게 처신할 것을 사람들은 기대했다. 요한은 또한 권세와 영향력이 막강한 집단들에게 자신이 '고용'되었다는 것을 알아차려야 했다. 이런 기대를 요한의 전임자 넥타리우스 주교(397년 9월 26일 사망)는 완벽하게 충족시켰다. 그

그림 VII 요한 크리소스토무스. 모자이크, 9세기, 이스탄불, 성 소피아 성당Hagia Sophia의 북쪽 박공 벽면

는 주교로 선출되기 전에 고위 관리였고, 세례조차 받지 않은 상태였다. 이것은, 우리의 생각과는 달리, 크게 이상한 일이 아니었다. 암브로시우스도 밀라노 주교로 임명되었을 때 고위 관리였고 아직 세례를 받지 않았었다. 아무튼 방금 언급한 기대는, 요한을 그로부터 몇 년간 몹시 번거롭게 할 터였다. 이미 시작부터 그의 머리 위에는 불길한 별이 떠 있었다. 요

한의 주교 임명은, 황제 침실의 장이자 궁정의 시종과 내시 전체를 통괄하는 황궁 시종장Praepositus sacri cubiculi 에우트로피우스가 아르카디우스 황제에게 건의한 것이었다. 이 막강한 시종장이 무슨 생각으로 그런 건의를 했는지 우리는 알지 못한다. 수도를 위해, 이미 온 세상에 이름 높은 설교자를 원했던 것일까? 아니면 부의 온갖 폐해에 대한 비판자로 널리 알려진 그 사제에게, 부유한 원로원과의 싸움에서의 뒷받침을 기대했던가? 요한의 주교 선택을 알렉산드리아의 총대주교 테오필루스는 반대했다. 그는 새 주교 선정을 전혀 기뻐하지 않았다. 본디 테오필루스는 자기를 따르는 한 후보자를 그 중요한 자리에 앉힐 수 있으리라 기대했다. 그러나 그것은 이루어지지 못했고, 오히려 이제 이집트의 수도 알렉산드리아의 영향력이 축소될 조짐이 농후했다. 아무튼 그래서 테오필루스는 요한의 서품식 주례를 거부했다. 그러나 에우트로피우스는 황궁 사무국에 입수된, 테오필루스를 고발하는 문서들을 들이밀며 그를 압박했다. 테오필루스는 즉시 그 의미를 알아차렸고, 그래서 차악次惡을 선택하여 서품식을 집전했다. 물론 그는 자기가 당한 굴욕을 결코 잊지 않았다. 그런데 에우트로피우스가 아니라 요한에게, 최악最惡으로 되갚게 된다.

요한의 주교 서품과 관련해서는 두 가지 날짜가 전해 오니, 397년 12월 15일과 398년 2월 26일이다.[4] 대부분의 연구자들은 전반적으로 신뢰할 수 있는 교회사가 소크라테스가 제시한 뒤의 날짜에 찬동한다. 그러나 나로서는 앞의 날짜가 더 타당하다고 여겨진다. 서품을 두 달 더, 그러니까 넥타리우스가 사망한 뒤 거의 한 철이 다 지나도록, 미루어야 할 까닭이 무엇이었단 말인가? 아마도 서품식은 12월에, 그리고 착좌식은 398년 2월 26일에 거행되었을 법하다. 당시 요한은 빠듯한 50세였는데, 체구는 작고 머리는 크고 코가 특이했고 귀도 컸다. 그는 거의 언제나 진지한 인상을 주었다. 이 정보들은 성인들 축일에 관한 지시 사항들을 담고 있는 콘스탄티노플의 한 전례서에서 유래한다. 그런데 이 묘사는 전해져 오는 요한 크리소스토무스의 그림들(90쪽 그림 VII과 93쪽 그림 VIII 참조)과 부분적으로만 일치한다. 한 편지에서 요한은 자기 몸이 거미줄처럼 허약하다고 말했다. 팔라디우스는 요한이 수염을 길렀고, 엘리사처럼 대머리였다고 기록했다.[5]

새 주교의 초기 활동을 서술하기 전에, 이 도시 그리고 특히 거기 살고 있던, 그에게 중요했던 인물들에 관해 알아야 한다. 이제 언급할 수많은 이름이 이미 요한은 더 이상 제국 권력의 중심부에서 멀리 떨어진 안티오키아의 일개 사제가 아니라, 제국 수도의 주교요 따라서 제국에서 가장 중요한 인물들 중 한 사람이라는 것을 알려 준다. 우리의 고찰은 그중에서도 중요한 인물들에 국한될 수밖에 없거니와, 그렇더라도 그들 사이의 극히 복잡하고 어지러운 관계를 서술하는 것은 불가능하다. 아무튼 미리 염두에 두자. 요한 크리소스토무스는 주교로서 당당한 지위로 옮겨졌으나, 동시에 꿰뚫어 볼 수 없는 겹겹의 정치적 술책들 속에 얽혀 들어가게 되었다.

아르카디우스는 여섯 살 어린아이로 이미 아버지 테오도시우스에 의해 존자尊者(Augustus)와 공동 통치자로 임명되었다. 열여덟 살인 395년에 아버지 뒤를 이어 동방 제국의 유일 통치자가 되었다. 그런데 이로써 아르카디우스는, 그 자신으로선 불행이었거니와, 엄청난 부담을 받게 되었다. 아르카디우스는 정신적으로 옹색했다고 여겨진다. 사람들은 멋진 필체가 그의 유일한 자랑거리라고 말했다. 교회사를 저술한 필로스토르기우스는 이 황제를 직접 보고, 그는 체구가 작고 안색이 어두웠다고 묘사했다. "그의 정신적 무기력은 말에서, 아니 이미 눈에서 드러났는데, 눈꺼

그림 VIII 요한 크리소스토무스. 어느 십자가 성유물함의 이콘, 12/13세기, 바티칸

풀은 나른하고 고단하게 매달려 있었다." 고대 말엽 조형 미술의 한 걸작인 그의 흉상(95쪽 그림 IX 참조. 오늘날 이스탄불 고고학 박물관에 소장되어 있음)은 신경질적인 긴장을 보여 주고 있다. 외양은 부드럽고 연약한 인상을 주는데, 윤곽선들이 표현의 주된 수단이 되었다. 필로스토르기우스의 묘사와 돌을 쪼아 만든 이 흉상은 쉽게 일치하지 않는다. 아리우스파의 엄격한 노선 추종자였던 그 역사가는 정통 신앙을 지녔던 황제를 내심 폄하했을 수 있고, 반면 조각가는 궁정의 표현 양식을 따라야 했을 터인바, 당시 이 양식은 제국의 지체 높은 인물들을 기품과 이지적 진지함이 충만한 모습으로 묘사해야 했다.

황후 에우독시아에 관해 말하기 전에, 앞에서 요한을 주교로 선정하자고 건의한 사람이라고 언급한 바 있는 에우트로피우스에 관해 좀 더 상세히 서술해야겠다. 에우트로피우스는 제국의 동쪽 최변방 출신으로, 힘겨운 청소년기를 보냈다. 사내아이 때 거세되었고, 아마도 전쟁통에 노예로 팔려 간 듯하다. 여러 주인을 섬겼고, 그러는 가운데 성적으로 학대도 받았다. 지금으로서는 전혀 밝혀낼 수 없는 상황에서, 아무튼 자유를 얻을 수 있었다. 그의 운명이 바뀌기 시작했다. 비상한 지능을 타고난 데다, 운명에 의해 술수에 능하고 기민해지기까지 한 에우트로피우스는 놀랍게도 황궁에 들어갈 수 있었다. 테오도시우스 대제 치세에 그는 출세 가도를 달렸다. 대제는 그에게 특수 임무들을 맡겼다. 예컨대 찬탈자 에우게니우스와의 전투를 앞두고 에우트로피우스를 이집트의 저명한 은수자 요한에게 보내, 전투의 결말을 물어보게 한 적도 있었다. 395년 에우트로피우스는 황궁의 시종장으로 승진했고, 그로써 정식 절차를 따르지 않은 황제 알현을 주선해 줄 수 있는 유일한 사람이 되었다. 이것은 그에게 비길 바 없는 권세를 안겨 주었다. 한편 에우트로피우스는 최고 행정관

그림 IX 콘스탄티노플의 아르카디우스 황제, 대리석, 32cm, 이스탄불 고고학 박물관

Prätorianerpräfekt 루피누스와 충돌하게 되었다. 원래 이 직책은 황제 친위대의 사령관이었는데, 콘스탄티누스 이후 시대에 민정民政의 최고 수장으로 간주되었던바, 요즘 식으로 말하자면 막강한 국무총리쯤 된다고 하겠다. 아무튼 에우트로피우스가 그 경쟁에서 승자로 부상했으니, 루피누스의 계획들을 좌절시키는 데 성공했던 것이다. 루피누스는 자기 딸을 어린 황제 아르카디우스와 결혼시킬 요량이었다. 그러나 에우트로피우스가 그 풋내기 남자의 눈길을 그림처럼 아름다운 에우독시아에게 쏠리게 만들었는데, 그녀의 아비는 로마군에 복무하면서 영사까지 승진한 프랑크족 장군 바우투스였다. 395년 4월 27일 결혼식이 거행되었다.

그 외에도 두 명의 장군이 요한 크리소스토무스에게 직간접적으로 중요해진다. 한 사람은 스틸리코인데, 로마군에 복무하던 반달족(게르만 민족의 한 종족) 군인의 아들로 태어난 그는 18세에 벌써 군단 부사령관이 되었다. 테오도시우스 1세는 그를 자신의 사랑하는 조카딸 세레나와 결혼시켰다. 스틸리코는 마침내 로마제국 서방 군대의 최고 사령관이 되었다. 테오도시우스는 임종 자리에서 그에게 자기의 두 아들 호노리우스와 아르카디우스를 돌봐 줄 것을 당부했다. 호노리우스에 대한 스틸리코의 영향력은, 호노리우스가 스틸리코의 딸 마리아와 결혼한 뒤 더욱 커져 갔다. 그러나 루피누스의 영향력 아래 있던 아르카디우스는, 스틸리코의 충고는 그 어떤 것도 받아들이기를 거부했다. 오히려 스틸리코에게 발칸반도의 일리리쿰 지방을 포기하고, 동방 군대를 철수시키라고 명령했다. 스틸리코는 복종하여, 군대를 고트족 사람 가이나스의 사령부에 넘겼다. 가이나스는 콘스탄티노플로 행군했다. 395년 11월 27일 가이나스는 수도 서쪽에 있는 헤브도몬의 연병장에 도착하여, 수행원들과 함께 '황금 문'을 거쳐 에그나티아 국도로 마중 나온 황제와 만났다.[6] 수행원들 중에는 루피누스도 있었다. 루피누스는 군대를 사열하고, 고위 장교들과 인사했다. 그때 갑자기 병사들이 튀어나와 칼을 빼서 그를 베어 토막을 냈다. 그것은 스틸리코의 복수였으며, 에우트로피우스가 관여했다는 은밀한 소문이 돌았다. 아무튼 에우트로피우스가 죽은 자의 직책들을, 그리고 재산까지도 곧장 넘겨받았다. 그 뒤 4년 동안 에우트로피우스는 동방 제국에 대한 거의 절대적인 지배자였다.

진기하게 아름다운 여인이었던 에우독시아는 남편과는 정반대였다. 그녀는 총명했고 활달한 기질을 가지고 있었으며, 곧잘 화를 냈다. 필로스토르기우스는 에우독시아가 비非그리스-로마인의 야생적 활력으로 가득 차 있었다고 기록했다. 이 황후는 주변에 귀족 출신 궁녀들 한 동아리를 거느리고 있었는데, 이들이 나중에 우리 이야기에 등장할 것이다. 그중 특히 마르사(에우독시아는 부모 사망 이후 그녀 집에서 자랐다), 카스트리치아, 에우그라피아가 중요하다. 에우독시아의 심복 중에는 남자도 한 녕 있었는데, 이름이 하씰 요한이었다. 황제와도 가까웠던 그는 '코메스' Comes(측근, 심복) 직함을 지니고 있었으며, 401년부터는 재무 장관이었다. 에우독시아가 그와 성적 관계를 맺었다는 풍문도 있었다. 그러나 그 풍문은 역겨운 비방이라 하겠으니, 사실 이 수도는 수백 년 넘도록 중상, 음모, 정치적 술수, 살해의 현장이 되었다. 아무튼 에우독시아는 며느리 에우도키아보다 운이 좋았으니, 후자는 훗날 비슷한 소문 때문에 예루살렘으로 유배를 가야 했다. 에우독시아는 남편에게 갈수록 큰 영향력을 행사할 줄 알게 됨으로써 자기 세력권을 튼튼히 다질 수 있었다. 그녀는 미신이 깊이 스민 열광적 신심으로 충만했다. 새 주교에게 에우독시아는 처음엔 극히 우호적이었으나, 나중엔 완전히 바뀌고 만다.

콘스탄티노플은 요한 크리소스토무스가 주교로 서품될 당시, 안티오키아와 규모가 비슷한 도시였다. 그러나 지정학적 위치는 그 시리아 속주의 수도보다 훨씬 좋았다. 콘스탄티노플을 돋보이게 한 것은 미려함만이 아니라, 특히 보스포루스 해협에 대한 관장을 가능케 한 진기한 지정학적 위치였다. 이 도시의 정치와 교회의 중심은 반도의 첨단에, 옛 비잔티움 지역에 자리 잡고 있었다. 여기에 콘스탄티누스는 주랑들로 에워싸인 드넓은 광장을 조성케 하여, 어머니 아우구스타 헬레나의 영예와 기념을 위해 '아우구스테이온'이라 명명했다. 동쪽에는 하나의 반원형 벽감으로 꾸민 바실리카인 거대한 원로원 건물이 서 있었다. 남쪽에는 '거룩한 궁전'으로의 중앙 출입구인 '청동 집'이 있었는데, 이 궁전은 수백 년에 걸쳐 여러 차례 개축·확장되면서 1453년까지 비잔티움 황제의 관저로 사용된다. 북서쪽에는 엄청난 규모(400×150m)의 마차 경기장이 궁전에 인접해 있었다. 황제는 경기장과 직통된 특별석에서 경주를 관람할 수 있었다. 마차 경기장 한가운데를 갈라놓았던 격벽 Spina이 있던 자리에 오늘날에도 테오도시우스의 오벨리스크(156쪽 그림 XI 참조)가 서 있다. 오벨리스크 받침돌에 황제의 그 특별석이 묘사되어 있다. 테오도시우스가 서서 경주를 보는데, 그의 오른쪽에서 큰아들 아르카디우스가, 왼쪽에선 작은아들 호노리우스가 함께 관람하고 있다(159쪽 그림 XII 참조). 중앙 광장 북동쪽에 '거룩한 지혜' Hagia Sophia에 봉헌된 주교좌성당인 '큰 성당'이 자리 잡고 있었다. 이 성당은 나무로 만들어진 반원형 천장으로 덮여 있었다. '아우구스테이온'으로부터 화려한 중심가 Mese가 황제 광장을 지나 도시의 지리적 중심까지 이어졌다. 거기서 중심 도로가 둘로 나뉘어, 길 하나는 사도 성당으로 통했고, 다른 한 길은 서쪽 '황금 문'으로, 또 거기서 로마로 향하는 가장 중요한 연결로인 에그나티아 국도로 이어졌다. 에그나티아 국도는 바다를 끼고 약 10킬로미터 떨어진 헤브도몬까지 이어진다. 그곳에는 열병식이 거행되고 황제들이 공포公布되는 연병장이 있었다. 그리고 한 큰 궁전 옆에 원형 성당을 볼 수 있었는데, 테오도시우스 1세가 세례자 요한의 머리를 보관하기 위해 건립한 성당이었다. 아마도 여기서 요한 크리소스토무스가 요한 세례자 축일에 다음과 같은 말로 시작하는 유명한 설교를 했을 것이다. "또다시 헤로디아가 광란합니다. 다시 한 번 요한의 머리를 요구합니다."7 이 설교는 요한에게 재앙을 초래하게 된다.

예식들이 거행되던 화려한 중심가Mese에서는 황제들의 거창한 개선 행진과 교회의 행렬도 이루어졌는데, 이에 관해서는 다시 이야기할 것이다. 콘스탄티누스 광장에는 황제의 입상이 새겨진 반암班岩 기둥이 서 있었다. 이 기둥은 오늘날에도 그 옛 자리를 지키고 있다. 주랑들로 에워싸인 이 광장은 타원형을 이루고 있었다. 황제의 입상은 태양신 헬리오스의 오래된 입상을 고쳐 만든 것이었다. 황제의 머리가 태양신의 머리를 대체했다. 콘스탄티누스는 자기 어머니가 예루살렘에서 발견한 거룩한 십자가의 작은 조각을 기둥에 맞추어 넣고, 거기에 다음과 같은 글귀를 새기게 했다. "이 표지로써 승리하라!" 타원의 종축縱軸 양쪽으로 개선문이 세워져 있었다. 그 한쪽에서 약 3백 미터 떨어진 테오도시우스 광장으로 길이 연결되었다. 여기에도 황제의 입상이 새겨진 기둥 하나가 우뚝 솟아 있었다. 이 기둥 역시 보존되어 있다. 베네치아 사람들이 제4차 십자군 원정 와중에 콘스탄티노플을 점령한 뒤, 사로잡은 황제 알렉시우스 5세를 이 기둥에서 아래로 밀어 떨어뜨렸다고 한다.

성 소피아 대성당의 주랑 현관(나르텍스)과 계단으로 연결된 건물이 한 채 있었는데, 여기에 올림피아스가 창설하고 이끈 여성 수도원이 들어 있었다. 올림피아스는 명문 대가 출신이었다. 같은 이름을 가진 그녀의 숙모는 콘스탄스 황제와 약혼했으나, 그가 살해된 뒤 아르메니아의 왕 아르사케스와 결혼했다. 385년 올림피아스가 18세 때, 테오도시우스 황제는 그녀를 스페인 출신의 콘스탄티노플 시 최고 행정관 네브리디우스와 결혼시켰다. 결혼식에 많은 주교가 초청을 받았는데, 나지안주스의 그레고리우스는 건강 때문에 참석할 수 없다고 전해야 했지만, 대신 아름다운 축시를 써 보냈다. 짧은 결혼 생활 뒤, 네브리디우스가 사망했다. 테오도시우스가 재혼을 강권했음에도, 올림피아스는 과부로 살기로 결심했다. 그녀는 선언하기를, 자신의 참임금이신 예수 그리스도께서 자기가 남자와 함께 살도록 예정하셨다면, 네브리디우스가 그렇게 젊어서 죽게 놔두지 않으셨을 것이라고 했다. 황제가 재혼을 강권한 것은 아예 상상도 할 수 없는 올림피아스의 엄청난 재산 때문이었다. 그녀의 토지와 재산은 동방의 네 속주에 걸쳐 있었다. 5년 뒤 넥타리우스 주교는, 나이가 중년 이상이어야 한다고 규정한 법규를 무릅쓰고 올림피아스를 콘스탄티노플 교회의 여부제로 서품했다. 서품식 날 올림피아스는 주교에게 교회를 위해 1만 파운드의 금, 2만 파운드의 은, 트라키아 · 갈라티아 · 카파도키아 · 비티니아에 있는 토지, 그리고 수도의 대저택 셋을 선사했다. 그녀는 나머지 재산도 가난한 사람들 구호에 내놓았다. 올림피아스는 이런저런 소망들을 개진하러 수도로 오는 주교들을 후대했고, 그들이 떠날 때는 선물을 넉넉히 안겼다. 그녀의 손님들 중에는 키프로스 섬 살라미스의 에피파니우스와 알렉산드리아의 테오필루스도 있었는데, 이 두 주교는 나중에 요한 크리소스토무스의 극렬한 적대자들로 등장하게 된다. 올림피아스의 본보기는 성지로 이주하여 예루살렘에 쌍수도원을 건립한 로마의 귀부인 노멜라니아였다. 멜라니아의 영적 조언자는 아퀼레이아의 루피누스였다. 400년 그녀는 손녀인 소멜라니아와 함께 로마로 돌아왔다. 소멜라니아에 관해서는 나중에 다시 이야기할 것이다. 그녀는 해임된 요한 크리소스토무스를 변호하기 위해 로마로 온 그의 지지자들을 자신의 대저택에 손님으로 맞아들였다. 그들 중에는 요한의 전기를 쓴 팔라디우스 주교도 있었다.

요한은 콘스탄티노플에 도착한 뒤 곧 올림피아스를 알게 되었음이 틀림없다. 약 150명의 여성이 거주하던 그녀의 수도원은 담 하나로 주교 관저와 분리되어 있었다. 처음부터 두 사람 사이에 우정이 싹텄고, 갈수록 깊어졌다. 요한 주교는 올림피아스에게는 마음을 열고 근심을 털어놓을 수 있었으며, 그녀를 신뢰했다. 그들은 같은 믿음을 공유하고 있었고, 둘 다 금욕 수행자처럼 살았다. 올림피아스는 요한의 의복을 챙기고, 그가 익숙해진 소박한 음식을 마련하게 했다. 요한 쪽에서는 그녀 수도원의 영적 지도를 맡았고, 거기서 교훈 설교를 했다. 올림피아스도 요한처럼 지나친 금욕 때문에 위장을 상했다. 요한은 콘스탄티노플에서는 그래도 따뜻한 물로 목욕을 즐겼는데, 예전 2년간의 동굴 생활 이후엔 걸핏하면 감기에 걸리던 터였다. 그러나 올림피아스는 목욕을 포기했고, 아주 드물게만 그런 호사를 누렸다. 그런데 목욕할 때에도 하녀들이나 그녀 자신조차 자기 나체를 보지 않도록, 내의를 벗지 않았다. 요한이 이 주제를 안티오키아에서 다루었음을 상기하자. 아무튼 올림피아스는 참으로 진기한 여인이었다. 팔라디우스는 요한의 전기에서, 자신이 생각해 낼 수 있는 최고의 찬사를 올림피아스에게 바쳤으니, 그녀는 여자라기보다는 남자라고 칭송했다. 올림피아스는 자주적이었고 의지가 강했으며 그러면서도 매우 감성적이었다. 켈리는 그가 저술한 요한 크리소스토무스 전기에서, 오늘날의 독자들이 제기할 법한 물음을 거두절미하고 꼬집어 물었다. '요한과 올림피아스의 친밀한 관계에 과연 성적 측면은 없었던가?' 켈리는 두 사람이 이 측면을 자신들의 관계에서 필경 의식하고 있었다고, 그러나 성에 대한 철저한 거부를 견지했다고 확언하는데, 옳다고 생각한다. 오늘 우리로서는 거의 이해하기 힘든 일이, 당시에는 아주 많은 남자와 여자들에게 결정적이었다. 두 사람은 팔 길이만큼의 거리를 유지하며 지극한 예의로 서로를 대하는 식으로 자신들의 관계를 꼴지었다. 켈리는 앞의 책 해당 단락을 다음과 같은 말로 끝맺는다. "두 사람의 숭고한 긴장이 그들에게 얼마만한 노력을 요구했는지 우리는 그저 짐작만 할 수 있을 뿐이다. 그러나 그 긴장이 요한에게 끼친 영향이 상대적으로 미미했다면, 올림피아스에게는 매우 해로웠다."[8] 두 영혼의 깊은 결합은 요한이 유배 중에 서로 주고받은 편지들이 알려 준다. 애석하게도 요한이 올림피아스에게 보낸 편지들만 보존되어 있으나 그 편지들의 내용으로부터, 올림피아스가 써 보낸 편지들도 부분적으로 재구성할 수 있다. 이에 관해서는 나중에 다시 다룰 것이다.

2.2. 처음의 성공

요한은 큰 열정으로 일을 시작했다. 주교가 되어서도 그에게는 설교가 핵심적 중요성을 지니고 있었다. 요한은 통상 주일마다, 그리고 축일에도 설교를 했다. 물론 주교의 책무들이 종종 설교에 지장을 초래했다. 주교는 주일에 통상 성 소피아 대성당에서 전례를 집전했다. 오늘날 우리가 이스탄불에서 경탄하는 박물관으로 탈바꿈한 이 성당은 유스티니아누스 황제(재위 527~565) 치세에 건축되었다. 콘스탄티누스에 의해 건립되었던 예전 성당은 요한 크리소스토무스 해임 이후의 분규 와중에 화재로 파괴되었고, 테오도시우스 2세 치세에 재건되었다. 그 건물의 모습에 관해 우리는 아는 게 거의 없다. 그러나 "저 위에 앉아 있는" 여인들에 관해 언급한 요한 크리소스토무스의 한 설교[9]에서, 그 성당 높은 곳에 좌석들이 있었음을 추측할 수 있다.

이미 둘째 설교에서(첫째 설교는 보존되어 있지 않다) 요한은 청중에게, 자신은 고향 도시의 교회와 똑 마찬가지로, 수도의 교회와 결합되어 있음을 느낀다고 말했다. 아주 단기간에 그는 사람들의 마음을 사로잡았다. 이에 관해 소조메누스는 자신이 저술한 교회사에서 이렇게 말했다. "민중은 그를 매우 좋아했고 그의 설교를 듣는 데 물릴 줄 몰랐으며, 모두가 설교를 더 잘 알아듣기 위해 그에게 좀 더 가까이 다가가려 했기 때문에, 서로 밀치고 부딪치는 통에 위험한 일이 발생하기도 했다." 요한은 설교를 성경 본문이 봉독되는 독서대Ambo에 앉아서 했다. 통상적으로 주교의 자리는 저 뒤쪽 벽감 있는 곳의 주교 고좌高座였다. 사람들은 요한이 목소리가 작아서 독서대를 선호했다고 추측했다. 그러나 진짜 이유는, 인기 있는 설교자 요한은 공동체 가까이 가는 것이 필요했다는 데 있었다고 하겠다. 청중과 긴밀히 접촉함으로써만, 그의 탈렌트가 온전히 발휘될 수 있었던 것이다. 그런 접촉 안에서 공동체도 열광하여 박수갈채를 보냈다. 또 그런 접촉 안에서 요한은 공동체에게 훈계했다. 세속 철학자들도 강연을 하지만, 환호를 보내는 사람은 없다. 사도들도 설교했지만, 청중이 박수 쳤다는 이야기는 신약성경 어디에도 없다. 그리스도께서 산에서 복음을 선포하실 때, 누구도 말참견이나 박수갈채로 방해하지 않았다. 아무튼 요한이 무엇보다도 다음과 같이 솔직하게 고백한 것은 감동적이다. "내 말을 믿어 주십시오. 내가 설교할 때 사람들이 박수를 치면, 순간적이지만 인간적인 만족감을 느낍니다. 진실을 감출 까닭이 어디 있겠습니까? 나는 그것을 기뻐하고 즐깁니다. 그러나 집으로 돌아와, 나에게 박수갈채를 보낸 사람들이 설교에서 마땅히 얻을 수 있었을 유익함을, 바로 그렇게 박수를 치거나 찬사를 보내느라 별로, 아니 전혀 얻어 가지 못했으리라고 생각하면, 나는 너무 마음이 아파 탄식하고 울면서 설교가 죄다 헛일이었다는 기분이 듭니다."[10] 요한이 거둔 큰 성공은 그에게 전혀 호의적이지 않았던 이교인 역사가 조시무스도 확인해 준다. "그 남자는 어리석은 군중의 마음을 사로잡는 능력을 보유하고 있었다." 그러나 요한에게는 콘스탄티노플에서도 경쟁자가 있었으니, 바로 마차 경주와 연극이었다. 여기서 말하는 연극은 물론 오래도록 공연되어 오던 고전 비극과 희극이 아니라, 고대 말엽에 엄청난 인기를 누리던 방종스런 '쇼'다. 요한은 무대 위의 여인들이 야들야들한 풍만함을 과시하고, 팔다리를 야릇하게 꼬고, 천박한 노래를 부르고, 음담패설을 늘어놓는다고, 간단히 말해서 남자의 정신을 빼놓을 수 있는 것은 모두 제공한다고 이야기했다. 로마의 막시무스 대경기장보다도 큰 콘스탄티노플의 경기장에서 벌어지는 경마와 마차 경주는 이 도시 삶의 정점이었다. 이것들은 심지어 성당들을 텅텅 비게 만들었다. 요한은 특히 그런 일이 성금요일에도 발생하는 것에 격분했다. 그는 나중에 자기 공동체가, 우리 인류 구원의 신비가 성취된 그날의 거룩함을 전혀 존중하지 않은 것을 질책했다. 주님께서 온 세상을 위해 십자가에 못 박히시며 위대한 희생을 바치신 날, 낙원이 활짝 열린 날인 성금요일에, 교회를 홀로 버려 두고 마치 포로들처럼 악마에게 이끌려 그따위 것을 구경하러 간다고.[11] 그런데 요한은 이제 콘스탄티노플에서는 단순한 항의와는 다른 수단을 동원할 수 있었다. 399년 8월 27일 황제는 온 제국에서 주일에는 연극, 경마 그리고 그 밖의 떠들썩한 구경거리들을 금지한다는 법령을 반포했다. 황제의 생일만은 주일에도 축하 잔치를 벌일 수 있었는데, 이 예외도 나중엔 없어졌다. 이 법령 반포 배후에 요한의 영향력이 있었다고 생각해도 틀리지 않을 것이 확실한바, 당시에는 황제가 그에게 큰 호의를 지니고 있었다.

새 주교의 첫 공식 활동 가운데 하나는, 자신의 주교 선출과 착좌를 로마 주교에게 알리는 것이었다. 이로써 요한은 알렉산드리아 교회의 관습을 넘겨받았다. 알렉산드리아에서는 새 총대주교가 착좌하면, 교황에게 그 사실을 알리고 그에게서 이른바 친교 서한을 받았다. 요한은 이 관습을 넘겨받음으로써, 콘스탄티노플 주교좌가 사실상 총대주교좌의 범주로 승격되었음을 알렸다. 381년의 콘스탄티노플 공의회는, 제국 수도의 주교는 로마 주교 다음의 둘째 서열을 보유한다고 확정했다. 그리고 451년의 칼케돈 공의회가 비로소 콘스탄티노플 주교를 공식적으로 총대주교로 만들 터였다. 그러나 요한 크리소스토무스가 자기 주교좌의 의의를 강화하기 위한 중요한 첫걸음을 내디뎠던 것인데, 이것이 충돌의 빌미를 제공하게 된다. 아무튼 요한은 외교적 수완을 발휘하여 선택한 두 사람을 통해 로마 교황 시리키우스에게 편지를 전달했다. 한 사람은 베로이아(오늘날 시리아의 알레포)의 주교 아카키우스였고, 또 한 사람은 테오필루스가 콘스탄티노플 주교로 앉히고 싶어 했던 노사제 이시도루스였다. 사실 외교적 수완이 필요했으니, 자신의 착좌를 알리는 일 외에도, 골치 아픈 안티오키아 교회의 분열 상황에 마침내 종지부를 찍기 위해, 로마 주교의 찬동을 얻어 낼 수 있는 사람들을 파견해야 했기 때문이다. 이 파견은 성공을 거두었다. 교황은 플라비아누스를 안티오키아의 주교로 인정했다.

제국 수도의 주교로서 요한은 황제와 정기적으로 만났다. 그는 교회와 신앙에 관계되는 모든 문제에서 황제의 조언자였다. 요한은 사도행전에 관한 한 설교에서, 자신이 궁정에서 속주 총독들보다 더 공경스러운 대접을 받는다고 말했다. 황제 부부는 통상 황궁 경당에서 거행되는 미사에 정기적으로 참례했고, 특별한 경우에는 주교좌대성당으로 왔다. 콘스탄티노플 궁정 예식은 콘스탄티우스 2세에 의해 확장되었고, 점차 후대 비잔티움 예식으로 발전해 나갔다. 훗날 황제 오토 1세(재위 936~973)의 사절 크레모나의 리우트프란두스는 이 예식에 관해 이렇게 보고했다. 리우트프란두스는 황제 앞에서 바닥에 엎드려야 했다. 다시 머리를 들 수 있었을 때, 그는 황제가 옥좌 위에 상당히 높이 떠 있는 것을 보았다. 감춰진 기계 장치가 황제를 바닥 위로 높이 들어 올렸고, 그로써 황제와 일반인의 격차를 생생히 실증했다. 같은 세기에 비잔티움 황제 콘스탄티누스 7세 포르피로게네투스(재위 912~959)는 자신의 책에서 콘스탄티노플 궁정 예식에 관해 서술했다.

400년경만 해도 이 예식은 그렇게 많이 발전하지 않았고, 황실과 백성 간의 거리도 엄청나지 않았다. 황후 에우독시아는, 요한에게는 큰 기쁨이었거니와, 새로 도착한 성유물들을 지정 장소로 모셔 가는 경축 행렬에 자주 참석했다. 요한은 군중에게 깊은 감명을 주는 그런 기회들을 멋지게 연출하는 대가임을 보여 주었다. 어느 토요일, 순교자 포카스의 성유물을 실은 배가 세노페를 떠나 콘스탄티노플에 도착했다. 요한은 다음 날 설교에서, 도시의 거리들을 두루 가로질러 소피아 성당으로 향하게 될 개선 행렬에 관해 말하면서, 청중에게 성유물을 최종 목적지로 모셔 가는 일에 참여하라고 촉구했다. 그리고 바다에서도 작은 배들에 횃불을 밝히고 동참하도록 했다. 황제 부부도 참석한 바다에서의 행렬은 보스포루스 해협의 유럽 쪽 지역에 있는 오늘날의 오르타쾨이로 향했다. 9세기에 건립된 한 성당은 뱃사람들의 수호성인인 성 포카스를 오늘날에도 기념하고 있다. 세 순교자의 유해가 서방에서 도착한 일도 인상적이었다. 시신니우스, 마르티리우스, 알렉산더는 397년 트렌티노에 있는 발 디 논에서 순교했다. 트렌토의 비길리우스 주교가 요한 크리소스토무스에게 보낸 편지에서, 이 순교자들의 성유물을 보내 주겠다고 약속했다. 성유물이 도착한 뒤, 요한은 성대한 행진을 조직적으로 준비했다. 한밤중에 수많은 신자들이 소피아 성당에 모였다. 그런 다음 엄청난 군중이 도심에서 13킬로미터 떨어진 드리피아까지 바다를 끼고 이동했는데(시내는 텅 비었다), 횃불들이 반사된 바다는 그야말로 불바다로 보였다. 황후는 왕관과 자포紫袍를 벗은 채, 다른 모든 사람과 마찬가지로 걸어서 따라갔다. 그녀는 성유물 함에 담긴 거룩한 내용물의 힘을 조금이라도 받기 위해 거듭 함을 만졌다. 찬미가들이 세상의 온갖 언어로 불려졌다. 요한은 맨 앞에서 행렬을 이끌었고, 날이 밝아 올 때 성 토마스 경당에서 축하 설교를 했는데, 감정이 북받쳐 이렇게 말했다. "무엇을 말해야 할까요? 무엇에 관해 이야기해야 하겠습니까? 나는 껑충껑충 뛸 만큼 기쁘고 제정신이 아닙니다. … 날아다니고 춤추고 의기양양하며 영적 기쁨에 취했습니다." 요한은 마치 하녀처럼 성인을 모신 황후의 겸비謙卑를 칭송하고, 설교 말미에 그녀와 그녀 남편에게 하느님의 축복이 내리기를 간청했다. "우리는 그들을 위해 거룩한 순교자들에게 청하고자 합니다. 그들에게 장수와 복된 삶과 많은 자식들과 자식들의 자식들이 주어지기를! 그러나 무엇보다도 훗날 영원 속에서 하느님의 독생자와 함께 군림하고 다스리기를!"¹² 황제는 행진에 참석하지 않았으나, 에우독시아는 남편이 다음 날 순교자들에게 공경심을 표현할 것이라고 요한에게 말했다. 다음 날 황제가 근위병들과 함께 나타났다. 그러나 요한이 순교자들을 기리기 위한 두 번째 설교를 시작하기 전에 벌써 수행원들과 함께 떠나갔다.

요한은 황실의 화려함과 장엄한 궁정 예식에 관한 생생하고 다채로운 묘사를 설교 속에 자주 삽입했다. 그러나 그는, 방금 인용한 황후에 대한 좀 과도하게 열광적인 언설이 부추기는 추측과는 달리, 황제의 권세에 대한 순진한 찬미자는 결코 아니었다. 요한의 견해에 따르면, 황제의 권력은 타락한 세상에서 질서유지에 힘쓸 사명을 지니고는 있지만, 누가 뭐래도 불의로 귀결되며 부패를 조장한다. 황제는 멋대로 분노하고 잔혹해질 수 있다. 요한은 명확한 말로, 주교는 국가권력에 예속되어 있지 않다고 선언했다. 주교의 권위의 본질은 그가 그리스도의 사자라는 사실에 있다. "내가 이 고좌에 앉아 있는 한, 이 자리에 귀속된 권한들 중 어느 것도 양도하지 않을 것입니다."

성유물은 4세기가 저물어 갈 무렵 신심에 갈수록 중요해졌다. 밀라노의 암브로시우스는 자기 교회가 위기에 처해 있던 시점에 게르바시우스와 프로타시우스의 유해를 발견했다. 아우구스티누스는 그리스도교 최초의 순교자 스테파노의 유물이 북아프리카에 도착하는 것을 기뻐했다. 온 로마제국을 가로질러 성유물들이 운반되고 교환되고 새로 매장되었다. 순교자들은 하느님의 영으로 충만했거니와, 그 영의 권능이 그들의 유물에 아직 담겨 있다고 사람들은 믿었다. 그래서 경건한 신자들은 성유물과의 접촉을 통해 그 권능의 한몫을 얻기를 열망했다. 동일한 이유로, 순교자들 무덤 옆에 최대한 가까이 묻히는 것이 최고의 소원이었다. 그래서 로마의 카타콤바에서는 순교자들 무덤 옆과 아래에 빼곡히 줄지어 있는 신자들의 작은 무덤들을 볼 수 있다.

요한 주교는 한밤의 행진을 아리우스파 그리스도인들과의 대결에도 이용했다. 테오도시우스 1세 이래 아리우스파는 지배적 위치에서 밀려났고, 이제는 콘스탄티노플 시내 성당들에 대한 사용 권한도 없었다. 그래서 성벽 밖에서 자기네 예배를 거행했다. 토요일에서 주일로 넘어가는 밤에, 그리고 큰 축일들 밤에도 그들은 시내의 주랑 현관들에 모여, 삼위일체 하느님에 대한 정통 신앙을 조롱하는 아리우스파의 노래들을 대창對唱으로 불렀다. 거기서 가장 인기 있던 후렴, "셋이지만 효과는 하나일 뿐이라고 말하는 자들, 어디 있는가?" 오늘날 우리로서는 교리 명제들이 신학자 아닌 사람들의 관심을 끌고, 그런 노래들에까지 영감을 줄 수 있었다는 것을 쉽게 상상할 수 없다. 그러나 두루 알다시피 4세기에는 상황이 달랐다. 니사의 그레고리우스는 콘스탄티노플 공의회(381) 기간에 관찰한 것을 이렇게 기록했다. "도시가 장인들과 노예들로 가득 찼는데, 이들 모두 심원한 신학자들이며 가게와 거리에서 설교를 한다. 당신이 누군가에게 환전을 하려고 하면, 그는 당신에게 성자가 성부와 얼마만큼 다른지 가르쳐 주고, 당신이 빵 한 덩어리 값을 물어보면, 성자는 성부에게 종속되어 있다고 답변하며, 또 당신이 공중목욕탕이 준비가 되었는지 알아보면, 성자는 무無에서 낳아졌다고 대답한다."13 이미 알렉산드리아의 사제 아리우스가 선원들을 위해, 자신의 교설을 꾸려 넣은 노래들을 만들었다.14 아리우스파의 그런 노래는 콘스탄티노플에서 대중의 마음을 끌었다. 그래서 요한은 그 적수들을 특별한 무기로 공격하기로 결심했다. 그는 한밤중의 행신을 소식석으로 준비했고, 서기서 니케아 공의회의 성통신앙을 찬미하는 노래들을 부르게 했다. 요한은 황후의 강력한 지원을 받는 유리한 입장에 있었다. 그녀는 은銀 십자가들을 기부했고, 빛나는 등불로 장식된 그 십자가들이 행진에 함께했다. 황후의 시종 가운데 한 사람인 브리손도 이 반격 행진의 성공에 중요한 몫을 했다. 그는 뛰어난 음악가였는데, 행진 중에 부르도록 가수들에게 교성交聲 합창을 훈련시켰다. 어느 날 밤, 우연이었는지 계획적이었는지는 판단하기 어렵거니와, 두 행렬이 맞닥뜨렸다. 시가전이 벌어져 돌이 날아다녔고, 브리손은 이마가 깨졌다. 이것이 아리우스파의 마지막 행진이었다. 그들의 행진은 황제의 법령에 의해 금지되었다.

2.3. 콘스탄티노플 교회 개혁

주교 서품과 착좌 사이의 바로 몇 주 동안 요한은 콘스탄티노플 교회의 경비 지출을 꼼꼼히 검사하여, 터무니없는 사실들을 밝혀냈다. 흥미롭게도, 이미 나지안주스의 그레고리우스도 수도 주교로서의 짧은 재임 기간 중에 부정들을 알아챘다. 그러나 자서전에 기록했듯이, 그레고리우스는 그런 폐해를 제거할 시간도 힘도 없었다. 아무튼 요한 주교는 이런저런 경비들은 필요하지 않다고 보았고, 즉시 그것들을 삭제했다. 특히 주교 관저의 낭비는 주객이 전도된 것처럼 여겨졌다. 요한의 전임자는 손이 많이 간 잔칫상을 내는 흐드러진 연회 덕분에 인기가 좋았다. 요한은 요망 사안들을 청원하러 수도로 와야 하는 주교들에게 기꺼이 숙식을 제공했으나 물론 그 수준은 소박했다. 그는 공식적인 연회 개최를 아무에게도 허락하지 않았다. 요한은 그로써 다른 사람들 눈에는 자신이 손님 후대의 계명을 어길 뿐 아니라, 인간관계의 구축을 어렵게 만드는 것으로 보인다는 사실을 거의 의식하지 못했던 것 같다. 요한은 올림피아스가 그를 위해 마련한 극히 소박한 음식을, 그것도 혼자서 먹었다. 사실 그의 손상된 위장이 소박한 음식을 요구했다. 그리고 식사를 혼자 한 데는, 필경 식사 시간을 자꾸 미루게 만든 그의 일 욕심도 큰 몫을 했을 것이다. 성대한 연회의 포기 때문에, 요한은 주교가 베푸는 잔치에 초대받는 데 익숙한 유력 인사들에게 처음으로 비난을 받았다. 요한이 취한 절약 조처들에는, 넥타리우스 주교가 아나스타시스(부활) 소성당 장식을 위해 준비해 두었던 대리석(덩어리들이었는지 기둥들이었는지는 알 수 없다)을 매각한 일도 포함된다. 부활에 봉헌된 아나스타시스 성당은 정서적으로 중요한 의미를 지니고 있었다. 왜냐하면 예전에 어떤 개인 집의 경당이었던 이곳에서 나지안주스의 그레고리우스가 훗날 유명하게 된 설교들을 했기 때문인데, 아리우스파가 교회를 좌지우지하던 멀지 않은 과거에 정통 신앙을 지닌 공동체가 여기서 모임을 가졌던 것이다. 테오도시우스가 이 경당을 성당으로 개조하게 했다. 대리석 매각으로 나중에 요한은 비난을 받게 되었다. 또한 그는 교회의 값비싼 귀중품들을 매각했다고 고발을 당했다. 사실 그것은 충분히 발생할 소지가 있는 일이었다. 요한은 이미 안티오키아에서 사람들이 보석으로 장식된 금 성작이나 금실로 짠 제대보 등을 기증함으로써 스스로 자기 기념비를 세우는 관습을 격렬히 공박했었다. 예수께서 제자들과 함께 최초의 성찬례를 거행하신 식탁도 은으로 만들어지지 않았다. 하느님께 필요한 것은 금 성작이 아니라, 금처럼 아름다운 영혼이라는 것이었다. 아무튼 요한은 안티오키아에서 사목자들에게, 값비싼 잔을 이미 매입했거나 그에 상응하는 기부를 한 사람은 비난하지 말라는, 사목적으로 현명한 충고를 했다. 그러나 누가 그 전에 조언을 구하면, 그는 돈을 가난한 사람들에게 주라는 충고를 들어야 했다.

  요한은 방금 언급한 설약과 매각을 통해 바린한 돈을 기존의 구빈원救貧院에 전달했다. 그리고 세월이 흐르면서 여러 구빈원을 더 설립했다. 그러나 교외에 나병환자 병동을 건립하려던 그의 계획은 반대에 부닥쳤다. 병동 예정 부지 부근에 별장을 갖고 있던 대지주들이 항의를 했던 것이다. 그러나 요한은 교회가 그렇게 멀지 않은 과거에 걸어갔던 길을 충실히 따라 자신의 계획들을 추진해 나갔다. 교회는 병자, 노인, 나그네, 고아들을 위한 특수 시설들의 건립을 통해 사회복지사업의 전혀 새로운 길을 걸어갔다. 요한의 위대한 본보기는 바실리우스(379년 사망)였는데, 그는 카파도키아 지방 카이사리아에서 도시 외곽에 본격적인 주거 단지를 설립했다. 성당과 수도원을 중심으로 숙박소, 구빈원, 병원 들뿐 아니라 작업장들도 갖춘 집단 거주지가 형성되었다. 그것은 나지안주스의 그레고리우스가 표현한 대로[15] 하나의 온전한 '새로운 도시', 이웃 사랑과 사회 복지의 도시였던바, 주교 역시 그곳에 거처했다. 이 집단 거주지는 훗날 그 위대한 바실리우스 주교의 이름을 따서 불리었다.

요한은 주교로서 재정이라는 것을 어떻게 이해하고 있는지를 어느 정도 보여 주었다. 안티오키아 사제 시절만 해도 그는 공동체에게 권면하기를, 가난한 이들이 정말로 도움이 필요한지 이리저리 살피지 말고 그냥 베풀라고 했다. 그러나 이제 요한은 손 큰 것으로 이름난 올림피아스에게, 꼼꼼히 살피지 않고 돈을 나누어주지 말라고, 그러지 않으면 바다에 돈을 던져 버리는 셈이 되리라고 훈계했다. 면밀한 계획을 세워 희사해야 가난한 이들을 더 확실히 돕고, 그녀 자신에게도 더 큰 영적 유익함을 가져다준다는 것이었다. 그 후 올림피아스는 넥타리우스 주교 재임 시절 엄청난 희사를 한 뒤에도 남아 있던 재산을 교회에 양도하기로 결심했다. 요한이 주교로 재임하던 시기에 콘스탄티노플 교회의 재산은 크게 증가했다. 그는 카파도키아 교부들의 견해를 받아들여 널리 선전했다. 즉, 부자들은 그리스도를 유산 상속인으로 지명해야 하고, 자식 없는 사람들은 재산을 교회에 유증해야 하며, 자식 있는 부자들은 최소한 유산의 일부를 교회에 기부해야 했다. 이 견해를 모두가 좋게 보지는 않았다. 부자들의 친척들은 자기네가 받을 유산을 사취당하는 것으로 여겼다. 국법은 과부들이 재산을 성직자에게 유증하는 것을 금지하고 있었다. 그러나 교회에 유증하는 것은 예외로서 허용되었다.

요한 주교는 재정만이 아니라 성직자단 구성원들도 심사했는데, 매우 엄격한 기준을 적용했다. 이 문제에서 요한을 공정하게 평가하기 위해서는 두 가지를 유념해야 한다. 첫째, 요한은 똑같은 기준을 자신에게도 적용했다. 둘째, 아리우스파와 정통파 신자들 간의 싸움이 오래 계속되었고, 또 넥타리우스 주교가 유화有和적으로 다스렸던 탓에 수도首都 성직자들의 도의와 행실이 문란해져 있었다. 팔라디우스는 요한이 부제 두 사람을 해직했다고 전해 준다. 한 명은 살인, 또 한 명은 간음의 죄를 지었다고 했다. 소크라테스는 요한이 평소 매우 가혹하고 모욕적인 어조로 비난을 했다는 견해를 주장한다. 사실 요한을 비판하는 사람들은 그를 엄격하고 격정적이며 성미 까다롭고 거만한 남자로 묘사해 왔다. 아무튼 요한은 그런 조처들을 취하면서, 선동꾼으로 정평이 나 있던 수석 부제 세라피온의 조언을 받았다. 세라피온은 자기 주교에게, 몽둥이 없이는 성직자단을 통제할 수 없을 것이라고 말했다 한다. 요한은 콘스탄티노플에서도 성직자들이 역시 금욕 고행을 찬미하는 여인들과 공주共住 생활을 한다는 것을 알게 되었다. 이 폐단을 그는 결코 더 이상 용납하지 않고자 했다. 요한은 안티오키아에서 이 폐단을 공격하는 글을 두 편 썼는데, 그것들을 이제 새 판으로 출간했다. 이런 비판과 조처들로 말미암아 요한은 많은 사람의 감정을 상하게 했다. 훗날 '벽살나무 시노느'에서 요한을 서슬러 세기된 고발 중에는, 그가 성직자들의 위신을 손상시켰다는 것도 있다. 그에 대한 비난과 고발이 근거가 전혀 없지는 않다는 것은 확실하다. 그러나 짐작건대 요한은 종종 불충분하거나 그릇된 정보를 제공받았고, 또 별것 아닌 사안에 너무 큰 의미를 부여하기도 했던 것 같다.

　끝으로 요한은 교회의 과부들의 상태에 주목했다. 과부들은 안티오키아 교회에서처럼 입회 기준이 분명한 집단을 이루고 있었다. 요한은 과부들을 초대하여 아주 분명히 말했다. 정기적으로 단식하고, 공공 녹지에서의 목욕과 야릇한 의상 착용을 포기하거나 아니면 재혼하라고. 그들 중에는 필경 에우그라피아도 있었는데, 훗날 이 과부의 대저택에 주교의 적들이 모여들 터였다. 아무튼 팔라디우스는 에우그라피아와 그 밖의 여인들이, 자기들에게 요한이 다음과 같이 노골적으로 언명한 것을 불평했다고 전해 준다. "세월이 여러분을 나이 든 여자로 만든 터에, 어째서 매춘부처럼 이마에 곱슬머리를 살짝 흘러내리게 해 놓고 젊게 보이려 애를 씁니까?"[16]

주교좌 재정 개혁과 소명에 합당치 않게 살아가는 성직자들과 과부들에 대한 제재 조처들은, 요한을 당사자들에게 인기 없게 만들었다. 그러나 요한 주교의 이 조처들을 단지 그리스도인의, 더구나 스스로 한 서원을 지켜야 할 그리스도인의 자세에 관한 그의 엄격한 견해에서 비롯한 것으로만 본다면, 온당치 않다고 하겠다. 또한 그의 예민함 역시 그 모든 것을 설명해 주지는 못한다. 요한은 자신이 부담스럽고 악의적이고 까다로운 사람이라는 인상을 줄 수 있다는 것을 알고 있었다. 요한 주교의 조처들에서는 오히려 자기 주교직의 권위를 높이고 권한을 강화하려는 노력이 상당히 엿보인다. 이것은 요한이 자신의 뜻을 관철해야만 했던 최초의 심각한 충돌들에서 범례적으로 드러난다.

2.4. 최초의 위기들

콘스탄티노플의 수도생활의 기원은 거의 알려져 있지 않다. 이것은 최초의 공동체들이 주교들에 의해 창설되었다는 사실과 관련이 있는데, 이들을 후세인들은 정통 신앙에 부합하지 않는다고 간주했고, 그래서 이들의 활동은 전해 오지 않는다. 요한의 주교 서임 전에 이미, 수도승들과의 충돌이 발생했다. 390년 테오도시우스 황제는 수도승들이 도시 안에 체류하는 것을 금지하는 법령을 반포했으나, 물론 2년 뒤 철회되었다. 요한은 수도首都의 수도승들과, 특히 그들의 지도자 이사악과 여러 가지 문제로 맞섰다. 안티오키아 수도승들을 매우 찬탄하던 요한이 어째서 이제는 수도의 수도승들에게 싸움을 걸었는지 얼핏 이해하기가 힘들다. 그러나 좀 더 자세히 살펴보면, 근본적으로 상이한 두 가지 관념이 충돌했다는 것을 알아차리게 된다. 안티오키아 수도승들은 도시 밖에 살았다. '기둥 폭동' 같은 예외적인 경우에만 일부가 도시로 들어왔다. 이와는 달리 콘스탄티노플에서는 요한 당시에 도시 성곽 안에 수도승 공동체 숫자가 꾸준히 늘어났다. 더구나 금욕 수행을 하는 많은 남자와 여자들이 개인 집에서 공주 생활을 했는데, 둘씩 함께 사는 자들(특히 이들을 요한은 격렬히 공박했다)도 적지 않았다. 수도승들은 거리에서 흔히 만날 수 있었고, 시위 따위에도 참여했으며, 식사 초대도 받았다. 그들의 삶은 요한이 옹호하던 이상들과 크게 상충되었다. 요한은 그들에게 더 이상 거리에 모습을 나타내지 말라고 명령했다. 그러나 수도승들은 요한의 지시에 신경 쓰지 않았다. 그들은 자기네 '아버지' 이사악에게만 순종했다. 이사악은 시리아 출신으로서, 시리아 광야에서 금욕 수행자로 살았다. 어느 날 그는 자신에게 콘스탄티노플로 가라고 지시하는 하느님의 말씀을 들었다고 믿었다. 이사악은 아리우스파에 우호적인 발렌스 황제가 고트족과의 전투를 위해 군대의 선두에 서서 막 떠나려는 참에, 콘스탄티노플에 도착했다. 이사악은 황제에게 달려가 말고삐를 잡고는 소리쳤다. "가톨릭 신자들에게 성당들을 돌려주십시오. 그러지 않으면 당신은 전쟁에서 살아 돌아오지 못합니다!" 발렌스는 이사악을 감금하라 명하고 아드리아노플 지역으로 출정했는데, 전투에 패하고 목숨도 잃었다. 테오도시우스에 의해 감옥에서 풀려난 이사악은 시리아 광야로 돌아가려 했다. 그러나 황제의 두 관리가 그에게 콘스탄티노플에 머물러 달라고 청했다. 그들은 이사악을 위해 성벽 밖에 수도승 암자를 하나 짓게 했다. 여기서 그는 몇 년간 살았다. 도시에서 많은 사람과 제국 관리들, 그리고 테오도시우스 황제까지 직접

삶과 활동 115

이사악에게 찾아와 그의 축복을 청했다. 아무튼 요한 주교와 수도승들의 사부 이사악의 충돌은 불쾌한 일들만 야기했을 따름이다. 요한뿐 아니라 이사악도 성인으로 공경한 뒷세대들에게 두 사람의 싸움은 차라리 고통스러운 일이었다. 그래서 그 싸움을 별일 아닌 듯이 취급했다. 그러나 이 싸움은 두 경쟁자에게 괴로운 후속편을 마련해 놓고 있었다. 요한을 파직할 '떡갈나무 시노드'에서 이사악은 이 주교에 대한 고발장을 직접 작성하여 제출하게 된다.

수도의 수도승들에게 규율을 지키게 하려던 주교의 계획은 실패했다. 요한의 또 다른 노력, 즉 주교의 지도권을 확충하고 교회의 일치를 좀 더 뚜렷이 드러내고자 했던 노력 역시 성과가 거의 없었다. 콘스탄티노플에는 주민의 대다수가 소속된 정통 신앙의 교회 외에, 구성원 숫자는 훨씬 적지만 영향력은 무시하지 못할 노바티아누스파 교회도 있었다. 여기서 3세기 중엽의 상황을 간략히 되돌아볼 필요가 있다. 251년 로마에서 노바티아누스 사제가 코르넬리우스 주교와의 결별을 선언했다. 그는 주교가 데키우스 황제 치세의 박해 때 배교한 신자들을 다시 받아들이는 문제에서 너무 느슨한 입장을 옹호한다고 확신했다. 노바티아누스 추종자들은 그를 대립 주교로 세웠고, 그로써 노바티아누스파 교회가 생겨났다. 그들은 배교의 죄는 다른 대죄들과 마찬가지로, 세례를 받은 이후 범했다면 원칙적으로 용서받을 수 없다는 교설을 아주 강력히 주장했다. 지금 교회의 참회 제도는 신자들을 무책임으로 오도한다는 것이었다. 그들은 '깨끗한 자들'Katharoi이라고 자칭했다. 노바티아누스파가 대교회에서 떨어져 나간 것은 그러니까 규율 문제 때문이었다. 그들은 모든 교의 문제에서는 대교회와 온전히 일치했다. 그런 까닭에 테오도시우스의 법령도 노바티아누스파에게서는, 아리우스의 교설을 따르는 분파들과는 달리,

존립 권리를 박탈하지 않았다. 노바티아누스파는 수도와 그 밖의 도시들에 자기네 성당들을 보유했고, 계속하여 자기네 예배를 거행할 수 있었다. 콘스탄티노플의 노바티아누스파 교회는 시신니우스 주교가 이끌었다. 이 사람은 재치 있기로 유명했다. 시신니우스는 언젠가 당신은 왜 하루에 두 번 공중목욕탕에 가느냐는 힐문을 받고는, "세 번은 건강에 좋지 않으니까"라고 대답했다고 한다. 소크라테스가 전하는 바에 따르면, 요한이 시신니우스와 우연히 마주쳤을 때, 자기 생각으로는 콘스탄티노플에 두 명의 주교는 있을 수 없다고 언명하자, 시신니우스는 침착함과 재치를 잃지 않으며 자기도 똑 그렇게 생각한다고 응수했다. 요한이 화제를 바꾸어 시신니우스에게 설교를 금지시키겠다고 위협하자, 그는 그렇다면 덕분에 무거운 짐에서 벗어날 수 있겠다고 답변했다. 요한은 당신이 정말로 설교를 무거운 짐으로 느낀다면, 당신에게서 설교를 빼앗지 않아야 하겠다고 말하고는 유쾌하지 않은 설왕설래를 끝냈다고 한다.

 콘스탄티노플의 부유한 사람들과도 갈등이 발생했다. 요한이 콘스탄티노플에서도, 아니 그곳에서야말로 더욱 ― 팔라디우스가 쓴 요한 전기의 표현을 인용하자면 ― "부자들을 거슬러 질책의 칼을 휘둘렀기" 때문이다. 티모테오 1서 6장 17절 말씀("현세에서 부자로 사는 이들에게는 오만해지지 말라고 지시하십시오. 또 안전하지 못한 재물에 희망을 두지 말라고 … 지시하십시오")을 내세우며, 요한은 그들에게 겸허하라고 훈계했다. 그는 설교에서 부자들의 흐드러진 연회, 금과 은으로 만든 식기, 상다리 부러질 듯 차린 식탁, 연회석의 푹신한 의자, 예쁘고 어린 하녀들, 악사와 무희들에 관해 자주 이야기했다. 요한의 수사법은, 필경 청중의 대다수는 즐겨 경청했겠지만, 상류층 사람들의 감정을 상하게 하는 언설로 치달았다. 콜로새서에 관한 한 설교를 예로 들자. "여러분은 무엇 때문에 값비싼 옷과 금 장신구로 치장을 합니까? 그런 짓은 영예가 아니며, 걸칠 옷이 아무것도 없는 것보다 더 부끄러운 일입니다. 그런 차림새는 극장 무대에, 배우·어릿광대·무희·투우사에게나 어울립니다. 그리스도인 여성에게 하느님께서는 다른 옷을 주셨습니다. 그리스도의 이름으로 세례를 받은 여러분은 모두 그리스도를 옷처럼 입었습니다"(갈라 3,27 참조). 같은 연속 설교에서 요한은 콘스탄티노플 상류층의 지나친 호사를 신랄하게 비난했다. 이 수도에는 식기와 단지와 향유 병을 금으로 만드는 그리스도인들, 은 요강을 사용하는 여인들이 있었다. 요한은 격노하여 말했다. "여러분은 그런 짓을 부끄러워해야 합니다. 그리스도께서 굶주림에 시달리고 계시는데 여러분은 그런 호사를 누리고 있습니다. 아니 더 옳게 말하면, 그런 미친 짓을 하고 있습니다. 하느님의 모상으로 창조된 당신의 동료 인간이 추위에 얼어 죽습니다. 그런데 당신은 그런 세간살이 따위나 마련하고 있습니까?" 그리고 다른 어떤 대목에서보다 엄격하게 주교는 선언했다. "보시오, 여러분에게 통고해 둡니다. — 이것은 단순한 충고가 결코 아니며, 나의 명령이고

그림 X 콘스탄티노플의 '왕자의 석관(石棺)'. 4세기, 이스탄불 고고학 박물관

지시입니다. 원하는 사람은 순종하고, 원하지 않는 사람은 순종을 거부하시오 — 만일 여러분이 이런 짓을 계속한다면, 나는 그것을 용납하지 않을뿐더러, 여러분을 맞이하지도 않고 여러분이 성당 문턱을 넘어오지도 못하게 할 것입니다!" 요한은 그러나 발생할 수 있는 결과들을 예견하고 있었다. "어떤 사람이 나에게 '그러나 다른 분파들도 있는데, 그런 식으로 하면 사람들이 그쪽으로 넘어간다'고 이의를 제기합니다. 이 항변은 전혀 무의미합니다. 주님의 뜻을 실행하는 단 한 사람이, 그 뜻을 무시해 버리는 수천 명보다 낫습니다." 요한은 권위 있게 말했다. "보시오, 나는 여러분에게 권고하고 명령합니다. 장신구들뿐 아니라 앞에서 말한 그릇 등도 부숴 가난한 사람들에게 주시오. 그리고 그렇게 얼빠진 짓은 그만두시오." 요한은 그러나 간청으로 설교를 끝맺었다. "나는 여러분에게 그렇게 하라고 부탁하며 또 간청합니다. 그렇게만 된다면 기꺼이 여러분에게 무릎을 꿇고 애원이라도 하겠습니다. … 어떤 사람들은 굶주림으로 고통을 겪는데, 다른 사람들은 근사하게 흥정댑니다. 누구는 은 변기에 용변을 보는데, 다른 사람은 빵 한 조각이 없습니다. 이 무슨 미친 짓입니까! 어찌 우리가 이렇게 터무니없이 야비하게 되었습니까! 하느님께서 우리가 이 완고함과 단호히 맞서 싸울 수 있게 해 주시고, 우리의 불의에 마땅한 벌을 거두어 주시기를!"17 요한의 이런 언설은 큰 불쾌감을 불러일으켰고, 사람들은 그가 마땅한 예의의 경계를 벗어났다고 비난했다. 바로 다음 설교에서 요한은 누군가의 마음을 상하게 하는 것은 자신의 의도가 아니었다고, 그러나 공동체의 구원에 대한 근심 때문에 부득이하게 듣기에 언짢은 말도 하게 되었다고 사과했다. 공동체의 부자들 중에서 요한을 비난하는 사람이 갈수록 많아졌고, 그에게 부유한 사람들에 대한 모진 말을 끝까지 그만두지 않을 것인지 따져 물었다.

예루살렘 원공동체의 재산 공유에 관해 서술하는 사도행전 4장 32-35절("신자들의 공동체는 한마음 한뜻이 되어, 아무도 자기 소유를 자기 것이라 하지 않고 모든 것을 공동으로 소유하였다. … 그들 가운데에는 궁핍한 사람이 하나도 없었다. 땅이나 집을 소유한 사람은 그것을 팔아서 받은 돈을 가져다가 사도들의 발 앞에 놓고, 저마다 필요한 만큼 나누어 받곤 하였다")에 관한 설교에서, 요한은 사회복지 유토피아에 관한 생각을 펼쳐 보였다. 우선 요한은 예루살렘 그리스도인들은 불평등이라는 부조리를 자기들 가운데서 몰아냈고, 그래서 온전히 하나 되어 공동생활을 했다고 말했다. 그런 다음 자신의 계획을 밝혔다. 경험으로 익히 알고 있던, 그리고 필경 그 설교 중에도 준동하는 것을 감지했을 터인 저항에 대해서는, 자신은 지금 그저 계획을 한 번 말해 보는 것일 따름이니, 여러분이 행동할 각오가 되어 있지 않기 때문이라는 언급으로 대응했다. "여러분 모두 재산을 팔아, 그 돈을 공동체에 가져와야 합니다." 요한은 토지와 가옥 그리고 다른 재산들을 매각하면, 금 1~3백만 파운드의 금액에 달할 것이라고 어림잡았다. 그리고 이 막대한 금액은, 특히 구호를 공동체가 조직적으로 실행하면, 수도의 가난한 이들을 충분히 먹여 살릴 수 있게 해 줄 것이라고 말했다. 요한은 그런 사업은 하느님의 은총이 더 풍성히 내리게 할 것이라고, 아니 이 세상을 천국으로 만들 수 있을 것이라고 확신하고 있었다. 그런데 요한의 이런 건의가 추구하는 이념들은, 당시 400년경의 크게 달라진 사회에서 고대의 관념들을 되잡은 것이었고, 그래서 효력을 발휘할 수 없었다. 사실 우리는 요한에게서 그의 사회복지 유토피아에 관해 더 이상 들을 수 없다. 한편 부자들은 거듭 힘주어 말하기를, 자기들은 더 이상 교회에 오지 않을 것이니, 왜냐하면 주교가 부자들을 공격할 때마다 모든 사람이 자신들을 돌아보기 때문이라고 했다. 안티오키아에서 요한의 설교와 관련하여 이미 확인했던 사실이 여기서도 통용된다. 요한은 로마제국과 그것의 사회복지적 문제들이라는 광범한 차원에서 사유하지 않았으며, 따라서 사회복지 관점에서 국가 체제의 새로운 조직을 애써 추구하지도 않았다. 사실 그런 사유는 고대 사상의 지평 너머에 있는 것이다. 요한의 유토피아는 근본적으로, 많은 사람이 한솥밥을 먹을 수 있는 개개 가정에서 출발한다. 이 표상을 그는 온 도시에 적용했던 것이다. 물론 요한은 ― 누가 뭐래도 사람들의 선의를 전제하고 있었거니와 ― 자기 유토피아의 실현 가능성을 믿고 있었다.

2.5. 새로운 강조점들

콘스탄티노플에서 요한 크리소스토무스는 계속 발전했다. 여섯 가지 분야에서 새로운 점들을 강조했는데, 그 자신이 안티오키아에서 주장한 관점에 비해 새로웠을 뿐 아니라, 전임자의 신학 및 실천과 견주어서도 새로웠다.

안티오키아 시절 요한은 여성에 관해 자주 부정적으로 언급했다. 처음엔 결혼도 비판적으로 평가했으나, 나중에는 하느님이 선사하신 것으로 받아들였다. 콘스탄티노플에서, 비록 주교로서 여전히 예전의 편견을 종종 반복하고 사치벽, 화장 따위를 질책하긴 했지만, 그의 어조는 또 한 번 바뀌었다. 이 어조 변화는 그에게 매우 중요했던 올림피아스와의 관계와 연관되어 있었음이 틀림없다. 이제 요한은 바오로의 협력자들이었던 프리스카와 포이베의 의의도 예전보다 훨씬 높이 평가했다. 기원전 2세기에 유다교 신앙을 위해 순교한 마카베오 집안 형제들의 어머니가 그에게 한 본보기가 되었다. 결혼에 관해 이제 요한은 공동체에게 그야말로 정겨운 표현으로 이야기할 수 있었고, 남자와 여자가 성행위를 통해 한 몸이 되는 것을 아름다운 비유로 설명해 줄 수 있었다. 그것은 마치 귀한 금이

다른 귀한 금과 함께 녹여져 하나 되는, 또는 몰약이 올리브기름에 용해 되는 것과 똑 마찬가지라고, 그리고 아내는 남편에게서 귀하고 풍요로운 요소를 받아들여 그것에 자양분을 주고 자신의 실체를 더하여 아기를 낳 거니와, 아기는 세 사람을 한 몸으로 묶어 주는 다리와 같다고.

안티오키아에서 요한이 유다주의적 그리스도인들과 유다인들을 공박 하면서 내뱉었던 비방들이, 콘스탄티노플에서는 크게 줄어들었다. 이것 은 콘스탄티노플의 유다인 공동체는 세력이 훨씬 약했고, 따라서 안티오 키아에서처럼 많은 사람의 마음을 끌지 못했다는 사실과 관련이 있었음 이 틀림없다. 그리고 콘스탄티노플에서는 그리스도인들과 유다인들의 관계가 안티오키아에서와는 달랐다는 사실도 덧붙여야겠다. 여기서는 이미 요한의 주교 서임 전에, 유다인에게 우호적인 일련의 법령이 반포 되었다. 그리고 유다인들에 관한 대체로 부정적인 언설들 외에, 긍정적인 언설도 들을 수 있었다. 훗날 교황 인노켄티우스 1세(재위 402~417)에게 보낸 서간에서, 요한은 자신의 부당한 해직을 그리스도인들만이 아니라 유다인들과 이교인들도 한탄했다고 썼다.[18] 첫 번째 유배에서 돌아온 뒤 에 요한은 한 설교에서 이렇게 강조할 터였다. "전에는 내 사람들만이 나 를 사랑했으나, 이제는 유다인들도 나에게 경의를 표합니다."[19] 그리고 히 브리서에 관한 설교들(그의 마지막 설교들에 속함)에서는, 곤궁한 사람들에 대 한 도움이 종교들의 경계선 앞에서 멈추면 안 된다고 말했다. 곤궁한 사 람들은, 이교인이건 유다인이건 하느님께 속한다는 것이었다. 그가 무신 론자라 할지라도 도움이 필요하다고 했다.[20] 신학적으로 결정적인 것은, 요한 크리소스토무스가 이미 안티오키아에서 로마서 9-11장을 해설하 면서, 여덟 편의 『유다인 반박 연설』에서의 극단적 언설들과는 반대로, 이 스라엘의 선택의 항구성을 고수했다는 사실이다.

요한은 안티오키아 교회 사제 시절 자기 교회가 매여 있는 부의 사슬을 거듭 한탄했다. 그는 성직자들이 하느님께 속죄하고 성경을 읽고 기도하고 가난한 이들을 보살피는 자기들 본연의 사명을, 엄청난 교회 재산의 관리로 말미암아 생겨난 문제들 때문에 자칫 소홀히 할 수 있는 위험성을 보았다. 신자들이 직접 가난한 이들을 도와주는 편이 더 나을 터였다. 이것을 요한은 청중에게 거듭 새삼 촉구했다. 신자들은 넉넉히 베풀어야 하며, 청하는 사람이 정말로 자선이 필요한가 따위를 요모조모 따져 보지 않고 주어야 한다. 사실 우리에게 다가와 간절히 부탁하는 가난한 이들 안에서 우리는 그리스도를 만나는 것이다. 미심쩍은 자에게도 일단 적선을 하는 것이, 가난한 이들 안에 계신 그리스도를 몰라보는 것보다 낫다. 안티오키아 시절 요한을 이끌었던 이 근본 확신들이 그로 하여금 콘스탄티노플에서 처음부터 재정의 맥락들에 대한 통찰력을 발휘하고, 돈의 가치도 매우 잘 알게 했으리라고 추측해선 안 될 것이다. 그것은 관점의 전환과 결부된 일이었음이 확실하다. 안티오키아에서 요한은 설교자로서, 가난한 이들의 대리인으로 자처했으며 그들에 대한 도움을 매우 일방적으로 촉구했다. 그러나 이제 제국 수도에서 요한은 교회 재정에 대한 최종 책임을 지고 있었다. 게다가 여기서는 그가 그 시리아 속주의 수도에서 통탄했던 파행적 전개 과정이 더 심각하게 진행되었다. 교회가 아주 부유한 기관이 되어 버렸던 것이다. 개인들의 구호 활동은 줄어들었다. 구빈원, 병원, 고아원 등도 총괄하는 주교로서 요한은 관리자, 의사, 간병인, 조리사, 장인 들의 임금을 지불하고, 필요한 투자, 수리비, 예비비, 그 밖의 경비를 마련하기 위해서는 큰 금액을 재량껏 사용할 수 있어야 함을 잘 알고 있었다. 요한은 개인 희사자들에게, 꼼꼼히 살펴보지 않고 돈을 물 쓰듯 퍼주지 말라고 충고했다(앞에서 이 문제와 관련하여 올림피아스에게 영향력을 행사한 일에 관해 언급한 바 있다).

요한은 또한 — 안티오키아 시절의 활동과 비교해서뿐 아니라 동시대인들과 견주어서도 새로운 강조점이거니와 — 선교에 아주 큰 관심을 기울였다. 우리가 듣기로, 그는 트라키아 지방의 농부들에게 복음을 선포하기 위해 애를 썼다. 요한은 자기 설교 공동체의 대토지 소유자들에게, 그들의 땅에 가게, 공중목욕탕, 여관 따위를 짓지 말고 성당을 건립하여 사제를 한 사람 두라고 권면했다. 그렇게 하여 그리스도 신앙을 위해 시골 사람들을 얻어야 한다는 것이었다. 주교의 열정은 그러나 거기서 멈추지 않았다. 요한은 아직 사람들이 왕래하던 신전들의 폐쇄를 겨냥한 계획들을 뒷받침했다. 널리 알려진 사례인 가자의 신전과 관련된 사건은 나중에 상세히 다룰 것이다. 요한은 이로써 두 가지 목표를 달성하고자 했다. 첫째, 옛 종교 신봉자들을 그리스도인으로 만들고자 했다. 둘째, 그로써 또한 자기 주교좌의 영향력을 확장하고자 했다. 고트인들이 요한의 선교 노력의 주된 목표였다. 그들은 아직 이교인이거나 아니면 아리우스파 그리스도인이었다. 고트인들은 공식 교회가 아리우스 교설을 따르던 시대에, 그들에게 파견된 동족 울필라스(311~383)를 통해 처음으로 복음을 접했다. 요한 당시에 콘스탄티노플에는 많은 고트인이 살고 있었다. 요한은 그들에게 성당 하나를 지정하여, 그들의 말로 설교를 할 수 있게 해 주었다. 그 성당에서 거행되는 미사와 설교는 정통 신앙을 따랐고, 고트인들이 참신앙으로 귀정歸正하는 데 기여하게 된다. 이 과업에 진력한 요한은 종종 그 성당 미사에 참석했고, 한 번은 고트인 사제의 설교가 끝난 뒤 몸소 발언을 했는데, 그리스인과 고트인이 함께 모인 것을 칭송하고, 아브라함과 모세와 동방박사들 역시 야만인 땅 출신이라는 사실을 강조했다. 고트인들에게 쏟은 노력은 콘스탄티노플 사람들의 주목을 받게 되었다.

얼마 지나지 않아 주교는 고트인들의 친구로 통했다. 요한은 콘스탄티노플에 고트인 수도승들을 위한 수도원을 하나 건립했고, 여기서 고트인 사제들이 양성되었다. 요한은 우닐라라는 이름의 고트인 사제를 주교로 서품하고, 크림반도의 고트인들 가운데서 활동하도록 했다. 또한 요한은 페르시아에 있는 그리스도인들의 운명에도 관심을 기울였다. 399년 사제이자 의사인 마루타가 황제의 사절로 새 군주 야즈데게르드 1세에게 파견되었다. 마루타는 이 대왕을 설득하여, 그리스도인들에게 관용적 태도를 취하고, 나아가 성당 건축까지 허락하게 만들었다. 요한은 훗날 유배가는 도중에도 선교 문제에 마음을 쓰게 된다.

   요한은 콘스탄티노플 주교로서 전례를 강력히 꼴지었음이 확실하니, 그러지 않았다면 정교 성당들의 중심 전례가 오늘에 이르기까지 그의 이름을 따서 지칭되는 까닭이 설명되지 않는다. 요한이 안티오키아 전례의 기본 구성 요소들을 콘스탄티노플로 가져왔다고 생각해도 틀리지 않을 것이다. 그것의 특성들은 앞에서 언급한 바 있다. 수도의 정교 전통은 요한의 주교 서임 당시만 해도 거의 꼴지어지지 않았다. 아리우스파의 전통은 계승되지 못했다. 그리고 전직 국가 관리였던 넥타리우스 주교는 전례의 쇄신에 크게 기여하지 못했을 것이다. 아무튼 우리는 통상적인 주일 전례에 대한 요한의 영향보다는, 전례와 관련된 그의 특별한 조처들에 관해 더 충실한 정보를 가지고 있다. 우리는 앞에서 한밤의 행진들과 그때 부른 교성交聲 합창에 관해 언급했다. 또한 순교자들의 성유물을 장엄하게 운반한 행렬에 관해서도 언급했다. 이 행진들을 통해 요한은 군중을 열광시킬 수 있었다. 수천 명이 거기에 참여했다. 이는 도시 밖에 있는 성당들에서 거행되던 미사에도 해당된다. 그곳까지 행렬을 이루어 함께 걸어가거나, 배를 타고 보스포루스 해협을 건너서 왔다.

새로운 강조점들을 다루는 이 장에서 끝으로, 요한이 다양한 조처를 통해 수도 주교좌의 권력과 명망을 확대하려 애썼다는 사실을 지적해야겠다. 그로써 콘스탄티노플 주교좌는, 제국 수도의 주교좌는 로마 주교좌 다음의 둘째 주교좌라고 규정한 381년 콘스탄티노플 공의회의 결정에 부합하게 되었다. 물론 공의회는 그 결정으로부터 교회법적 결론들을 이끌어 내지는 않았고, 또 주교의 재치권을 새로이 조정하지도 않았다. 이것이 장차 문제들을 야기할 터였다. 알렉산드리아 교회는 그때까지 동방에서 누린 우월한 지위가 위협받는다고 느꼈다. 콘스탄티노플 주교의 막강한 영향력은 황제를 가까이서 접촉한다는 사실에서 비롯했다. 이런 상황으로부터, 장차 큰 중요성을 획득하게 될 하나의 제도가 넥타리우스 주교 시절에 생겨났으니, 바로 '주재자 시노드'다. 수도에 체류하고 있는 주교들 — 통상 20~30명을 헤아렸다 — 이 콘스탄티노플 주교에 의해 소집되어, 신학적 문제들을 토론하고 교회정치적 결정들을 내렸다. 요한 크리소스토무스는 이 기구를 강화·확장했다. 이로써 그는 황제와 제국 동방의 주교들 사이에서 없어서는 안 될 중개자가 되었다. 그리고 요한은 이런저런 개혁들을 주교가 관장토록 했는데, 편제의 정비와 충실한 재정 감독 등의 결실을 낳았다. 교회의 구빈원과 그 밖의 사회복지사업들도 주교 휘하 관리국이 직접 총괄했다. 또한 요한은 선교에 진력함으로써, 자기 주교좌의 영향력을 재치권의 경계 멀리 너머까지 확대했다. 소아시아까지 장거리 여행을 하여 그곳 교회 상황을 해결하기도 했는데, 이에 관해서는 나중에 좀 더 상세히 이야기할 것이다. 그러나 다른 조처들은 성공을 거두지 못했다. 수도승들은 규율을 지키게 하려던 요한의 시도들을 거부했고, 일시적으로는 노바티아누스파도 그랬다.

2.6. 에우트로피우스의 실각

요한 크리소스토무스를 콘스탄티노플 주교로 만든 사람은 사실상 황궁 시종장 에우트로피우스였음을 상기하자.[21] 395년 11월 루피누스가 살해된 뒤, 황제는 그의 영향력 아래 있었다. 황제는 이 시종장이 자신에게 내미는 모든 서류에 서명했다. 에우트로피우스는 사실상 홀로 통치하던 시기에, 교회가 고유의 특전들 중 몇 가지를 이용하여 국가권력의 개입과 체포를 받지 않는 면책 구역을 확보하려는 것을 저지하고자 했다. 398년 7월 27일에 반포된 법령은 특히, 상정할 수 있는 이런저런 남용을 방지하기 위해, 교회로 도피해 온 사람의 피보호권을 제한한다고 규정했다. 한편 에우트로피우스의 명성은, 아르메니아의 훈족과의 전투에서 승리함으로써 더욱 높아졌다. 399년 에우트로피우스는 집정관Konsul에 임명되었다. 그는 내시로서는 최초로 이 최고 관직에 올랐다. 동방 어디서나 에우트로피우스를 칭송했다. 공공 광장들에, 콘스탄티노플의 원로원 앞에도, 에우트로피우스에게 경의를 표하기 위해 그의 입상이 세워졌다.

그러나 399년 8월, 상황이 변동하기 시작하여 매우 급속히 진행되었다. 에우트로피우스의 추락은 그의 출세보다 더 가팔랐다. 무수한 그의 동상 가운데 단 하나도 남아 있지 않으니, 에우트로피우스가 황제의 노여움을 산 뒤 그것들은 죄다 '기록 말살형'damnatio memoriae에 처해졌다. 에우트로피우스 실각의 핵심 주동자는 가이나스였다. 방금 언급한, 훈족에게 대승을 거둔 전투에는 트리비길트가 지휘한 동고트족 군대도 참여했었다. 그러나 그들은 승전 이후 받은 보상에 크게 실망했다. 동고트족은 무엇보다도 제국의 동맹자라는, 정치적으로 더 확실한 지위로의 격상을 기대했었다. 에우트로피우스와의 협상은 결렬되었고, 399년 봄 반란이 일어났다. 에우트로피우스는 2개 군단을 동원하여 반도들을 진압하게 했는데, 한 군단의 지휘는 가이나스에게, 다른 한 군단의 지휘는 자기 친구인 레오에게 맡겼다. 그런데 레오가 패전한 뒤 에우트로피우스에게 전군에 대한 명령권을 넘겨받은 가이나스는, 트리비길트를 공격할 작전은 전혀 펼치지 않고 오히려 그와 비밀리에 담합을 했다. 가이나스는 콘스탄티노플로 전령을 보내, 트리비길트가 수도를 공격하겠다고 협박하는데, 한 가지 조건만 들어준다면 반란을 기꺼이 그만둘 것이라고 전하게 했다. 그런데 그 조건이라는 게 에우트로피우스의 제거였다. 가이나스가 그렇게 한 동기는 분명히 밝혀낼 수 없다. 아마도 최고의 장군인 자신이 아직 최정상의 정치적 직책에 오르지 못한 데 대한 실망이 상당한 구실을 했던 것 같다. 또한 많은 돈이 필요했다는 사정도 한몫을 했을 것이다. 가이나스는 제 돈으로 봉급을 지불해야 하는 개인 군대를 가지고 있었다. 에우트로피우스를 제거하라는 요구는, 마침 그의 명성이 정점을 지난 시점에 수도에 도착했다. 친구 레오가 투옥될 수밖에 없게 만든 비참한 패전은 에우트로피우스의 위신을 크게 손상시켰다. 그 내시를 줄곧 경멸했으나 감히 드러내지는 못했던 원로원파가 이제 움직이기 시작했다. 요한 주교는 에우트로피우스가 교회를 거슬러 법령을 제정했었기 때문에 그와 거리를 두었다. 에우트로피우스는 마침내 황후의 지지마저 상실했는데, 그녀는 황제에 대한 그의 영향력이 갈수록 커져 가는 것을 꽤 오래전부터 시기와 의심으로 주시하고 있던 터였다. 이런 상황 변화를 결정적으로 초래한 것은 에우트로피우스가 경솔히 내뱉은 말이었음이 분명한바, 그는 자기가 황후를 간단히 황궁에 들여놓은 것처럼 그녀를 간단히 내칠 수 있다고 말했다 한다. 이 멍청한 말을 누군가 에우독시아에게 까바쳤다. 그녀는 두 딸을 팔에 안고 남편에게로 가서, 그 시종장의 안하무인을 쓰라리게 통탄했다. 아르카디우스 황제는 불같이 격노하여 에우트로피우스를 자기 앞에 대령시키라 명령하고는 그를 '간단히' 파직해 버렸다. 황궁에서 나온 에우트로피우스는 주교좌대성당으로 도망쳐 와서는 제단에 들러붙었다. 교회로의 도피권을 제약했던 바로 그 사람이, 이제는 교회의 보호에 목을 맸다. 모두가 두려워하던 무소불위 시종장의 실각 소식은 바람처럼 빨리 퍼져 나갔다. 성 소피아 대성당은 막강한 권력자의 몰락을 고소해하는 호기심 많은 구경꾼들로 금방 가득 찼다. 장교들이 성당으로 와서 에우트로피우스를 체포하려 했다. 급히 자기 성당으로 달려온 요한은 그를 넘겨주기를 거부했다. 장교들은 감히 강제력을 사용하지 못했다. 그동안 황궁 앞에는 군대의 단위 부대들이 집결하여, 자기네 전우들이 트리비길트와의 전투에서 절멸한 책임을 져야 할 자의 죽음을 큰 소리로 요구했다. 아르카디우스가 나타나, 실각한 자의 더러운 행위들만 보지 말고 국가를 위한 그의 명백한 공로를 인정해 줄 것을 부탁하고, 교회로의 도피권은 불가침적이라는 것을 설명했다. 다음 날인 399년 7월 말 어느 일요일에도 같은 장면이 반복되었다. 다시금 성당은 사람들로 가득 찼다. 남녀노소 가릴 것 없이 모두 에우트로피우스를 한 번 보고 싶어 했다. 평소에는 제단을 대중의 시선으로부터 가려 주던 장막이 걷혀 있었다. 에우트로피우스는 얼굴이 잿빛이 되어 제대 다리에 달라붙어 있었다. 군중은 병사들이 와서 그를 제단에서 떼어 낼까 기다렸다. 그때 요한 크리소스토무스가 주일미사 집전을 위해 성당에 들어왔다. 시간이 되자 요한은 독서대에 올라, 고대 말엽의 가장 유명한 설교 중의 하나를 시작했다.[22] 요한은 코헬렛의 말씀을 인용하는 것으로 설교를 시작했다. "허무로다, 허무! 모든 것이 허무로다'(코헬 1,2). 이 말을 우리는 언제나, 그러나 특히 지금 여기서 할 수 있겠습니다. 집정관의 그 찬연하던 영광은 지금 어디에 있습니까? 빛나던 광휘, 환호와 박수갈채와 찬미가, 축하연과 송사는 지금 어디 있습니까? 꽃다발과 값비싼 양탄자, 떠들썩한 도시의 갈채, 경기장에서의 충성 맹세와 관중의 아첨은 도대체 어디에 있습니까? 그 모든 것이 사라져 버렸습니다! 사나운 폭풍이 나무의 잎들을 떨어뜨렸고, 뿌리까지 흔들어 댔습니다. 자칭 친구라는 사람들, 술 잔치와 연회, 우글거리던 식객, 날마다 넘쳐흐르던 순정한 포도주는 지금 어디에 있습니까? 요리사들의 솜씨, 권력 앞에서 연신 굽실대던 자들, 그가 원하는 것은 무엇이든 행하고 말하던 자들은 도대체 지금 어디에 있습니까? 그 모든 것이 한밤의 꿈이었습니다. 이제 날이 밝았고 꿈은 사라졌습니다. 그것은 봄과 함께 사라진 봄꽃, 꺼져 버린 그림자, 흩어진 연기, 터져 버린 비눗방울, 찢긴 거미줄이었습니다. 그런 까닭에 나는 성령의 말씀을 거듭 새삼 되풀이하지 않을 수 없습니다. '허무로다, 허무! 모든 것이 허무로다.'" 이어서 주교는 직접 실각한 집정관을 향하여, 부富는 신의를 알지 못하며 아첨꾼들은 믿을 수 없다고 자신이 그에게 거듭 경고한 사실을 상기시켰다. "그대가 부당하게 취급한 교회는 그러나 기꺼이 문을 열고 당신을 받아들였습니다." 요한은 그 순간을 이용하여, 몰락한 사람을 보기로 들어 청중에게 훈계를 했다. 그의 목적은 실각한 사람을 모욕하자는 게 아니라, 청중이 더 이상 헛된 재화에 매달리지 않도록 힘을 주자는 것이었다. "이제 부자들은 여기 와서 가르침을 받아야 합니다. 그 앞에서 온 세상이 두려워 떨던 이 남자를 지금 여기서 보는 사람들은, 그가 그 높은 곳에서 추락하여 여기에 웅크리고 앉아 토끼나 개구리보다 더 무서워하며 두려움이라는 사슬로 자신을 제단 다리에 묶어 놓고 있는 것을, 그 온갖 교만함과 우쭐댐을 버리고 두려워 떨며 인간의 참된 행복과 가치를 배우고 있는 것을 보는 사람들은, 여기서 성경의 저 말씀이 이루어졌음을 깨닫게 될 것입니다. '모든 인간은 풀이요, 그 영화는 들의 꽃과 같다. 주님의 입김이 그 위로 불어오면, 풀은 마르고 꽃은 시든다'(이사 40,6-7)." 설교 말미에 요한은 그 불행한 사람을 측은하게 여겨 줄 것을 청중에게 부탁했다.

오늘날의 독자들에게는 이상하게 여겨지려니와, 요한은 이 설교 어디서도 정치 상황에 관해 언급하지 않았다. 이것은 가능한 한 정치적 충돌에 개입하지 않으려는 그의 노력에 부합하는 일이었다(그러나 이 노력은 갈수록 성공하기 어려워진다). 소크라테스와 소조메누스의 보고에 따르면, 몇몇 사람은 주교의 설교를 나쁘게 받아들였다. 몰락한 자에게 동정심을 보이지는 않고, 그를 또 한 번 짓밟았다는 것이었다. 그러나 이 비판자들은 요한이 이를테면 매우 모험적인 한판 승부를 벌여야 했다는 것을 알아채지 못했다. 요한이 에우트로피우스에게서 도피권을 빼앗지 않았고, 또 체포를 막아 준 사실이 비난을 받았었다. 그래서 그는 에우트로피우스를 모질게 질책하고, 그의 굴욕적인 처지를 노골적으로 지적할 수밖에 없었던 것이다. 요한의 책략은 성공을 거두었다. 에우트로피우스는 목숨을, 적어도 몇 달간은 건졌다. 그는 며칠 더 성당에 머무르다 키프로스로 유배를 떠났다. 8월 17일 새 최고 행정관 아우렐리아누스에게 내려진 칙서가 공포되었는데, 에우트로피우스가 취한 조처는 모두 무효화하고 그의 전 재산은 황실 재산으로 압수하며 그 실각한 자의 모든 동상과 그림을 공공장소에서 철거토록 명령했다. 그러나 에우트로피우스의 적들은 그의 유배로는 만족하지 못했다. 가이나스와 수도의 고위층 인물들은 유배된 자를 거슬러 사람들을 선동했다. 그들은 그의 죽음을 원했다.

에우트로피우스의 목숨을 애써 — 일시적으로 — 구한 요한의 성공이 그에게 영예를 가져다주지는 않았다. 이는 특히 수도의 영향력과 권세 있는 동아리들의 관점을 염두에 두고 하는 말이다. 요한은 앞에서 발췌 인용한 설교 한 달 남짓 지나, 그들에게 설교를 하게 되었다. 그는 다시 한 번

막강했던 시종장의 추락을 실마리 삼아 부자와 권세가들에게 훈계를 했다. 에우트로피우스의 운명은 부가 얼마나 의지할 수 없는 것인지를, 재물 덕분에 생긴 친구 관계가 얼마나 믿지 못할 것인지를 분명히 보여 준다는 것이었다. 이것은 바로 에우트로피우스의 예전 친구들의 행태가 실증해 준다고 했다. 그들은 얼마 전만 해도 에우트로피우스의 건승을 기원하며 건배했는데, 이제는 그를 죽일 계획을 꾸미고 있다고. 바로 이 발언이 요한과 그가 꼬집어 지칭한 부유한 자들을 서로 결정적으로 소원해지게 만들었다고 생각해도 틀리지는 않을 것이다.

에우트로피우스를 죽일 궁리를 하던 유력 인사들 가운데는 황후도 포함되어 있었다. 그런데 요한은 이 시기에 콜로새서에 관한 한 설교에서 그녀에 대해, 만일 온갖 장신구로 치장을 한 황후와 사슬에 묶인 사도 바오로가 동시에 교회에 들어선다면 모든 사람의 눈길은 사도에게 향할 것이라고, 인간이라기보다는 천사라고 해야 할 바오로 같은 사람은 그렇게 세련되게 치장한 여인보다도 더 훌륭한 구경거리라고 노골적으로 말했다. 이 말을 전해 들은 에우독시아는 그리스도인으로서 그 비교에 크게 반감을 가질 수는 없었는데, 아무튼 거의 마음에 느낀 바가 없었던 것은 확실하다.

2.7. 요한과 고트인들

에우트로피우스가 추락함으로써, 가이나스의 가장 중대한 요구는 충족되었다. 가이나스의 중재로 트리비길트와 황제 간에 협정이 이루어졌다. 협정은 수도가 야만인들의 침략을 받을지도 모른다는 불안에서 일단 벗어나게 해 주었다. 그러나 그 협정은 다른 한편으로는 가이나스와 그의 군대에게의 노골적 의존을 의미했다. 새 최고 행정관 아우렐리아누스는 딜레마에 빠졌다. 한편으로 그는 실각한 에우트로피우스 추종자들의 무언의 저항을 받아야 했고, 다른 한편으로는 가이나스에게 협력하지 않을 수 없었다. 에우트로피우스가 실각한 이후 몇 달은 잡다한 파당들 간의 격렬한 싸움으로 날이 지샜다. 마침내 아우렐리아누스가, 또 그로써 에우트로피우스의 극렬한 적들이 자기네 뜻을 관철했다. 399년 말 에우트로피우스는 키프로스에서 칼케돈으로 이송되어 아우렐리아누스가 관장하는 법정에 세워졌고, 짧은 심리에 이어 사형 판결을 받은 뒤 목이 잘렸다.

아우렐리아누스는 400년 집정관이 되었다. 필경 그의 조언에 따라, 아르카디우스 황제는 400년 1월 9일 에우독시아에게 '아우구스타'Augusta (尊者)라는 칭호를 수여했다. 이로써 그는 콘스탄티누스 이래 황제들이 준수하던 관습을 따랐다. 에우트로피우스의 실각으로 이미 강력해진 아르카디우스에 대한 에우독시아의 영향력은 그로써 더욱 증대되었다. 앞에서 언급한 황후의 심복인 측신側臣(Comes) 요한도 영향력이 커졌다. 그런데 처형된 에우트로피우스의 적들이 맛본 승리의 기쁨은 오래가지 못했다. 아우렐리아누스와 가이나스의 협력 관계는 그 목적을 달성했으나, 곧 깨어졌다. 가이나스는 이미 399/400년 겨울 다시 트리비길트와 접촉했다. 그들의 군대는 함께 제국의 소아시아 지방들에 대한 기습 공격을 시도했다. 그리고 400년 4월 두 사령관의 군대들은 연합하여 콘스탄티노플로 진군했다. 트리비길트는 람프사쿠스 부근의 헬레스폰투스(다르다넬렌)에 진을 치고 가이나스는 칼케돈에 진을 쳤는데, 수도 콘스탄티노플이 거의 보일 정도의 거리였다. 바야흐로 공포가 번져 나갔다. 황제가 사자를 가이나스에게 보냈다. 그러나 이 사령관은 그와 협상하기를 거부하고, 대신 협상 전에 충족시켜야 할 두 가지 요구 조건을 제시했다. 첫째, 황제가 직접 올 것. 둘째, 우리가 익히 알고 있는 세 남자 — 최고 행정관 아우렐리아누스, 측신 요한 그리고 명망 높은 장군 사투르니우스(테오도시우스 치세에 서고트족과 싸웠고, 그에게서 집정관 직책으로 포상을 받았다) — 를 자신에게 넘겨줄 것. 세력 관계를 고려하건대, 아르카디우스에게는 다른 선택의 여지가 없었다. 그는 세 사람을 넘겨준 다음, 보스포루스 해협을 건너가 칼케돈 인근의 장려한 성녀 에우페미아 성당에서 가이나스와 만났다. 여기서 가이나스는 황제를 정중히 대했으나, 가혹한 요구를 들이밀었다. 첫째, 세 볼모를 자기 뜻대로의 처벌에 맡길 것. 둘째, 가이나스 자신을 제국 군대의 총사령관으로 확증해 줄 것. 끝으로, 자신에게 군대와 함께 콘스탄티노플에서 숙영할 권한을 부여해 줄 것.

    도성 사람들은 볼모들 목숨을 걱정했는데, 새 최고 행정관 카이사리우스가 가이나스에게 그 세 사람을 처형하라고 부추기고 있었기 때문에 더욱 그러했다. 카이사리우스는 아우렐리아누스의 형제인데, 최고 직책을 차지하기 위한 경쟁에서 패배했었다. 그는 아우렐리아누스가 살아 돌아온다면, 필경 자기 직책을 다시 넘겨주어야 할 것을 걱정했다. 바야흐로 요한 크리소스토무스의 시간이 오고 있었다. 이 어려운 상황에서 황궁은 그에게 의지했다. 요한은 이미 오래전에 계획한 에페소 여행을 막 떠나려던 참이었다. 에페소 교회의 골치 아픈 문제들을 해결해야 했던 것이다. 최초의 통지에서 황궁은 여행을 포기해 달라고 요청했다. 마침내 요한은, 가이나스에게 가서, 세 사람을 살려 두도록 그를 감화시켜 달라는 부탁을 받았다. 이로써 요한은, 본디 전혀 정치적으로 사유하는 사람이 아니었지만 심각한 정치의 중심에 서게 되었다. 그는 보스포루스 해협을 건너가 가이나스를 만났다. 몇몇 사령관의 단호한 반대를 무릅쓰고 끈질긴 협상을 벌인 결과, 요한은 가이나스가 볼모들의 목숨은 손대지 않게 하는 데 성공했다. 그 남자들이 어떻게 가까스로 죽음에서 빠져나왔는지를 알려 주기 위해, 가이나스는 자신의 새하얗게 번쩍이는 칼로 그들을 건드렸다. 가이나스는 볼모들을 유배 보냈으나, 그들의 재산은 그대로 두었다.

400년 4월 말 가이나스가 약 3만 5천 명을 이끌고 콘스탄티노플에 진입했다. 이 전해 오는 숫자는 아무래도 너무 많거니와, 필경 군인들뿐 아니라 여자들과 아이들 숫자까지 포함한 것이라 하겠다. 왜 가이나스는 그의 권세의 정점이자 동시에 몰락의 시작이 될 터인 도성 점령을 결심했을까? 거기엔 그래야만 고트족 군대들의 유지, 그리고 수도의 정치 무대에 대한 통제가 보장된다는 판단이 큰 몫을 했음이 확실하다. 그러나 더 중요했던 것은 필경 병사들의 열망이었으니, 그들은 더 이상 수도가 눈에 보이는 곳에서 야영만 할 것이 아니라, 최소한 얼마 동안이라도 도성의 쾌적하고 부유한 생활에 한몫 끼고 싶었던 것이다. 가이나스는 무력한 황제를 폐위할 생각은 하지 않았고, 계속하여 황제를 매우 정중히 대했다. 그의 목적은 아마도, 반달족 출신 장군 스틸리코가 서방에서 하고 있는 것과 비슷한 역할을 동방에서 하는 것이었다고 하겠다. 군사석으로 가이나스는 정세의 지배자였으니, 콘스탄티노플에는 정규군도 없었고 황제 친위대는 저항을 도모하기에는 숫자상으로 너무 미미했다. 그러나 고트인들의 실제 형편은 어려웠으니, 그들은 도시 곳곳에 흩어져 적대적인 주민들 가운데서 무리 지어 살고 있었다. 요한 크리소스토무스는 한 설교에서 두려움, 불신, 상호 비방의 분위기를 매우 상세히 묘사했다. 심지어 내란에 관해서도 말했는데, 가이나스가 로마군의 최고 장군이었고 그의 부대가 그의 사병대私兵隊와 더불어 로마 군대의 중추였음을 고려하건대, 그 표현은 정당했다고 하겠다. 한편 이제 소수 집단인 아리우스파가 콘스탄티노플에서 활기를 띠기 시작했고, 아리우스의 교설을 따르던 가이나스와 접촉함으로써 상황은 더 복잡해졌다. 가이나스는 아리우스파였기에 수도 안에서는 미사에 참례할 수 없었고, 도성 밖에 있는 한 성당으로 가야만 했다. 가이나스가 자신과 같은 지위의 사람으로서는 체통이 손상된다고 느낀 이 상황, 게다가 여러 병영에 흩어져 있는 부대들의 집결 장소가 꼭 필요하다는 생각이, 가이나스로 하여금 도성 안에 아리우스파의 성당 하나를 요구하게 했다. 이 요구로 말마암아 가이나스와 요한 크리소스토무스가 두 번째로 만나게 되었다. 황제는 원칙적으로 이 고트인의 바람을 기꺼이 들어주고자 했다. 그러나 그러기 위해서는 주교의 동의가 필요했다. 그래서 황제는 요한을 초대하여, 그가 동의해 주기를 요청했다. 그러나 요한은 그 부당한 요구를 단호히 거부하고, 황제에게 자신이 가이나스와 담판할 수 있게 해 달라고 요청했던 것이다. 이 담판에서 가이나스는 자기의 요구를 다시 개진했다. 여러 명의 주교를 대동한 요한은, 황제의 이름으로 거부 의사를 표명했다. 그러자 가이나스는 로마 장군으로서 자신의 공헌을 거론하며 요구를 반복했다. 하지만 요한은 여전히 거부하며, 가이나스가 그의 눈부신 출세를 가능케 해 준 사람들에게 배은망덕한 것을 질책했다. 가이나스는 누가 뭐래도 테오도시우스에게 충성을 맹세했는데, 어떻게 이제 와서 그의 아들에게 아버지가 만들어 놓은 법령 — 아리우스파는 도성 안에 성당을 가질 수 없다 — 을 어기라고 강요할 수 있느냐는 것이었다. 수사학적으로 교묘하게 요한은 아르카디우스를 겨냥하여, 믿지 않는 자들에게 하느님의 집을 넘기느니 차라리 황제 자리에서 내려오는 것이 그나마 품격을 지키는 일이 되리라고 선언했다. 전해 오는 이야기들은 이 대목에서 중단되는데, 아무튼 가이나스가 여기서 자신의 요구를 거두어들였음은 분명하다.

이 일은 당연히 전체 상황에 영향을 주었다. 요한은 수도에서 명망이 높아졌고, 반대로 가이나스는 부하들에게 체면이 깎이는 것을 감수해야만 했다. 그의 병사들은 도성 안에서 약탈을 시작했는데, 특히 환전상들의 탁자를 노렸다. 그들은 황궁 습격도 여러 차례 시도했다. 가이나스의 권위는 크게 손상되었다. 이런 상황에서 그는 7월 둘째 주에, 콘스탄티노플을 떠나기로 결심했다. 선발대와 함께 가이나스는 헤브도몬으로 행군하여, 세례자 요한의 머리가 공경되고 있는 성당에서 기도하려고 했다. 본대本隊는 사람들의 이목을 끌지 않고 뒤따라 올 예정이었다. 도성에서 약 10킬로미터 떨어진 헤브도몬에는 군사 훈련장과 막사를 갖춘 마르스 연병장이 있었다. 여기서 가이나스는 부대들을 새로이 편성하고자 했다. 그런데 고트인들이 철수할 때 우발적 사건이 발생했다. 한 여자 거지가 철수하는 고트인들에게 욕을 하자 병사들이 그녀를 죽이려 했다. 성문 경비대가 개입했고 백병전이 벌어졌다. 고트인들의 반 이상은 이미 성문 밖으로 나갔고 성 안에는 몇천 명이 남아 있었다. 성문들이 닫혔고 오랫동안 쌓여 온 고트인들에 대한 군중의 분노가 곧장 폭발했다. 고트인들은 혼자건 작은 무리건 눈에 띄기만 하면 맞아 죽거나 크게 다쳤다. 본대 ─ 자료에 의하면 7천 명인데, 부풀려진 숫자임이 확실하다 ─ 는 정통 신앙의 미사를 고트어로 집전할 수 있도록 요한 크리소스토무스가 지정해 주었던 성당으로 피해 들어가, 거기서 보호받을 수 있기를 바랐다. 그러나 황제가 성당을 불태우라는 명령을 내렸다. 지붕이 벗겨지고, 불타는 횃불들이 성당 안으로 던져졌다. 400년 7월 12일의 이 고트인 집단 학살과 성당 파괴를 요한 크리소스토무스는 무서운 범죄로 여겼다. 이 사건은 요한에게, 유배된 아우렐리아누스 추종자들과 결정적으로 관계를 끊는 계기가 되었다. 고트인들의 섬멸을 도모했던 그들이 이제 정치적으로 강력해졌다. 반대로 최고 행정관 카이사리우스의 입지는 약화된 듯이 보였다. 콘스탄티노플에서는 아우렐리아누스와 그 밖의 유배자들의 귀환이 갈수록 노골적으로 요구되었다. 가이나스는 그동안 나머지 군대와 함께 약탈을 하면서 발칸산맥과 흑해 사이에 있는 트라키아 지방으로 행군했다. 수도에서는 유배된 자들의 추종자들뿐 아니라 카이사리우스도 요한 주교에게, 유배된 자들의 귀환 문제 그리고 고트인들과 로마인들의 잠정 협정 문제를 가이나스와 협상해 주기를 부탁했다. 여름에 요한은 트라키아로 떠났다. 가이나스는 요한이 온다는 소식을 듣고 그를 마중하여 지극히 공경스럽게 대했으며, 나아가 자기 아이들을 축복해 주기를 청했다. 하지만 주교의 부탁은 거절했다. 가이나스로서는 황제가 제안한 화해를 믿을 만한 근거가 없었으며, 유배된 자들을 고향으로 돌려보내야 할 이유도 없던 것이다. 요한 크리소스토무스는 가이나스와의 세 번째 만남에서 아무 성과 없이 콘스탄티노플로 돌아가야 했다. 이제 가이나스 대신 그의 동족인 프라비타에게 로마군의 명령권이 맡겨졌다. 프라비타는 자신이 유능한 군대 지휘자임을 입증했다. 그는 400년 10월 헬레스폰투스(다르다넬렌) 해협 요로要路상의 치열한 해전에서 가이나스를 저지했다. 얼마 안 되는 자투리 부대만 건진 가이나스는 옛 고향인 다뉴브 강 너머로 물러나려 결심했다. 그런데 그곳에서 훈족과의 충돌이 발생했다. 훈족의 우두머리 울딘이 전투를 걸어왔다. 400년 12월 23일의 전투에서 고트족이 패배하고 가이나스는 전사했다. 울딘은 가이나스의 머리를 공물貢物로 아르카디우스 황제에게 보냈다. 일찍이 누구나 두려워하던 가이나스의 머리가 장대에 꽂힌 채, 새해 처음 며칠 동안 수도의 거리를 두루 옮겨 다녔다.

2.8. 에우독시아와의 충돌

심각한 충돌이 모두 그렇듯이, 요한 크리소스토무스와 황후의 충돌 역시 전사前史를 가지고 있다. 400년 4월로 돌아가자. 당시 자기 군대와 함께 콘스탄티노플을 위협하던 가이나스가 세 남자의 인도引渡를 요구했다. 세 남자 중 하나였던 측신 요한은 한 성당으로 달아났다. 훗날 요한 크리소스토무스를 해임하게 될 '떡갈나무 시노드' — 이에 관해서는 나중에 상세히 이야기할 것이다 — 의 열한째 고발 항목은, 요한이 "군인들의 폭동 기간 중에 측신 요한의 체류 장소를 밀고했다"[23]는 것이었다. 이 고발 배후에 무엇이 있었는지는, 지금으로서는 더 이상 온전히 밝혀낼 수 없다. 아무튼 황후만이 아니라 황제의 심복이기도 했던 측신 요한은 필경 황궁으로부터 임박한 인도引渡에 관해 귀띔을 받았고, 그래서 한 성당으로 피신했던 것 같다. 고트인 부대들은 콘스탄티노플에 진입하자마자 이 셋째 볼모의 소재 파악에 나섰다. 측신 요한은 오래 숨어 있을 수 없었다. 그는 발각되어 가이나스의 진영으로 끌려갔다. 요한 크리소스토무스는 한 설교 — 오늘날의 제목으로는 에우트로피우스에 관한 설교지만, 켈리가 잘 밝혀 주었듯이 실제로는 측신 요한을 겨냥하고 있다 — 에서 강조하기를, 만일 측신 요한이 성당 안에 머물러 있었고 또 교회보의 노叙권에 의지하여 제단을 붙잡고 있었다면, 자신은 모든 수단을 동원하여 그를 보호했을 것이라고 했다. 그러나 측신 요한은 스스로 성당을 떠났다는 것이다. 요한 크리소스토무스는, 지금으로서는 도무지 밝혀낼 수 없는 이유로, 자신과 이름이 같은 그 사람의 인도引渡에 연루되었다. 그가 측신 요한을 밀고했다는 것은 극히 의심스럽다. 이 비난은, '떡갈나무 시노드'에서 제기된 대부분의 고발과 마찬가지로 조작되거나 왜곡된 사실들에 바탕을 두고 있다고 하겠다.

짐작건대 401년 1월 초, 측신 요한과 아우렐리아누스가 유배에서 풀려 돌아올 수 있었다. 사투르니우스는 그동안 사망했다. 두 사람은 즉시 사람들을 부추겨 요한 주교를 반대하는 여론을 조성하기 시작했다. 그들은 요한 주교를 미워했으니, 주교가 형제인 아우렐리아누스를 그의 직책에서 몰아낸 카이사리우스와 협력했기 때문이었다. 측신 요한은 자신이 가이나스에게 넘겨진 일과 관련하여 주교를 공공연히 비난했다. 그들의 선동의 마지막 대상은 황후였다. 그녀는 미신적이긴 했으되 신심 깊은 여인으로서 주교에게 큰 공경심을 지니고 있었으나, 한편으로는 자신의 사치스러운 옷과 장신구 애호를 노골적으로 비판했기에 주교를 원망했다. 게다가 황후와 주교 사이에 공공연한 충돌이 발생했는데, 이에 관해 좀 상세히 이야기해야겠다. 어느 날 한 과부가 요한 주교에게 와서 황후에 관해 하소연했다. 황후가 강제로 자기 땅을 빼앗았다는 것이었다. 후대의 자료들은 이 땅을 포도밭으로 만들었고, 그로써 성경의 나봇의 포도밭 이야기(1열왕 21장 참조)와 연계시켰다. 아합 임금이 자기 왕궁 곁에 있는 나봇의 포도밭을 매입하고 싶어 했다. 그러나 나봇은 조상들에게 물려받은 상속재산을 팔 수는 없다고 거부했다. 아합은 기분이 언짢아서 궁으로 돌아왔는데, 아내 이제벨이 사정 이야기를 듣고는 제가 나섰다. 그리하여 나봇은 거짓 증인들의 진술에 꼼짝없이 얽혀 들어, 하느님 모독자로 돌에 맞아 죽었다. 그의 땅은 슬그머니 임금 것이 되었다. 아합이 포도밭을 차지하기 위해 그곳으로 내려갔다. 그런데 그곳에서 엘리야 예언자가 임금에게 다가와 이렇게 말했다. "주님이 말한다. '개들이 나봇의 피를 핥던 바로 그 자리에서 개들이 네 피도 핥을 것이다!'" 기원전 8세기로부터 기원후 5세기로 다시 돌아오자. 요한 크리소스토무스는 그 일을 황후에게 알아보았음이 분명하다. 우리가 구체적인 정보를 갖고 있지 못한 그 문의 이후의 한 설교에서, 요한 크리소스토무스는 아마도 에우독시아를 이제벨에 견주었던 것 같다. 실제로 팔라디우스는 '떡갈나무 시노드'에서 요한이 황후를 이제벨에 견주었다는 죄목으로 고발되었다고 기록했다.

401년 3월 요한 크리소스토무스는 팔레스티나의 도시 가자에서 온 손님을 맞았다. 그곳 주교 포르피리우스는 어려운 상황에 있었다. 가자는 400년경에도 이교인이 과반수를 훨씬 넘었다. 395년 포르피리우스가 주교가 되었을 때, 가자의 그리스도인은 전부 합쳐 280명에 불과했다. 다수파인 이교인들은 그리스도인들이 시市의 공직을 차지하는 것을 허용하지 않았고, 다른 권리들에서도 그리스도인들에게 제한을 가했다. 포르피리우스는 3년 전 에우트로피우스에게서, 가자의 이교 신전들은 폐쇄되어야 한다는 명령을 얻어냈고, 그 일이 실제로 이루어지기도 했다. 그러나 에우트로피우스의 실각 이후, 신전들이 다시 열렸다. 포르피리우스 — 그는 자신의 부제 마르쿠스와 팔레스티나 카이사리아의 주교 요한과 동행했다. 마르쿠스는 훗날 포르피리우스의 전기를 집필했는데, 거기에 지금 우리가 서술해야 할 사건들을 기록하게 된다 — 는 자신의 갈망을 요한 크리소스토무스에게 털어놓았다. 요한은 포르피리우스에게 자기도 같은 생각이지만, 지금은 그를 위해 무엇인가를 해 줄 수 없음을 설명했다. 황후가 불법적으로 재산을 취득한 일로 자기가 그녀를 질책했기 때문에, 황후가 황제를 부추겨 자신을 반대하도록 했다는 것이다. 그러나 자기가 기꺼이 황후의 한 시종에게 연통을 넣겠다고 했다. 이 시종이 그리하여 청원자가 황후 폐하를 알현할 수 있도록 주선해 주었다. 마르쿠스는 이렇게 전한다. "황후는 두 주교를 보자마자 먼저 인사하고는 말했다. '나를 축복해 주세요, 주교님들!' 주교들은 경의를 다해 그녀에게 인사했다. 황후는 금 침대에 앉아 말했다. '용서하세요, 그리스도의 사제들이시여. 거룩한 여러분을 문까지 나아가 맞아야 마땅했건만 내 몸 상태가 이래서 … 내가 무사히 출산할 수 있도록 나를 위해 주님께 기도해 주세요!'" 두 주교는 황후의 요청대로 축복의 말을 한 뒤, 가자의 상황을 상세히 설명했다.

에우독시아는 포르피리우스의 갈망을 아르카디우스에게 그대로 전했다. 그러나 황제는 흥미를 거의 보이지 않았다. 가자는 아직 이교 도시이긴 했지만, 정치적으로 믿을 수 있고 또 세금도 기한 안에 꼬박꼬박 납부하고 있었던 것이다. 에우독시아는 다음 날 두 주교에게 자신이 남편과 나눈 대화를 전해 주고, 용기를 잃지 말라고 부탁했다. 두 사람은 그 대목에서 노련하게 이야기 하나를 엮어 넣었다. 자기들이 여행 중에 한 은수자를 만났는데, 그가 자신들이 지금 수도에서 겪고 있는 일을 정확히 예언했다는 것이었다. 또 그 은수자는 황후께서 해산달이 가까웠고 아들을 낳을 터이며, 그 아들이 아버지를 이어 제위에 오를 것이라 말했다고 했다. 에우독시아는 매우 기뻐하며, 가자의 오래된 신전들을 허물고 거기에 장차 성당을 건립하도록 애쓰겠다고 두 사람에게 약속했다. 며칠 뒤인 401년 4월 10일 과연 에우독시아는 첫아들을 낳았는데, 할아버지 이름을 따서 테오도시우스라 명명된 아기는 훗날 테오도시우스 2세로서 제위에 오르게 된다. 아들을 낳은 뒤 얼마 되지 않아, 에우독시아는 두 주교를 불러 갓 태어난 아들과 자신을 위해 기도해 줄 것을 청했다. 일주일 뒤 황후는 두 사람을 다시 초청하여 자포紫袍에 감싸인 사내 아기를 보여 주고 그들의 축복을 받았다. 그녀는 두 주교에게, 청원서를 써서 테오도시우스가 세례를 받을 때 데리고 갈 고위 인사에게 전하라고 가르쳐 주었다.

여기서 간략한 중간 고찰을 해야겠다. 그 황가의 사내 아기가 언제 그리고 무엇보다도 누구에게 세례를 받았는가 하는 물음에는 명확한 답변을 하기 어렵다. 아니, 거의 불가능하다. 방금 인용한 자료는, 에우독시아가 제 아들이 며칠 내로 세례를 받을 것이라 말했다고 한다. 그러나 다른 한 자료는 훨씬 뒤의 시점을 거론한다. 402년 주님 공현 축일. 오래된 자료들은 누가 이 황위 계승자에게 세례를 베풀었는가 하는 문제에 관해 침묵한다. 사람들은 황후의 신임이 두텁던 가발라의 세베리아누스 주교(잠시 뒤에 등장할 것이다)가 테오도시우스에게 세례를 베풀었으리라 추측해 왔다. 그러나 요한 크리소스토무스가 — 그 시기에 콘스탄티노플에 있었다면 — 그 세례식을 집전하지 않았다는 것은 거의 생각할 수 없다. 훗날 에우독시아 황후가 요한 크리소스토무스에게 유배지에서 돌아오라고 부탁하는 편지에서, 그를 자기 자녀들의 세례 집전자로 지칭한 사실에서도 미루어 볼 수 있다.

아무튼 두 주교는 황후가 가르쳐 준 대로 했다. 포르피리우스가 청원서를 썼는데, 신전들의 파괴만이 아니라 가자의 가난한 교회를 위한 자금도 간청했다. 세례식 날 수도는 화려하게 장식되었다. 국가와 황궁 관리들은 흰 예복을 입었고, 그래서 군중 위에 눈이 내린 듯이 보였다. 고위 인사들이 거대한 양초들을 운반했는데, 사람들은 별들이 땅 위를 돌아다니는 것 같은 인상을 받았다. 성 소피아 대성당에서 세례식이 끝난 뒤, 그 존엄한 아기를 황궁으로 다시 모셔 가야 했다. 행렬이 성낭을 떠나기 전, 포르피리우스가 그의 부제와 함께 다가와 외쳤다. "우리는 그대의 경건한 신심에 바칠 청원서를 가지고 왔습니다!" 그 외침은 존엄한 아기를 향한 것이었다. 두 사람은 아기를 안고 있는 사람 손에 청원서를 꽉 쥐여 주었다. 그는 황후가 명령한 대로, 청원서를 받아 일부를 읽은 뒤 손을 세례 받은 아기 머리 아래 받쳐 아기가 고개를 끄덕이게 하고는, 둘러서 있는 사람들에게 외쳤다. "전하께서 청원서에 담긴 내용이 그대로 이루어져야 한다고 명령하셨습니다." 모두 무슨 영문인지 어안이 벙벙했으나, 황제는 매혹되어 승인했다. 즉시 황후에게 청원서가 받아들여졌다고 보고되었다. 황궁에 돌아와서야 황제는 청원서 내용을 물어 알게 되었다. 황제는 말했다. "어려운 요구지만, 우리 아기의 최초의 명령을 퇴짜 놓는 것은 더 어려운 일이지." 벌써 그 다음 날 에우독시아는 포르피리우스와 카이사리아의 요한 주교를 초대한 자리에서 한 관리를 불러, 청원서의 내용을 황제의 칙서 양식에 맞춰 넣으라고 지시했다. 황제는 그냥 서명만 하면 되었다. 황후는 주교들에게 넘치도록 선물을 했고, 사흘 뒤 그들은 집으로 돌아갔다. 곧이어 제국 군대가 가자의 신전들을 파괴했는데, 그중에는 세계적으로 유명한 마르네이온 신전도 있었다. 그 자리에 포르피리우스는 장려한 성당을 건립하게 했다. 406년 부활절에 봉헌된 이 성당에는 '에우독시아나'라는 이름이 붙여졌다. 그런데 이때는 이미 황후가 일 년 반 전에 세상을 떠난 뒤였다. 그녀는 404년 10월 6일 사망했다.

2.9. 교회정치적 조처들

이 장에서는 요한 크리소스토무스의 에페소 여행과 그곳 교회 문제 개입을 다루자. 402년 초 몇 달 동안 이루어진(나는 켈리의 설득력 있는 추정을 따른다) 이 여행은 오랜 전사前史를 가지고 있다. 400년 4월, 그러니까 콘스탄티노플이 고트족에게 위협을 받고 있을 때, 발렌티노폴리스의 에우세비우스 주교가 요한 크리소스토무스를 찾아왔다. 요한은 어느 주일 아침 미사 전에, 21명의 주교와 함께 회의를 하고 있었다. 그런데 뜻밖에 또 한 사람의 주교가 회합에 동참했으니, 바로 에우세비우스였다. 그는 그 시노드에서 자기네 수석 주교인 에페소의 안토니우스에 대한 고발장을 낭독할 수 있게 해 달라고 요청했다. 요한 크리소스토무스의 전기를 쓴 팔라디우스도 이 회합에 참석하고 있었는데, 요한이 에우세비우스에게 이렇게 말했다고 전한다. "에우세비우스 주교님, 사람들은 흔히 불만 때문에 고발을 하는데, 그래 놓곤 그 내용을 입증하지 못합니다. 그러니 당부하건대 안토니우스 주교에 대한 서면상의 고발은 그만두십시오! 우리도 그대의 불만의 원인이 제거되도록 힘쓰겠습니다." 그러나 에우세비우스는 진정되지 않았다. 그래서 요한은 안토니우스의 친구로 여겨지던 헤라클레아의 파울루스 주교에게, 두 사람 사이에서 중재 역할을 해 달라고 부탁했다. 그러곤 요한 자신은 다른 주교들과 함께 미사를 드리러 성당으로 갔다. 그런데 미사가 막 시작되었을 때, 에우세비우스가 성당 안으로 뛰어들었고, 고발장을 손에 든 채 소리를 지르다가 "황제 폐하의 건승에 맹세코!" 하며 두려운 맹세까지 내뱉었다. 신자들은 황제께서 모쪼록 은전을 베풀어 주도록, 에우세비우스가 요한 주교에게 간청하는 것이라고 추측했다. 이성을 잃은 에우세비우스를 진정시키고 신자들이 더 이상 당황하지 않도록 하기 위해, 요한은 잠자코 고발장을 넘겨받았다. 그러고는 미사 집전을 동료 주교에게 위임하고 다른 사람들과 함께 성당을 떠났다. 미사가 끝난 뒤, 요한은 콘스탄티노플에 체류하고 있던 주교들을 소집하여 시노드를 다시 열었다. 요한은 에우세비우스에게, 내용을 입증할 자신이 정말로 있거든 고발을 하라고 훈계했다. 고발장이 일단 공개석으로 낭독되면, 정해진 절차에 따라 조사가 진행될 수밖에 없다는 것이었다. 에우세비우스는 고발장의 공개를 고집했다. 고발장은 일곱 가지 항목을 담고 있었다. 안토니우스는 값비싼 교회 집기들을 녹여 그 돈을 자기 아들을 위해 썼다, 세례 경당 입구의 대리석 포석들을 뜯어내 자기 목욕탕을 장식했다, 한 성당의 부속물이었고 여러 해 동안 그곳에 보관되어 있던 기둥들을 가져다 자기 집 식당에 세워 놓았다, 살인 죄를 지은 자 하나를 하인으로 고용하고 있다, 교회에 유증된 토지들을 매각해 대금을 착복했다, 주교 서품 전에 헤어졌던 아내를 다시 데리고 산다, 끝으로, 최고 값을 부르는 자에게 주교 자리를 팔아 치우는 짓이 아예 습관이 되었다 …. 요한 크리소스토무스는 심리를 개시했다. 참석한 수석 주교들 가운데 한 사람이, 마지막 항목을 집중적으로 다루자고 제안했다. 안토니우스가 정말로 성령의 은사를 돈 받고 팔았음이 판명된다면, 그것으로 충분히 유죄판결의 이유가 된다는 것이었다. 이로써 그는 사도행전에 나오는 이야기(8,18-25 참조)를 암시한 것인데, 이에 따르면 시몬이라는 마술사가 사도들에게 돈을 가져다 바치면서, 자신에게도 성령의 권능의 한몫을 달라고 했다. 그래서 훗날, 특히 중세 때에 만연한 성직매매가 그의 이름을 따서 지칭된다('Simonie'). 아무튼 요한은 심리를 시작했다. 그런데 안토니우스와 그에게서 성직을 돈 주고 샀다는 주교들이 모두 죄상을 부인했고 또 증인도 없었기 때문에, 두 시 무렵이 되자 심리는 지리멸렬해졌다. 사정이 그러했기에 요한은 자신이 직접 에페소에 가기로 결심했다. 아무도 거기에 반대하지 않았다. 이제 안토니우스에게는 비상이 걸렸다. 그에게는 황궁에 영향력 있는 고위직 친구가 한 사람 있었다. 이 사람은 안토니우스에게 빚을 지고 있는 셈이었으니, 왜냐하면 에페소 부근에 있는 자기 농장을 안토니우스가 관리해 주고 있었기 때문이다. 그에게 안토니우스는 기꺼이 증인들을 콘스탄티노플로 오도록 하겠으나, 요한 주교가 에페소로 가는 일만은 결코 없게 해 달라고 부탁했다. 그 직후 요한은 황궁으로부터 서한 한 통을 받았는데, 내용인즉 지금 시점은 여행에 적절하지 않으니, 현재의 위급한 상황을 고려하건대, 주교요 영혼들의 보호자인 그가 도성에 있는 것이 절대적으로 필요하다는 것이었다. 실제로 요한은 얼마 뒤 가이나스의 병영으로 가서 그를 만나 달라는 부탁을 받았다. 안토니우스가 자신을 위태롭게 할 요한의 에페소 여행을 당분간 저지하는 데 성공했지만, 사정이 달라진 것은 전혀 없었다. 요한은 다시 주교들을 소집하여, 자신은 수도에 남아 있어야 한다고 전했다. 그러나 자기 대신 조사를 담당할 주교 세 사람(우리가 잘 아는 팔라디우스도 포함되었다)을 임명했다. 사르데스와 에페소 사이에 있는 주교좌 소도시 히파이파에 고발인, 피고발인, 증인 들을 모이도록 했다. 그런데 시작이 좋지 않았으니, 조사를 맡은 세 주교 중 한 사람(안토니우스와 친했다)이, 자기 건강 상태로 그렇게 먼 여행은 무리라고 선언했다. 나머지 두 주교는 6월 초 배편으로 스미르나로 떠나면서, 자신들의 도착을 즉시 모든 관련자에게 서면으로 통지하고 그들을 히파이파로 소환했다. 그동안 안토니우스도 손 놓고 있지는 않았으니, 자기를 고발한 에우세비우스뿐 아니라 그가 거명한 증인들까지도 끈덕지게 돈을 안겨 매수했다. 에우세비우스는 심리가 시작되자, 40일 이내에 증인들을 출두하게 하겠다고 언명했다. 그러고는 콘스탄티노플로 떠나 숨어 버렸다. 약속한 기한이 지난 뒤 히파이파에 모인 주교들은, 에우세비우스는 교회에서 제척除斥되었다고 선언했다. 좀 더 기다리던 주교들은 결국 수도로 돌아왔는데, 그곳에서 뜻밖에 에우세비우스와 마주쳤다. 에우세비우스는 그동안 앓아 누웠고 그래서 증인들을 섭외할 수 없었다고 설명했다. 이제 그 일을 하려 한다는 것이었다. 이 역겨운 장난은, 안토니우스가 뜻밖의 해결책을 마련하지 않았다면 오래 계속되었을 것이다. 안토니우스가 사망했다(정확한 날짜는 모른다). 그러자 아시아 교회 관구의 주교들과 에페소의 성직자들이 요한 주교에게 에페소로 와 달라고 청원하는 편지를 써 보냈다. "이리로 오시어 에페소 교회를 하느님의 법에 맞갖도록 바로잡아 주십시오! 수년 전부터 우리 교회는 어지러운 상태에 있습니다." 401년 말 요한은 약 일 년 반 전에 계획했던 여행을 떠나기로 결심했다. 그러면서 주교의 행정적 업무는 수석 부제 세라피온에게 맡기고, 설교 직무는 가발라의 세베리아누스 주교에게 위임했다. 요한은 배편으로 아파메아로 갔고, 거기서 약속한 대로 헤라클레아의 파울루스 · 칼케돈의 키리누스 · 팔라디우스 주교들과 만났다. 파울루스와 키리누스는

403년 가을 요한의 가장 극렬한 반대자들에 포함된다. 아마도 이들은 이 여행 이후 비로소 요한의 적대자가 된 것 같다. 요한이 여행을 떠나기 전에 설교 직무의 대리자로 임명한 가발라의 세베리아누스 역시 곧 요한의 극렬한 적이 되었다. 이런 정황 그리고 다른 곳에서도 드러나거니와, 요한 크리소스토무스는 사람을 보는 안목이 뛰어나지 못했음이 분명하다.

주교들은 육로를 통해 에페소로 여행했다. 그곳에 약 70명의 주교가 관구 시노드를 위해 모였다. 이제 안토니우스 주교를 상대로 소송을 할 수는 없었지만, 그에게서 돈 주고 직책을 산 주교 여섯은 살아 있었다. 이제는 증인들도 출석했는데, 어떤 직책을 얼마나 에누리한 금액에 샀는지를 상세히 진술했다. 시노드는 관대한 판결을 내렸다. 그 여섯 사람은 주교직은 포기해야 했지만 계속 성직자단의 구성원으로 미사에 함께할 수 있었고, 게다가 그들이 지불했던 돈을 안토니우스의 유산에서 되돌려 받을 수도 있었다. 그 밖에 요한은 그들이 주교직에서 해임된 뒤에도 시 참사회 의원 직책 — 많은 돈을 내야 했다 — 을 면제받을 수 있도록, 자신이 황제에게 애쓰겠다고 약속했다. 이어서 새 주교 여섯 명이 서임되었다. 안토니우스 후임자를 정하는 일은 어려웠으니, 자격 있는 후보자들이 여러 사람 거론되었기 때문이다. 결국 요한 주교의 제안으로, 콘스탄티노플 교회의 부제 헤라클리데스가 임명되었다.

돌아오는 여행은 3월에 육로를 통해 이루어졌다. 11월 11일부터 3월 10일까지는 겨울 폭풍우 때문에 항해가 공식적으로 중단되었다. 에페소로 떠날 때 요한은 해결해야 할 문제들의 긴급함을 고려하여, 좀 더 빠른 해로를 택했었다. 그러나 콘스탄티노플로 돌아오는 길에 육로를 택하게 된 데에는 또 다른 이유가 있었다. 프로폰티스(마르마라 해)에 있는 옛 수도 니코메디아(오늘날의 이즈미트)에서 해결해야 할 과제가 하나 있었던 것이다. 니코메디아에서는 약 백 년 전에 마지막이자 가장 모진 그리스도인 박해가 일어났는데, 병사들이 곡괭이로 주교좌성당을 때려 부수는 것으로 시작되었다. 현재 그곳 공동체는 게론티우스 주교가 통괄하고 있었다. 널리 사랑받는 사람이었던 게론티우스는 별도로 그리고 성공적으로 의사직도 수행했는데, 가난한 사람에게나 부유한 사람에게나 무료로 봉사했다. 게론티우스는 서방 출신으로 일찍이 밀라노 교회의 부제였다. 그런데 우리로서는 알 수 없는 이유로, 암브로시우스 주교(재임 374~397)가 자기 부제 게론티우스에게 일 년간 집을 떠날 수 없는 교회법상의 징벌을 내렸다. 그러나 게론티우스는 부과된 참회를 거부하고, 동방으로 도망갔다. 콘스탄티노플에서 게론티우스는 매력과 언변으로 짧은 기간에 유력 인사들의 호감을 샀다. 그리고 얼마 되지 않아 벌써 니코메디아의 주교로 임명되었다. 이에 분개한 암브로시우스는 요한의 전임자 넥타리우스 주교에게, 게론티우스의 주교 임명에 항의하는 편지를 써 보냈다. 그런데 그 일은 사실 교회법상으로 타당하지 않았다. 어떤 수교도 다른 주교의 재치권에 간섭해선 안 되었던 것이다. 넥타리우스는 게론티우스를 거슬러 무슨 조처를 취할 생각이 전혀 없었다. 그런데 지금 요한 크리소스토무스가 397년에 사망한 그 밀라노 주교의 요망을 이루어 주고자 했다. 요한은 게론티우스를 주교직에서 해임하고, 일찍이 황후의 가정교사였던 판소피우스를 새로운 수장으로 임명했다. 그것은 전략적으로 영리한 선택이었다. 과연 니코메디아 주민들은 만인의 사랑을 받는 자기네 주교의 해임에 항의하는 시위를 벌였고, 새 주교를 인정하려 하지 않았다. 그러나 그들의 항의는 황궁에서 받아들여지지 않았고, 황후는 판소피우스의 선출을 매우 기뻐했다. 요한은 황후가 자신을 긍정적으로 기억해 주기를 바랐던 것일까? 그렇게 하지 않아도 이 시점에서는 주교와 황궁 간의 관계가 나쁘지 않았다. 요한의 교회정치적 조처들은 황제의 전폭적 지원을 받고 있었다. 이는 요한이 여행을 떠나면서 지시한, 노바티아누스파의 여러 성당의 폐쇄에도 분명히 해당된다. 우리가 기억하고 있는 사실인즉, 전에는 요한이 콘스탄티노플에서 노바티아누스파 주교 시신니우스를 거슬러 아무것도 성취하지 못했다.

402년 부활절(4월 6일이었다)이 지나고 2, 3주 뒤에 요한은 자기 도시에 도착하여 대대적인 환영을 받았다. 군중은 항구에서 주교 관저까지 요한을 동반했고, 그가 무사히 돌아오게 해 주신 하느님을 찬미했다. 그렇게 군중은, 우리가 곧 인용할 설교에서 요한이 말하듯이 도시를 교회로 탈바꿈시켰다. 다음 날 인사 설교에서 요한은 수사학적으로 노련하게 이렇게 말했다. "모세는 단지 40일 동안 자기 백성과 떨어져 있었으나, 백성은 벌써 그에게 등을 돌리고 우상들에게 향했습니다. 나는 백 일이 넘게 떠나 있었으나, 여러분은 여러분의 신앙과 여러분의 주교에게 충실히 머물러 있습니다! 이는 내가 모세보다 위대하다는 말씀이 물론 아니고, 여러분이 유다인들보다 훌륭하다는 것을 의미합니다. 이에 대해 나는 이루 말할 수 없는 기쁨을 느낍니다. 백발의 야곱은 아들 하나, 곧 요셉을 다시 만났을 때 매우 기뻐했습니다. 그런데 나는 온 백성을 다시 얻었습니다."[24] 이날은 그러나 요한 크리소스토무스의 삶에서 마지막 기쁜 날들 중의 하루였다. 에페소와 니코메디아 교회들의 분쟁 문제에 개입하면서 요한의 역사는 분기점을 맞게 된다.

콘스탄티노플에서는 심각한 문제들이 요한 크리소스토무스를 기다리고 있었다. 그는 여행 중에 이미, 자신에게 헌신하던 수석 부제 세라피온으로부터 가발라의 세베리아누스에게 문제가 있다는 사실을 편지로 보고받았다. 이 사실을 요한은 방금 인용한 설교에서 은근히 암시했다. 요한은 자신이 이제 돌아가게 될 낙원, 뱀이 없는 낙원에 관해 언급하고, 이어서 올리브나무와 포도나무에 멋대로 뻗친 가지들이 있다면 곧 제대로 손볼 것이라고 말했다. 오늘날 출간되어 있는 텍스트는, 당시 청중은 음성과 표정에서 제대로 알아들은 것이 분명함을 미미하게만 암시해 준다. 여기서는 적대자들에 관해 말하고 있다. 오늘날의 라타키아에서 남쪽으로 25킬로미터 떨어진 곳에 있는 시리아의 예쁜 소도시 가발라의 주교 세베리아누스는, 다른 많은 주교들처럼 수도에서 입신 출세하겠다는 희망을 품고 지방에서 올라왔다. 요한은 세베리아누스를 친절하게 맞이했고 황궁에도 소개시켜 주었다. 세베리아누스는 착실한 주석자요 설교자였고 — 그리스어를 껄껄한 시리아어 억양으로 발음했음에도 불구하고, 또는 어쩌면 바로 그렇게 발음했기 때문에 — 청중을 열광하게 만들 줄 알았다. 세베리아누스는 요한 크리소스토무스 부재중에 주교좌성당의 설교자였다. 황제 부부도 곧 세베리아누스의 청중에 속하게 되었다. 에우독시아와 그녀의 궁녀들은 요한 주교보다 훨씬 덜 임격한 세베리아누스와 그의 세련된 사교 방식에 호감을 느꼈다. 세베리아누스는 백 일간의 요한의 부재를 십분 이용했다. 그는 국가정치나 교회정치상의 이유로, 또는 부와 사치에 대한 비판 때문에 요한을 싫어하게 된 유력 인사들과 이런저런 연줄을 맺었다. 요한 크리소스토무스가 여행을 떠날 때에는 황궁과 관계가 좋았으나, 돌아올 때는 많은 것이 그에게 불리하게 변해 있었다. 게다가 요한에게는 불행한 일이었거니와, 대리인들로 임명했던 세베리아누스 주교와 수석 부제 세라피온이 충돌했는데, 이 일은 누구보다도 요한에게 나쁜 결과를 초래하게 된다. 세라피온은 세베리아누스의 행동을 갈수록 의심스럽게 지켜보고 있었다. 어느 날, 앉아 있던 세라피온 옆을 세베리아누스가 지나가는데, 세라피온이 자리에서 일어나지(주교에게 마땅히 갖추어야 할 예의였다) 않는 바람에 싸움이 붙었다. 나중에 세라피온은 맹세하며 다짐하기를, 자신은 세베리아누스를 보지 못했다고 했다. 그러나 세베리아누스로서는 그냥 앉아 있는 부제가 자기를 무시한다고밖에는 생각할 수 없었다. 격분한 그가 이렇게 외쳤다고 한다. "만일 세라피온이 그리스도인의 죽음을 죽는다면, 그리스도께서 인간이 되지 않은 것이다." 이것이 요한 크리소스토무스가 귀국하여 맞닥뜨린 상황이었다. 세베리아누스 주교에 대한 세라피온의 결례는 당시 콘스탄티노플 시내의 화젯거리였다. 요한은 세라피온을 불러 그 일에 관해 알아보았다. 세라피온은 요한에게 자기는 세베리아누스를 정말 보지 못했다고 단언하고는, 세베리아누스가 주 그리스도께서 실제로는 사람이 되시지 않았다고 말했다고 주장했다. 세라피온은 고발을 위해, 방금 인용한 세베리아누스의 외침을 싹둑 잘라 반쪽 진실로 만들어 버렸다. 세라피온은 친구들을 불러, 세베리아누스가 정말로 그렇게 말했다고 맹세하며 증언토록 할 수 있었다. 이 시점에 이르러 요한은 마땅히 공정한 조사를 지시했어야만 했다. 그러나 그렇게 하지 않고, 월권과 신성모독적 언사를 이유로 내세워, 세베리아누스에게 즉시 콘스탄티노플을 떠나라는 명령을 전하게 했다. 훗날 요한을 주교직에서 해임하게 될 '떡갈나무 시노드'는 고발 항목의 하나에, 심지어 요한이 세베리아누스가 빨리 떠나게끔 주교 관저의 직원들을 부추겼다고 기록했다. 이 경솔하고 성급한 요한의 지시는 이해하기가 어렵다. 설교대에서 성공을 거둔 경쟁자에 대한 시기심이 작용했던 것일까? 두 역사가 소크라테스와 소조메누스는 그런 식으로 서술했다. 또는 성공적인 아시아 여행으로 얻은 위세의 증대가 요한으로 하여금 현실을 직시하지 못하게 했던가? 자신을 겨냥한 세베리아누스의 선동에 대한 노여움도 이 단견적 결정에 한몫을 했으리라는 것은 확실하다.

그런데 요한은 황후의 반응을 충분히 고려하지 않았다. 황후는 세베리아누스가 추방되어 이미 떠났다는 소식을 듣고는 매우 당황하고 노여워했다. 물론 세베리아누스는 아직 멀리 가지 않았으니, 막 보스포루스 해협을 건너 칼케돈의 키리누스 주교의 손님으로 머물고 있었다. 키리누스는 얼마 전 요한의 아시아 여행에 동행했었으나 곧 그의 단호한 적대자로 등장하게 된다. 키리누스를 그렇게 만든 이유는 명확하지 않다. 짐작건대 세베리아누스가 당한 난폭한 취급이 키리누스의 마음을 바꾸게 한 것 같다. 에우독시아는 요한을 심하게 질책하고, 즉각 세베리아누스를 돌아오게 하라고 명령했다. 요한은 그것을 저지할 수 없었다. 세베리아누스는 주교 관저로 돌아왔다. 요한은 세베리아누스와의 어떠한 접촉도 기피했으며, 태도를 바꾸고 세베리아누스를 그렇게 냉담하게 배척하는 것을 그만두라는 선의의 충고도 들으려 하지 않았다. 두 주교의 충돌과 또 그로 말미암은 황후에 의한 요한의 굴욕 소식은 온 도시에 들불처럼 퍼져 나갔다. 일반 대중은 자신들이 공경하는 주교를 단호히 편들었고, 이제 거리에 몰려나와 자기네 주교를 옹호하고 시리아 출신의 낯모르는 주교를 반대하는 시위를 벌였다. 요한 자신이 대중을 동원했으리라고 생각할 수는 없지만, 아무튼 대중의 정치적 영향력은 매우 잘 알고 있었다.

    황궁은 상황이 폭발성을 내포하고 있다고 판단했음이 분명하며, 그래서 황후는 한 가지 진기한 조처를 취했다. 그녀는 요한을 사도 성당에서 만났는데, 한 살 난 아들을 팔에 안고 있었다. 황후는 어린 테오도시우스를 요한의 팔에 안겨 주고는 세베리아누스와 화해하라고 황위 계승자인 제 아기의 이름으로 간청했다. 무진 애를 쓴 끝에 그녀는 주저하는 요한의 마음을 움직일 수 있었다. 요한은 황후의 소망을 모르는 체할 수 없었다. 게다가 황후가 여전히 자신을 공경심을 가지고 대한다는 것도 느꼈을 것이다. 두 주교의 화해는 그러나 사적인 대화로 이루어질 수 없었다. 군중을 진정시키려면, 화해가 공개적인 행위로 이루어져야만 했던 것이다. 그래서 화해는 사람들로 가득 찬 성 소피아 대성당에서 이루어졌다. 에우독시아와 아르카디우스도 참석했다. 세베리아누스가 공들여 갈고 다듬은 연설을 했다. 그는 예술가들이, 두 황제 또는 고위 관직에 있는 두 형제가 비록 사람은 둘이지만 마음은 하나임을 묘사하기 위해, 그들 모습 뒤에 흔히 한 여자의 모습을, 즉 한마음을 상징하는 콘코르디아Concordia 여신을 배치하는 사실을 지적했다. 이것은 세베리아누스의 닳고 닳은 수사법의 한 좋은 예다. 두 형제와 콘코르디아 여신의 비유를 통해 그는 황가에 아첨을 했던 것이니, 과연 얼마 전에 아르카디우스와 호노리우스는 제국의 두 절반 간의 많은 갈등을 무릅쓰고, 402년 집정관에 공동 취임하기로 결정했던 것이다. 이 사건은 특별 주조된 주화를 통해 기념·경축되었는데, 두 형제가 평화로이 일치하여 나란히 서 있는 모습을 보여 준다. 그런데 이 비유로써 동시에 세베리아누스는 요한 주교에게 일격을 가한 셈이었다. 그는 요한에게 자신들이 동급임을 암시한 것이다. 세베리아누스에 이어 요한이 연설을 했다. 요한은 상당히 냉정한 태도로, 평화를 이루고 서로 화해하자고 촉구하는 내용의 연설을 했지만, 그래도 그가 받은 모욕이 비어져 나왔다. 먼저 요한은 신하들이 황제에게 하듯이, 신자들은 자기 주교에게 마땅히 순종해야 한다고 엄숙히 훈계했다. 주교로서 자신은 그리스도의 이름으로 화해를 촉구하는 그분의 사자다, 주교에게 그보다 더 훌륭한 일이란 결코 없다, 왜냐하면 인간들을 화해시키기 위해 그리스도께서 사람이 되셨고 십자가에서 돌아가셨기 때문이다, 그러므로 우리는 그리스도를 실망시켜서는 안 되며 불화에 머물러 있어선 안 된다…. 성당 안의 분위기가 무겁게 가라앉았다. "그러나", 요한은 말을 계속했다. "분열을 나는 칭찬하지 않으며 소요를 원하지 않습니다. 이제 그런 것들을 그만둡시다! 그런 짓들을 버리고 마음을 가라앉히고 불만을 억누르고 원망에 재갈을 물리십시오! 다툼을 해소하는 것이 하느님의 뜻에, 그리고 우리 경건한 황제의 뜻에도 부합합니다. 여러분이 과연 평화의 사자로서의 나의 간청을 기꺼이 따를 만큼 내가 여러분의 마음을 충분히 준비시켰다면, 우리의 형제 세베리아누스를 다시 받아들여 주십시오!" 이 말에 이어 큰 박수갈채가 터져 나왔다. 요한은 덧붙였다. "내가 말하는 동안, 이미 여러분은 모든 불쾌함을 여러분의 마음에서 몰아냈습니다. 그러므로 그를 온 마음으로 그리고 넓은 정신으로 다시 받아들여 주십시오! 지난날의 불행한 사건들은 잊으십시오! 평화가 찾아오면, 다툼들에 대한 기억은 더 이상 존재하지 않는 법입니다."[25]

다음 날 관대히 받아들여진 세베리아누스의 차례가 다시 돌아왔다. 이번에도 그는 수사학적으로 노련한 설교를 했다. 이제 교회 안에서 격랑이 다시 잠잠해졌고, 천사들도 그것을 기뻐한다고 했다. 세베리아누스는 요한 주교에게 합당한 경의를 표했고, 그를 '우리 모두의 아버지'라고 불렀다. 그런 다음 설교는 에페소서 2장 14절("그리스도는 우리의 평화이십니다. 그분께서는 당신의 몸으로 유다인과 이민족을 하나로 만드시고, 이 둘을 가르는 장벽인 적개심을 허무셨습니다")을 현실에 맞추어 해설하는 데로 나아갔다. 다툼은 악마의 작용이라는 것이었다. 이제 화해가 이루어졌으니, 악마는 한탄할 것이 틀림없다고 했다. 세베리아누스는 바오로와 바르나바의 불화(사도행전 15장 35-41절 참조)를 지적하는 것으로 설교를 끝맺었는데, 요한으로서는 어쩌면 새로운 도발로 느꼈을 법도 한 방식이었다. 세베리아누스는 주교들도 마음이 좁아질 수 있으니, 그들 역시 한낱 사람이라고 설명했다. 바오로와 바르나바조차 쓰라린 다툼 끝에 서로 갈라졌다, 여기서는 한 사람이

그림 XI 콘스탄티노플 마차 경기장의 테오도시우스 오벨리스크

옳고 다른 한 사람은 그른 것이 아니다. 오히려 두 사람 모두 자기 방식대로 복음을 선포하기 위해 노력했다. 그리고 마침내 바오로와 바르나바는 다시 화해했다는 것이었다. 세베리아누스는 자기 말을 이렇게 끝맺었다. "그 사건이 이 상황에서 우리에게 격려가 되어야 합니다." 사도들 사이에서도 편협한 마음이 생겨날 수 있었지만, 신자들은 그것을 너무 이상하게 생각해선 안 되며, 요한과 세베리아누스 사이에서도 마찬가지라는 것이었다. "그러므로 우리 모두의 아버지께서 그리스도 예수 우리 주님 안에서 우리 두 사람 사이에 평화의 말씀을 봉인하시기를 간청합시다."

'큰 성당'에서 이루어진 이틀에 걸친 화해의 회합은 한 가지 목적은 달성했다. 거리에서 시위가 그쳤다. 그러나 둘째 목적은 이루어지기 어려운 것으로 드러났다. 두 주교의 갈등은 계속되었다. 아무튼 황제의 명령이 그들을 묶어 놓았으니, 두 사람은 한 지붕 아래 살게 되었다. 그런데 세베리아누스가 분명히 더 유리했던바, 황후가 감쌌고 황가 및 가신들과의 진분을 계속 누릴 수 있었으며, 처리해야 할 힘든 사목상의 의무들이 없었던 것이다. 세베리아누스는 요한에 비해 상황이 유리하다는 것을 아주 잘 알고 있었다. 이는 그가 방금 언급한 설교들에서 자신감 있는 어조로 말한 사실에서 알 수 있다. 요한에게는 상황이 훨씬 불편했다. 세베리아누스는 요한이, 세라피온의 주장을 자세히 조사해 보지도 않고 또 자신의 말을 직접 들어 보지도 않은 채 자기를 쫓아낸 일을 결코 잊을 수 없었다. 처음에는 요한을 매우 존경했던 한 남자가, 그의 추락을 도모하는 극렬한 적대자로 바뀌었다. 세베리아누스는 이 콘스탄티노플의 주교를 거슬러 꾸며진 모든 음모에서 핵심 인물이 된다. 밖으로는 요한이 승자로 보일 수도 있었다. 황후가 그에게 세베리아누스와 화해할 것을 겸손하게 청했고, 요한이 먼저 나서 자기 반대자에게 화해의 손을 내밀었던 것이다.

삶과 활동 157

거리의 소요는 그쳤다. 그러나 모든 것이 더 이상 예전처럼 될 수는 없었다. 황후와의 관계가 현저히 냉랭해졌다. 이제 자신의 성직자단 안에서도 요한은 매정하고 오만하고 난폭하고 냉혹한 폭군이라는 비판의 목소리가 커져 갔다. 수도에 체류하고 있던 지방 주교들 가운데서도 반대자들이 생겨났다. 세베리아누스 외에 두 사람이 특히 중요한데, 프톨레마이스의 안티오쿠스 주교와 베로이아의 아카키우스 주교가 그들이다. 안티오쿠스가 요한의 적대자가 된 까닭을 우리는 정확히 모른다. 팔라디우스는 안티오쿠스가 시기와 경쟁심으로 가득 찬 인물이었다고 전해 준다. 아카키우스의 경우는 상당히 분명하다. 요한은 콘스탄티노플 주교로 선출된 뒤, 그에게 중요한 임무를 맡겨 로마로 파견했다. 그러나 이제 그는 요한에게 괄시받고 있다고 느꼈다. 최근에 수도를 방문했을 때, 그에게 주교 관저 내의 작은 방 하나만 배정되었다. 그러자 아카키우스는, 팔라디우스의 보고에 따르면, 이제 요한에게 수프도 끓여다 바쳐야 할 신세가 될 판이라고 격분하여 내뱉었다고 한다.

요한 주교는 이런 상황에서 주변 사람들과 관련하여 한 가지 결정을 내렸다. 여전히 신임하던 세라피온을 중요한 수석 부제 직책에서 물러나게 한 뒤 사제로 서품했다. 그리고 새 수석 부제로, 따라서 주교 관저 재정의 새로운 관리자로 이름을 알 수 없는 새 인물을 임명했는데, 그가 나중에 자기 주교를 터무니없이 배신하는 것이 곧 드러난다.

2.10. '키다리 수도승들'

401년 늦가을 — 반 년 전으로 돌아가자 — 약 50명의 수도승 무리가 콘스탄티노플 거리에 나타났다. 사람들은 그들이 먼 곳에서 왔음을 알아챘다. 그들의 선두에는 진기하게 키가 큰 네 남자가 걸어가고 있었다. 그

그림 XII 테오도시우스의 오벨리스크 받침돌 측면도: 황가의 특별석(테오도시우스 1세와 두 아들 아르카디우스와 호노리우스)

들이 누구인지 곧 널리 알려졌다. 그들은 온 이집트에서, 그리고 그 너머에서도 이름난 금욕 수행자들인 네 명의 '키다리 수도승들'이었다. 주교 관저로 발걸음을 옮긴 그들은 주교 면담을 허락받고, 요한 크리소스토무스 앞에 무릎을 꿇었다. 그들은 요한에게 자신들이 이집트의 총대주교 테오필루스에게 트집을 잡히고 박해받고 끝내는 고향에서 추방된 수난사를 이야기했다. 그들은 요한에게 도와달라고 청하고는, 곧이어 만일 그가 자신들을 위해 아무것도 해 줄 수 없다면 황제를 찾아갈 것이라고 덧붙였다. 요한은 테오필루스가 이 남자들은 포악하게 취급한 것에 큰 충격을 받았다. 그러나 자신의 손이 묶여 있다는 것도 잘 알고 있었다. 교회법에 따르면 이 남자들은 총대주교 테오필루스의 관할 아래 있으며, 그가 이들을 추방했으니 오직 그만이 그것을 해제할 수 있었다. 요한은 만일 테오

삶과 활동 159

필루스가 자기 권한이 손상되었다고 느끼면 얼마나 격렬히 반응할지를 경험으로 잘 알고 있었다. 기억하자. 테오필루스는 자신이 선택한 후보자가 콘스탄티노플 주교좌를 차지하리라 기대하고 있었으나, 당시 무소불위의 시종장 에우트로피우스의 강요로, 요한의 주교 서임을 거들어야 했었다. 그런 까닭에 이제 요한은 매우 신중하게 행동했다. 그는 이집트 수도승들을 자신의 주교 관저가 아니라 외부 숙박소에 머물게 했다. 그리고 올림피아스가 수도승들의 숙식을 맡도록 조처함으로써, 그들이 교회의 손님으로 여겨지지 않도록 했다. 그 무리의 젊은 사람들에게는 일거리를 찾아보라고 채근했다. 그런 다음 요한은 이집트 총대주교의 대리인들을 불렀다. 이들은 콘스탄티노플에서 총대주교의 이해관계를 대변하는 임무를 지니고 있었다. 그들은 황궁이 총대주교 마음에 드는 정부 대표자들만 알렉산드리아에 파견하도록, 선물과 뇌물을 뿌리며 애를 썼다. 그 뻔뻔함이 놀라웠거니와, 그들은 테오필루스가 수도승들에게 폭력을 행사했음을 시인했다. 또한 요한에게 그 수도승들을 교회 공동체에 받아들이거나 영성체를 허락하지 말라고 경고했다. 만일 그렇게 한다면 테오필루스를 격분시켜, 예측할 수 없는 결과를 초래하게 되리라는 것이었다. 요한은 숙고 끝에, 언제나 그랬듯이 낙관적으로, 선의를 다하면 문제가 잘 해결되리라는 결론에 도달했다. 그는 두 가지 조처를 취했다. 첫째, 피신해 온 수도승들에게 그들이 겪은 나쁜 일들에 관해 침묵하라고 명령했다. 둘째, 이집트 총대주교에게 그 수도승들을 다시 이집트 교회 공동체에 받아 줄 것을 아들 — 테오필루스가 요한을 주교로 서품한 사실에 대한 상기다 — 이자 형제로서 부탁하는 정중한 편지를 써 보냈다.

이제 이 사건의 전사前史를 대략 살펴보자. 이시도루스는 테오필루스가 콘스탄티노플 주교로 밀었던 후보자였다. 그동안 이시도루스는 알렉산드리아 교회의 여러 구호시설의 책임을 맡아 왔다. 요즈음 말로 해서, 그는 이집트 수도의 광범한 사회사업을 총괄하고 있었다. 어느 날 한 부유한 과부가 가난한 이들의 의복을 구입하라고 이시도루스에게 금화 1천 닢을 주었다. 그러면서 그 희사를 테오필루스에게 비밀로 해 달라고 부탁했다. 테오필루스가 그 큰 금액을 자신의 건축물들 중 하나에 쏟아붓지 않을까 걱정했던 것이다. 이 이집트 총대주교는 돈 많이 드는 건축 사업으로 유명했다. 그는 그야말로 파라오처럼 건축에 미쳐 있다는 소문이 돌아다녔다. 아무튼 테오필루스는 온 도시에 정보원을 깔아 두었는데, 그들이 그 일을 즉시 그에게 고자질했다. 이성을 잃은 테오필루스는 이시도루스를 제거하기로 결심했다. 두 달 동안 잠자코 있던 테오필루스가 공격을 시작했다. 테오필루스는 18년 전, 이시도루스가 어떤 선원과 동성애 관계에 있다고 고발하는 편지를 받은 일을 기억해 냈다. 당시 테오필루스는 아무 조처도 취하지 않았는데, 이시도루스가 그의 총애를 받고 있었기 때문이나. 그러나 그는 그 편지를 보관하고 있었다. 이제 테오필루스는 그 편지를 새삼스레 끄집어내어, 알렉산드리아 성직자단 회합에서 이시도루스를 고발했다. 그런데 이제는 증인이 없는 먼 과거의 일로 고발하는 것은 확실하지 못하다는 것을 잘 알고 있었기 때문에 새로운 증인을 하나 만들었던바, 그 젊은 남자가 자신이 이시도루스와 성적 관계를 맺었다고 주장했다. 테오필루스는 그 거짓 증인을 금화 열다섯 닢으로 매수했는데, 증인은 이 돈을 제 과부 어미에게 넘겨주었다. 그런데 그 어미가 그 역겨운 전후 사정을 이시도루스에게 털어놓았다. 그녀는 그에게 총대주교의 누이가 자신에게 준 금화들을 보여 주었다.

테오필루스는 이시도루스를 교회 공동체에서 축출하기로 결심했다. 이시도루스는 목숨이 더 이상 안전하지 않음을 느끼고, 나일 강 삼각주

남서쪽의 니트리아 광야로 달아났다. 그곳에는 그가 예전에 몇 년간 속했던 '키다리 수도승들'의 공동체가 있었다. 이들은 그 불행한 여든 살 노인을 친절하게 맞아들였다. 그 소식을 들은 테오필루스는 그 수도승 공동체 인근 지역의 주교들에게 편지를 써서, 그 공동체의 지도자들을 그들 암자에서 반드시 쫓아내라고 요구했다. 상황이 이에 이르자 수도승들은 총대주교에게 가서, 그의 처사에 대한 해명을 요구하기로 결심했다. 그러나 총대주교는 그들을 극히 무자비하게 다루었는데, 그의 눈은 용의 그것처럼 핏발이 서 있었다고 한다. 총대주교는 '키다리 수도승들' 중에서 가장 가까이 서 있던 암모니우스의 긴 겉옷의 깃을 움켜쥐고 그의 얼굴을 때려 피를 흘리게 하고는 소리쳤다. "이 이단자야, 우선 오리게네스에 대한 단죄부터 표명해 보거라!"

이로써 알렉산드리아 출신의 걸출한 성경학자 오리게네스(185~254)의 이름이 언급되었는데, 그는 자신 이후의 150년 교회사와 우리 책의 아래 여러 쪽에서 큰 중요성을 지니고 있다. 오리게네스는 신학적 문제들을 아직 자유로이 토론할 수 있던 시기에 살았다. 그는 세상의 기원과 미래에 관한 대담하고 독특한 사변을 전개했는데, 여러 시대별로 세계들이 연이어지며 이 세상에 체류하는 것은 정화淨化에 기여한다고 생각했다. 그리고 영혼이라는 이성적 핵은 불멸하기 때문에, 종국에는 하느님의 도우심으로 모든 사람이 구원되리라고 했다. 오리게네스에게 하느님은 형체 없는 영이며, 그래서 하느님에 의해 인간적 방식으로 발설된 성경의 모든 언설은 전의轉義적 방식으로 해석되어야 한다고 생각했다. 니케아 공의회(325)와 콘스탄티노플 공의회(381)의 결정들에 비추어 보면 이 위대한 스승의 특정 언설들은 문제 있게 여겨지지만, 4세기 말엽까지 교육받은 신학자들은 모두 오리게네스가 개척한 진로를 따라 사유했다. 358년경 카파도키아의 두 주교 대大바실리우스와 나지안주스의 그레고리우스는 오리게네스 작품들의 한 선집('Philokalie')을 편찬함으로써, 미칠 수 없는 자신들의 전범 오리게네스에게 경의를 표시했다. 그러나 평범한 사람들의 정서는 오리게네스의 영성화된 부활 교설에 반감을 느꼈고, 육신의 부활을 힘주어 옹호했다. 375년경 키프로스 살라미스(콘스탄티아)의 주교 에피파니우스가 이른바 오리게네스의 일련의 오류들을 한 권의 책으로 묶어 펴냈다.

 4세기의 마지막 25년 동안 하느님에 관해 어떻게 맞갖게 진술할 것인가라는 문제를 둘러싸고 격렬한 논쟁이 벌어졌다. '키다리 수도승들' 같은 사람들, 그리고 테오필루스 자신도 오랫동안 이 문제에서 오리게네스처럼 사유했다. 하느님을 순전한 영으로 이해할 때에만, 그분에 관해 맞갖게 말할 수 있다는 것이었다. 399년만 해도 테오필루스는 옛 관습에 따라 부활절 날짜를 공포한 서간에서, 인간적 표상들을 통해 하느님에 관해 사유하고 진술하는 신인동형설Anthropomorphismus을 단죄하고, 하느님의 무형성無形性을 강조했다. 그러나 대부분 교육을 받지 못한 이집트의 많은 수도승 사이에서는 신인동형설적 사유가 갈수록 널리 퍼져 나갔다. 그들은 분명히 하느님의 눈, 손과 팔, 분노와 자비에 관해 말하는 성경을 자기네 정당성의 근거로 내세웠다. 순전한 영이며 형체 없는 오리게네스의 하느님은 그들로서는 거의 실감할 수 없었고, 그들의 단순한 신앙에 충분한 자양분을 제공하지 못했다. 그들은 자기네 총대주교의 부활절 서간 안의 단죄가 자신들의 신앙을 모욕했다고 느꼈고, 그래서 서둘러 알렉산드리아로 달려가 항의했다. 테오필루스는 시대의 표징을 용케 알아차리는 현실적 정치가였다. 그는 수도승들을 다음과 같은 교묘한 문장 하나로 진정시킬 수 있었다. "나는 여러분을 볼 때면, 하느님의 얼굴을 보고 있다고 확신합니다." 테오필루스는 그러나 그 이상의 일도 할 수 있다는 것을 여실히 보여 주었으니, 자신의 신학적 신념을 근본적으로 바꾸었던 것이다. 이로써 테오필루스는 알렉산드리아 민중이 그에게 붙여 준 '암팔락스' Amphallax라는 별명에 온전히 부합했다. 이 별명은, 자유로이 번역하면, '이것 아니면 저것'이라는 뜻이다. 다른 말로 해서, 테오필루스는 언제나 양자택일의 여지를 마련해 두고 있었다. 그에게는 좀 괴롭겠지만, 두 통의 축하 편지 이야기가 널리 알려져 있었다. 막시무스가 테오도시우스 1세를 거슬러 반란을 일으켰을 때, 테오필루스는 이시도루스에게 편지 두 통을 들려 로마로 보냈다. 한 통은 테오도시우스에게 쓴 것으로, 그가 전투의 승리자로 떠오르면 그에게 전달될 예정이었다. 다른 한 통은 막시무스가 승리자가 되면 그에게 전해질 축하 편지였다. 테오필루스가 이제 오리게네스 사상의 배척을 통해 실행한 노선 변경은 또한 그에게, '키다리 수도승들'과 그들의 동조자들을 거슬러 조처를 취할 수 있는 기회를 제공해 주었다. 테오필루스는 알렉산드리아로 시노드를 소집하고, 오리게네스의 교설을 단죄토록 했다.

이로써 끝난 것이 아니었다. 테오필루스는 니트리아 광야의 수도승들 중 다섯을 구슬러, 자신이 작성한 형법상으로 중대한 고발 사유들이 첨부된 '키다리 수도승들' 명단을 제국 태수에게 제출토록 했다. 이 다섯 명에게는 포상으로 성직이 주어졌으니, 하나는 주교로, 둘은 사제로, 나머지 셋은 부제로 서품되었다. 테오필루스는 태수에게 '키다리 수도승들'과 그 동조자들의 추방을 지원하겠다는 약속을 받아 낼 수 있었다. 400년 봄 테오필루스는 직접 여러 명의 병사와 술 취한 자기 패거리를 대동하고, 한밤에 '키다리 수도승들'의 집단 주거지를 습격했다. 수도승들의 암자는 파괴되고 불태워졌다. '키다리 수도승들'과 동조자들은 적시에 도피하여 험한 꼴을 모면할 수 있었다. 그러나 테오필루스는 그들을 가만히 버려두지 않았다. 팔레스티나의 주교들을 부추겨 수도승들을 배척하게 했고, 그래서 그들은 북쪽으로 갔지만 닫힌 문들만 마주해야 했다. 수도승들은 여러 달을 떠돌아다녔다. 처음에는 3백 명이 넘었으나, 이제는 50명 남짓으로 줄어들었다. 마지막으로 수도승들은 배를 타고 콘스탄티노플로 가서 요한 주교에게 도움을 청하기로 결심했다.

이집트 총대주교는 '키다리 수도승들'이 콘스탄티노플로 떠났다는 소식을 듣고는, 만일 자기를 고발하는 그자들이 요한 주교나, 더 고약하게는 황제의 호의를 얻는다면, 자신의 지위와 명망이 크게 위협받으리라는 것을 즉시 파악했다. 테오필루스는 역습 전략을 펴 나갔다. 우선 동맹자들을 찾았다. 마침 아주 맞춤한 아군이 있었으니, 신망이 높은 고령의 키프로스 수석 주교 에피파니우스였다. 에피파니우스는 앞에서 언급했듯이, 이미 25년 전에 이른바 오리게네스의 오류들에 대해 경고했고, 이단자 사냥꾼으로 유명했다. 그는 그리스식 교육의 반대자였지만, 자신은 라틴어, 히브리어, 시리아어, 콥트어를 할 줄 알았다. 그런데 에피파니우스의 학식이라는 것은, 그의 스타일과 마찬가지로 짜임새 없고 어지러웠다. 방법론도 까다로울 게 없었으니, 자신과 어긋나는 견해들에 대해서는 아주 극렬한 공격을 퍼부었다. 드잡이질까지도 마다하지 않을 정도였다. 예루살렘 인근의 한 성당에서 에피파니우스가 예수 그리스도의 모습이 그려진 휘장을 보았다. 그는 동행자에게 성경은 누가 뭐래도 신상들을 금지한다고 말하고는, 거침없이 휘장을 움켜쥐고는 찢어 버렸다.

이 남자에게 이제 테오필루스가 편지를 써 보냈다. 그러면서 팔레스티나 주교들에게 보내는 회람 문서를 동봉했는데, 이를 통해 팔레스티나 주교들에게 니트리아 사건을 통지하고, 그들이 떠돌아다니는 '키다리 수도승들'을 도와주는 것을 저지할 수 있었다. 테오필루스는 에피파니우스에게 보낸 편지에서, 그의 주교들을 시노드에 소집하여 오리게네스를 단죄토록 하고, 그 결의 사항들을 콘스탄티노플의 요한 주교와 자신에게 공식적으로 통보해 달라고 요청했다. 테오필루스는 그 사신私信에서, 자신이 에피파니우스를 선택한 까닭은 그가 자기보다 오래전에 진리를 깨닫고 오리게네스의 오설들을 배격했기 때문이라고 말했다. 에피파니우스는 2년 전만 해도 전혀 다른 입장을 옹호하던 강력한 총대주교가 이제 자신의 관점을 공유하게 된 것에 기분이 우쭐해졌다. 필경 이런 아첨성 언급에 취했기 때문에, 에피파니우스는 그 시점에서는 테오필루스가 요한 크리소스토무스와의 싸움을 위해 자신을 그저 장기판의 말(馬)로 이용하고 있다는 사실을 간파하지 못하고, 나중에야 알아차리게 된다. 아무튼 에피파니우스는 테오필루스의 부탁에 따라 키프로스의 주교들을 소집하여 오리게네스를 단죄했다. 그리고 그 결의 사항들을 요한 크리소스토무스에게 통지했는데, 그 역시 시노드를 소집하여 중대한 오류들을 단죄하라는 요구를 빼놓지 않았다.

 테오필루스는 그동안 일군의 니트리아 수도승들을 콘스탄티노플로 보냈고, 이들은 '키다리 수도승들'의 언설들을 반박하면서 그들의 추방은 정당했다고 설명했다. 좀 뒤에 테오필루스는 또 한 무리의 남자들을 파견했는데, 설득력으로 이름난 자들이었다. 그들에게 테오필루스는 '키다리 수도승들'에게 불리한 새로운 서류 다발을 들려 보냈고, 그들은 그 서류 다발로 상당한 성과를 거두었다. 수세에 몰린 '키다리 수도승들'은 결국 테오필루스에게 자신들은 모든 오설을 배격할 준비가 되어 있다고 확언하는 편지를 써 보냈다. 그러나 오리게네스의 이름은 언급하지 않았다. 그런데 이 편지는 테오필루스의 화만 더 돋우었다. 게다가 테오필루스는 알렉산드리아에 들려온, '키다리 수도승들'이 바야흐로 교회 공동체에 받아들여졌다는 소문에 크게 놀랐다. 테오필루스는 요한이 '키다리 수도승들' 사건을, 알렉산드리아를 희생시키고 수도 주교좌의 세력을 확장하는 데 이용한다고밖에는 생각할 수 없었다. 두 도시 간의 경쟁은 콘스탄티누스 대제가 새로운 수도로 주재지를 옮기고, 그로써 그곳에 우뚝한 정치적 중요성을 부여했을 때부터 시작되었다. 이 경쟁에서 알렉산드리아 교회는, 앞에서 언급한 381년 콘스탄티노플 공의회의 결정 — 수도의 주교좌가 동방에서는 첫째 주교좌이며, 지위에 있어서 로마 바로 다음이다 — 에 이미 위협을 느꼈었다. 테오필루스는 이제 콘스탄티노플의 명예상 지위가, 알렉산드리아 교회의 사안에 대한 콘스탄티노플 주교의 간섭을 통해 실제적이고 법률적으로 보강될 수 있다는 점을 우려했다.

'키다리 수도승들'은 이제 테오필루스의 비행들을 상세히 열거한 진정서를 작성하여 요한 주교에게 제출하는 것 외에는 다른 방법이 없다고 생각했다. 여느 때에는 자신이 매우 존경하는 요한 크리소스토무스의 적대자들에게 불리한 자료를 인용하는 데 까다롭지 않은 팔라디우스가, 이 비행 목록은 인용하고 싶지 않다고 특별히 덧붙였는데, 성숙하지 않은 순진한 그리스도인들의 신앙을 동요시킬 우려가 있기 때문이라고 했다. 이 진정서를 수도승들은 요한이 콘스탄티노플로 돌아온 뒤에 제출하고자 했다. 그 시점에는 요한이 소아시아 여행 중이었다.

콘스탄티노플에 도착하자마자, 요한은 이 극히 예민한 상황과 맞닥뜨렸다. 그는 친한 주교 여러 명을 '키다리 수도승들'에게 보내, 테오필루스에게 불리한 언설들을 취소하고 콘스탄티노플을 떠나라고 부탁했다. 그 비행들을 정식으로 다루게 되면 불행만 초래할 뿐이라는 것이었다. 요한은 추문을 방지하기 위해 무진 애를 썼다. 그러나 '키다리 수도승들'은 그의 부탁에 따르기를 거부했다. 그래서 요한은 이제 두 번째로 알렉산드리아의 동료에게 편지를 써 보내면서, 그를 고발하는 내용들의 목록을 동봉했다. 테오필루스는 격렬하게 반응했다. 이제는 '키다리 수도승들' 가운데 가장 연장자인 디오스코루스도 파문하고(그때까지 디오스코루스에게는 처벌을 내리지 않았다), 또 요한에게 주교는 다른 교구의 법률 사건에 관해 의견을 개진하는 것이 금지되어 있다는 니케아 공의회의 결정을 상기시키는 신랄한 편지를 써 보냈다. 자신의 행위가 조사받아야 한다면 이집트 재판관들 앞에서 그렇게 할 터이지, "75일 거리 이상 떨어진 곳에 사는 당신 앞"에서는 결코 그리하지 않으리라는 것이었다.

요한은 이제 테오필루스와는 더 이상 일을 진척시킬 수 없다는 것을 깨달았다. 그는 마지막 노력으로, '키다리 수도승들'과 테오필루스의 사절들을 함께 불러 화합하라고 촉구했다. 그러나 양측 모두 그럴 마음 자세가 되어 있지 않았다. '키다리 수도승들'과 동조자들은 사실 수도에서 보낸 여러 달 동안 전혀 성과가 없으며, 주교는 자신들을 위해 아무것도 해 줄 수 없고 또 그럴 뜻도 없다는 확고한 인상을 받았다. 그래서 직접 황제와 황후에게 간청하기로 결심했다. 그들은 두 통의 탄원서를 작성했다. 한 통은 테오필루스의 대리인들이 자신들을 중상모략했음을 입증하는 것이었다. 다른 한 통은 이집트 총대주교의 비행 목록을 담고 있었다. 402년 6월 24일 탄원서들을 전달할 좋은 기회가 찾아왔다. 세례자 요한 축일인 그날 황후가 세례자를 기념하기 위해 건립된 헤브도몬에 있는 성당으로 행차했다. 수도승들은 황실의 의전 마차를 막아 섰다. '키다리 수도승들'이 누구인지 알고 있던 에우독시아는 마차를 멈추게 했다. 그녀는 몸을 굽히고 마차에서 나와, 그들에게 황실과 온 제국을 위한 축복과 전구를 청했다. 황후는 수도승들의 수난사를 들어 주었고, 또 자기들을 중상모략한 이집트 총대주교의 대리인들을 고발하는 사건을 세속 법정에서 다루고 또 총대주교 자신은 요한 주교를 의장으로 하는 시노드에 출두하게 해 달라는 수도승들의 간청을 경청했다. 황후는 간청을 자비로이 받아들이고, 자기는 '키다리 수도승들'의 갈망을 자신의 갈망으로 삼겠다고 선언했다.

황후의 영향력으로 말미암아 정부가 실제로 그 난민들의 관심사를 정식으로 다루기로 결정했다. 테오필루스에게는 요한 주교가 주관하는 교회 법정에서 자신을 변호해야 한다는 황제 명령이 공포되었다. 고위 관리인 엘라피우스가 이 명령을 받들고 알렉산드리아로 파견되었다. 동시에 '키다리 수도승들'을 중상모략했던, 콘스탄티노플에 체류 중인 총대주교의 사절이 체포·기소되었다. 그들은 자기네 소행이 정당했음을 입증하지 못하면 엄한 처벌을 받을 터였고, 그로써 못된 비방이 되갚아질 터였다. 테오필루스에 대한 심리가 종결될 때까지 그들은 갇혀 있어야 했다.

2.11. 테오필루스 총대주교의 전략

엘라피우스가 황제의 소환장을 이집트 총대주교에게 전달한 순간, 테오필루스가 어떤 감정에 사로잡혔는지 우리는 알지 못한다. 확실한 것은 그가 굴욕감을 느꼈다는 사실, 이집트에서 가장 강력한 남자도 그런 치욕을 당했다는 사실이다. 그리고 그가, 일을 그렇게 몰아간 배후 인물이 요한 크리소스토무스라고 여겼다는 것 또한 확실하다. 아무튼 테오필루스에게는 수도로부터의 명령에 따르는 것 외에 다른 선택의 여지가 없었음은 분명하다. 출발하기 전에 그는 실행 가능한 역습을 면밀히 숙고했다. 테오필루스는 이미 요한의 주교 서임 직후부터 궁리했고 친구들과 상의했던 계획을 비로소 끄집어냈다. 그 적수가 황제의 호의를 얻고 있기에

손댈 수 없던 동안에는 그냥 묻어 두었던 계획이다. 그러나 이제 테오필루스는 교묘한 전략을 펼치기 시작했다. 우선 출발을 최대한 연기했다. 게다가 여정의 일부에서는 시간상 훨씬 오래 걸리는 육로를 택했다. 알렉산드리아에서 콘스탄티노플까지의 여행은 배로 20일 남짓 걸렸다. 육로로는 약 75일이 소요된다. 테오필루스는 요한에게 보낸 편지에서 바로 이 숫자를 들먹인 적이 있다. 아마도 테오필루스는 배편으로 리키아(오늘날의 터키 남부)까지 간 다음, 나머지 여정은 육로를 택했던 것 같다. 그렇게 함으로써 여정 중에 요한 크리소스토무스를 거슬러 사람들을 선동할 수 있는 기회를 얻었다. 과연 성직매매 때문에 에페소에서 요한에 의해 해직된 주교들도 '떡갈나무 시노드'에 나타날 터였다. 짐작건대 테오필루스가 여행 중에 그들을 구슬러, 자신과 함께 칼케돈으로 가자고 했을 것이다.

테오필루스는 떠나기 전 이미 알렉산드리아에서 아카키우스·안티오쿠스·세베리아누스 주교들과, 그리고 콘스탄티노플 수도승들의 지도자 이사악과 연락을 취했다. 그는 이들이 요한의 극렬한 적대자들이라는 것을 잘 알고 있었다. 테오필루스는 또한 네 명의 시리아인을 시켜 요한의 안티오키아에서의 이력을 샅샅이 조사하게 했다. 그러나 이 일은 아무 성과도 거두지 못했다. 그래서 테오필루스는 또 하나의 조처로, 늙은 에피파니우스와 다시 접촉했다. 그는 에피파니우스에게 자신이 파문한 '키다리 수도승들'을 요한 크리소스토무스가 교회 공동체에 받아들였으며, 그들의 오설을 공유하고 있음이 분명하다고 편지로 알렸다. 그러고는 그 늙은 수석 주교에게 친히 콘스탄티노플로 와서 이단자들과의 싸움을 맡아 달라고 부탁했다. 요한이 오리게네스의 오설을 따른다고 테오필루스가 정말로 믿었으리라고는 거의 생각할 수 없다. 원래 안티오키아 학파는 전반적으로, 그리고 요한 크리소스토무스는 특히나, 대담하고 진기한 사변들을 멀리했다. 그러나 테오필루스는 이런 비난이, 늙은 이단자 사냥꾼 에피파니우스를 부추기는 맞춤한 수단이라고 생각했다. 과연 테오필루스의 예상은 적중했다. 에피파니우스가 배를 집어타고 콘스탄티노플로 온 것이다. 그렇지 않아도 에피파니우스는 요한에게 앙심을 품고 있었으니, 수년 전 요한이 안티오키아에서 독서자와 보조자로서 플라비아누스 주교를 모실 때, 자신은 파울리누스가 안티오키아의 적법한 주교라고 주장했기 때문이다. 게다가 요한은 시노드를 개최하여 오리게네스를 단죄하라는 자신의 요구에도 별 반응이 없었다.

 에피파니우스는 403년 4월 중순 콘스탄티노플에 도착했으나, 시의 항구들 중 한 곳에 정박하지 않고 헤브도몬에 정박했다. 그런 다음 요한 성당으로 가서 미사를 집전하고, 이어서 한 부제를 서품했다. 이 두 가지 일로 그는 당시 통용되던 교회 규범을 우악스레 위반했으니, 요한 주교를 도발하고자 했던 것이 분명하다. 요한은 그동안 이 키프로스 수석 주교의 도착 소식을 들었다. 그래서 에피파니우스에게 대리인을 보내어, 자신의 개인 손님으로 초대했다. 그러나 에피파니우스는 요한이 '키다리 수도승들'을 추방하고 오리게네스의 이단적 명제들에 대한 단죄에 찬동하는 서명을 하기 전에는, 그와 한 지붕 아래 머물지 않을 것이고 함께 미사도 드리지 않을 것이라는 모욕적인 말로써 초대를 거절했다. 그러고는 사설 숙박소에 거처를 정했다. 에피파니우스는 수도에 체류하고 있던 주교들과 접촉하고 그들을 모임에 초대했다. 그리고 그들에게 오리게네스 작품 중의 이런저런 명제들을 단죄한 키프로스 시노드의 결의 사항들을 읽어 주고는, 그들도 문서에 서명하라고 요청했다. 이 요청에 몇 사람이 — 정통 신앙의 그 늙은 선봉장에 대한 존경심에서였건, 요한 크리소스토무스를 나쁘게 여겼기 때문이건 — 응했다. 그러나 다수는 서명하기를 거부했다.

토미(오늘날 루마니아의 콘스탄차)의 주교 테오티무스는 금욕 수덕과 신통력으로 명망이 높았는데, 설득력 있는 언설로 거부 의사를 밝혔다. 어떻게 사람이 150년 전에 세상을 떠난 저명한 스승에 대한 추념을 비난할 수 있는가? 사실 얼마 전까지만 해도 그의 교설은 아무 비난도 받지 않았다. 그러고 나서 테오티무스는 오리게네스의 책 한 권을 꺼내 몇 대목을 낭독하고는, 이렇게 심원한 사상을 비방하고자 하는 사람은 터무니없는 짓을 하는 것이라고 선언했다.

그러나 에피파니우스는 이 거부에 전혀 움츠러들지 않았다. 그는 새로운 계획을 세웠다. 에피파니우스는 사도 성당으로 가서 설교대에 자리 잡고 오리게네스에 대한 단죄와 '키다리 수도승들'과 그 추종자들의 파문을 공표하고, 요한 크리소스토무스의 미온적 태도를 공공연히 질책하고자 했다. 요한 주교는 그때까지 극히 자제하는 태도를 보였는데, 긴급한 경우에만 명망 있는 에피파니우스를 거슬러 조처를 취할 수 있다는 것을 잘 알고 있었기 때문이다. 그런데 이 긴급한 경우가 이제 도래한 것이었다. 다음 날 아침 에피파니우스가 사도 성당으로 출발하려는데, 세라피온이 찾아와 요한 주교의 통고를 다음과 같이 전했다. "에피파니우스는 교회 규범을 여러 차례 위반했으며, 전에는 콘스탄티노플로의 소환을 수차 거부하고는 이번엔 제멋대로 왔다." 통고는 에피파니우스를 조심스럽게 만든 문장으로 끝맺었다. 자제하는 게 좋을 것이라고, 그렇지 않으면 군중의 소요를 불러일으켜 신변의 안전을 위태롭게 할 수도 있을 것이라고. 에피파니우스는 계획했던 행동을 포기하고 물러났다. 떠나기 전에 그는 황후를 알현할 수 있었다. 역사가 소조메누스(우리는 그의 서술에 의존하고 있다)의 이야기에 따르면, 어린 테오도시우스가 병이 나자 에우독시아가 대단한 치유 능력이 있다고 소문난 그 백발의 주교를 찾아 데려오게 했다.

절도節度와 분별에 대한 감각이라곤 애당초 결여되어 있던 에피파니우스는 부탁받은 기도를 해 주고는 상황을 터무니없이 악용했으니, 황후가 '키다리 수도승들'에 대한 도움을 중단한다면 아들이 다시 건강하게 되리라고 언명했다. 황후는 격분하여 그 수석 주교에게 냉정하게 선언하기를, 만일 하느님이 자기 아들을 데려가시기로 결정하셨다면 자신은 그분 뜻에 순종할 것이라고 했다. 이어서 그녀는 얼마 전 에피파니우스의 촉망받던 수석 부제가 사망한 일을 상기시키면서 계속 말했다. 만일 에피파니우스가 소문처럼 정말로 신통력을 가지고 있다면 자기 부제의 생명을 지켜 줄 수 있었을 것이라고. 소조메누스의 보고를 더 따라가 보자. 에피파니우스와 '키다리 수도승들' 간에 담판이 이루어졌는데, 그 결과 에피파니우스는 이 이집트 수도승들이 이단자가 아님을 수긍하게 되었다. 그는 자신이 단지 소문과 비방에만 근거하여 그들을 단죄했다고 자인했다.

자신의 임무가 실패했음을 깨달은 에피파니우스는 귀로에 올랐다. 한 가지 일화로, 에피파니우스는 요한에게 상대한 소망을 담은 편지를 써 보냈다. "나는 그대가 주교로서 사망하지 않기를 바라오." 요한 역시 모진 말로 답장을 했다. "나는 귀하가 고향을 다시 보지 못하기를 바랍니다." 두 소망은 과연 이루어지게 되는데, 후자는 아주 빨리 실현되었다. 에피파니우스는 테오필루스가 알렉산드리아를 떠나기도 전인 403년 5월 12일, 바다 한가운데서 사망했다.

2.12. '떡갈나무 시노드'

요한 크리소스토무스를 수세에 몰아넣고자 했던 두 가지 시도는 실패했다. 요한의 과거에서 무엇이든 어두운 구석을 들추어내고자 했던 안티오키아에서의 조사는 아무 성과 없이 끝났다. 그리고 에피파니우스는 요한을 이단자로 걸고넘어져 보지도 못한 채 떠나 버렸다. 테오필루스는 그러나 체념을 모르는 인간이었다. 오히려 그는 이번에야말로 극히 대담하고 뻔뻔스러운 새 계획을 세웠다. 역할들이 바뀔 터였다. 테오필루스는 피고발인에서 고발인으로 되고자 했던바, 요한은 황궁이 그에게 부여하기로 한 재판관 역할에서 피고발인 역할로 뒤바뀌게 된다. 이집트 총대주교는 자신이 지금 자칫하면 깊은 나락으로 추락할 수도 있는 위태로운 모험을 하려 한다는 것을 잘 알고 있었다. 그러나 그는 산전수전 다 겪은 책략가였고, 이번에도 주도면밀하게 사전 포석을 했다. 여기서 핵심 인물은 ― 테오필루스에게는 명확했거니와 ― 황후였다. 그는 황후가 요한 주교를 여전히 공경한다는 것, 그러나 다른 한편 이미 여러 차례 그에게 마음의 상처를 입었다는 것을 알고 있었다. 테오필루스를 따르는 주교들이 콘스탄티노플에서 세베리아누스의 주도로, 요한 크리소스토무스의 설교들에서 어떤 대목은 덧붙이고 또 어떤 대목은 빼 버리는 작업을 하여 일종의 발췌본을 만들어 냈다. 팔라디우스의 보고에 따르면, "그들은 마치 요한이 황후와 그 밖의 황궁 사람들을 야유하고자 했다는 듯이, 그의 몇 가지 설교를 변조했다."[26] 그들은 그 작업에 큰 수고를 하지 않아도 되었으니, 요한 자신이 부유한 귀부인들의 사치에 대한 잦은 비판으로 그들에게 유용한 자료를 제공했기 때문이다. 그런데 하필이면 그렇지 않아도 팽팽하게 긴장된 이 시기에, 성급하고 무모했던 에피파니우스가 떠난 지 얼마 안 된 403년 5월에, 요한이 여인들의 허영을 또다시 신랄하게 비판했다. 요한의 비판은 일반적이었으나, 청중은 황후와 황궁 여인들을 겨냥한 것으로 알아들었다. 짐작건대 바로 이 설교(안타깝게도 보존되어 있지 않다)가, 세베리아누스 무리가 만든 발췌본의 핵심이었던 것 같다. 세베리아누스는 이 설교를, 곧바로 황후를 겨냥한 것이라는 인상을 주기 위해 아주 약간만 고치면 되었다. 에우독시아는 소식을 전해 듣고 격노했다. 그녀는 여자로서의 자의식에 상처를 입었고, 천한 백성들이 자신을 주교의 비판 대상으로 여기는 것에 울화가 치밀었다. 에우독시아는 측근들과 의논을 했다. 세베리아누스가 예전에 황후가 요한 때문에 체면이 손상된 일들을 새삼 상기시킴으로써 불에 기름을 부었다. 그녀는 아르카디우스에게 달려가, 황후만이 아니라 황제도 모욕을 당했음을 수긍하도록 만들었다.

403년 8월 말, 테오필루스가 황제의 명령을 받은 지 일 년도 더 지나 알렉산드리아를 출발하여 이제 보스포루스 해협의 아시아 쪽 지역의 칼케돈에 도착했다는 사실이 콘스탄티노플에 널리 알려졌다. 테오필루스는 칼케돈의 주교 키리누스의 집에 머물렀다. 키리누스 역시 이집트 사람이었다. 그는 요한 주교의 에페소 여행에 동행했었다. 그런데 우리로서는 알 수 없는 이유로, 요한 크리소스토무스의 친구에서 극렬한 반대자로 바뀌어, 요한은 하느님을 믿지 않고 오만하고 목이 뻣뻣한 인간이라고 떠들고 다녔다. 테오필루스는 자신의 일이 성공하리라 확신했음이 분명하다. 그는 알렉산드리아를 떠나기 전에도, 그리고 여행 중에도 이렇게 선언했다고 한다. "나는 요한 주교를 파직시키러 간다." 테오필루스는 혼자 와야 한다는 황제의 명령을 느긋하게 무시했으니, 29명이나 되는 부주교 부대를 이집트에서부터 대동하고 나타났다.[27] 또한 테오필루스는 값비싼 선물, 특히 이집트와 인도 산崖의 순정한 향수 따위도 잔뜩 가지고 왔다. 이 시기와 이제 발생할 사건들과 관련하여, 우리는 한 가지 중요한 보충 자료를 가지고 있다. 404년 5월 요한 크리소스토무스는 교황 인노켄티우스 1세에게, 이집트 총대주교가 도착한 이후 콘스탄티노플에서 일어난 사건들을 서술하고, 지원을 부탁하는 편지를 써 보냈다. 아무튼 테오필루스는 얼마 동안 시간을 흘려 보낸 뒤, 배를 타고 콘스탄티노플로 갔다. 칼케돈에서 오는 배들은 통상 '황금 뿔' 지역에 있는 포스포리아누스 항구에 정박했다. 그러나 테오필루스는 마르마라 해의 큰 항구 엘레우테리우스로 키를 돌리게 했다. 이 항구를 통해 이집트에서 수입한 곡물이 들어왔고, 이 곡물 수입에 큰 자본들이 의존하고 있었다. 주민들은 로마 주민들과 마찬가지로, 정기적으로 나누어 주는 '은총의 빵'을 받았다. 테오필루스의 배가 입항하던 목요일 정오 무렵은 마침 이집트의 대규모 선대船隊가 하역 작업을 하던 시간이었다. 선원들과 부두 노동자들이 총대주교를 대대적으로 영접했다. 테오필루스를 높이 평가하지 않는 사람이라 하더라도, 그가 이런 식으로 콘스탄티노플에 등장한 것은 탁월한 연출이었음을 인정하지 않을 수 없을 것이다. 총대주교가 준비해 두었던 것은, 사람들 대부분이 자기에게 적대적인 도시에서의 열렬한 환영만이 아니었다. 그로써 그는 또한 은근한 협박을 한 셈이었다. 알렉산드리아 총대주교는 이집트의 곡물 수출을 저지할 수 있는 수단과 힘을 가지고 있었다. 그러나 테오필루스는 일찍이 이집트로부터의 수출 봉쇄를 내세워 위협하는 데 너무 심취했던 저명한 전임자 아타나시우스보다는 영리했다.

요한 크리소스토무스는 테오필루스와 그의 동반자들을 주교 관저에 묵으라고 벌써 초대했으나 테오필루스는 거절했다. 자신은 요한과 아무 관계도 맺고 싶지 않다는 것이었다. 인노켄티우스에게 보낸 편지에서 요한은 테오필루스가 교회에 발을 들여놓지 않았으며, 모든 관례를 거슬러 어떠한 형식의 친교도 거부했다고 썼다. 테오필루스는 주교좌성당의 주랑 현관을 그냥 지나쳐 시내로 가서는, 어딘가에서 '야영'을 했다는 것이었다. 요한은 실제로 이 진기한 표현을 사용했다. 자기 적대자가 어디에 머물렀는지 그가 알고 있었음은 확실하다. 그러나 짐작건대 요한은 그 사실을 편지에서 언급하기에는 너무 불쾌했던 것 같다. 테오필루스는 황후의 한 궁전인 화려한 대저택 Placidianum에 거처를 정했던 것이다. 또한 테오필루스는 작전 사령부를 앞에서 한 번 언급한 바 있는 부유한 과부 에우그라피아의 별장에 설치했다. 요한이 나이 든 과부들은 젊은 여인처럼 보이려 애써서는 안 된다고 훈계했기 때문에, 에우그라피아는 그에게 앙심을 품게 되었다. 테오필루스는 이 별장에서 시리아 출신의 세 주교(세베리아누스, 안티오쿠스, 아카키우스)와 함께 계획을 갈고 다듬었다. 그리고 테오필루스는 에우독시아와도 만나, 요한을 주교직에서 해임하고 자신은 면책 판결을 받기로 합의했다. 요한 크리소스토무스는 테오필루스에게 자신과 함께 논의하자고 청하고, 아예 처음부터 자기를 그렇게 적대하는 까닭이 도대체 무엇인지 알려 달라고 부탁하는 편지를 여러 통 써 보냈다. 그러나 테오필루스는 전혀 답장을 하지 않고, 적수를 몰락시키기 위한 작업을 계속 치열하게 진행시켰다.

'키다리 수도승들'은 자신들의 사정이 좋지 않으며, 만일 테오필루스가 요한을 재판하게 된다면 더 나빠지리라는 것을 분명히 깨달았다. 그런 상황에서 그들은 황제에게 호소하기로 결심했다. 아르카디우스 황제는 전에 자신이 내린 명령을 상기하고는, 그런 맥락에서 요한 크리소스토무스에게 보스포루스 해협을 건너 자기가 있는 루피니아나이 궁전으로 오라고 지시했다. 거기서 황제는 요한에게, 자신은 '키다리 수도승들'이 테오필루스를 거슬러 작성한, 그가 온갖 종류의 범행과 살인까지 저질렀다고 비난하는 고소장을 수령하고, 시노드를 개최하여 재판을 진행시키겠다고 통지했다. 그런데 이 새로운 명령이 일을 더 쉽게 만들어 주지는 않았다. 이 명령은 황궁의 여러 파당 간에 의견이 크게 갈라져 있었음을 분명히 알려 준다. 황제의 새 명령으로 말미암아, 요한 크리소스토무스를 위한 중대한 순간이 찾아왔다고 하겠다. '만일'은 역사적 사유의 범주가 아니지만, 아무래도 이 단어를 과감하게 사용해야겠다. '만일' 요한이 거리낌이나 가책을 별로 모르는, 정치적으로 사유하는 인간이었다면, 이 마지막 기회를 붙잡아 필시 전체 사안을 자기에게 유리하게 결정지을 수 있었을 것이다. 그러나 그는 알렉산드리아의 동료를 재판하는 일을 단호히 거부했다. 거부의 이유로 요한은 그런 일을 금지하는 교회의 규정들을 제시했고, 또한 소송 사건은 해당 교회 관구 밖에서 다루어져선 결코 안 됨을 노골적으로 강조한, 테오필루스가 자신에게 보냈던 편지도 언급했다. 요한이 황제의 명령에 따르기를 거부한 일은, 아르카디우스와 에우독시아가 몹시 기분이 상하여 이제는 아예 다른 계획을 추진하기로 결정하는 결과를 초래했다. 이미 상당 기간 동안 고려되었던 이 대안은, 테오필루스가 요한을 판결하는 것이었다.

가책이나 거리낌이라곤 모르는 테오필루스는 요한의 거부 소식에 매우 놀랐으나, 한편으로는 기뻐 날뛰었다. 그는 즉시 작업을 계속 추진시켰다. 이제 요한을 고발할 사유를 무엇이든 찾아 모으기 시작했다. 요한이 주교 직무를 시작했을 때 그에게 파직된 두 명의 부제가 열심히 고발 사유들을 물어다 주었다. 콘스탄티노플 수도승들의 지도자인 이사악도 기꺼이 협력했다. 출세와 승진을 약속함으로써 테오필루스는 요한 주변의 많은 성직자를 제 편으로 끌어들일 수 있었는데, 그들 중에는 요한이 세라피온의 후임 수석 부제로 임명했던 자도 있었다. 세베리아누스와 안티오쿠스는 요한 반대 선동 작업을 아주 노골적으로 추진했고, 그래서 배우들조차 무대에서 그들을 조롱하기 시작했다. 알렉산드리아의 테오필루스와 콘스탄티노플의 요한의 싸움은 공공연한 사건이 되었다.

테오필루스와 그쪽에 붙은 주교들은 다시 보스포루스 해협을 건너 칼케돈으로 갔다. 수도의 일반 주민들 사이에서 여론이 급격히 자기네 쪽에 불리하게 흐르자, 자기들 중 하나가 관장하고 있는 지역으로 옮겨 가는 것이 현명하다고 판단했던 것이다. 그들은 호사스런 루피니아나이 궁전을 본부로 삼았는데, 이 궁전은 그 앞에 거대한 떡갈나무 한 그루가 서 있었기 때문에 '떡갈나무 쪽으로'라는 이름으로도 불리었다. 아주 가까운 곳에는 작은 항구가 하나 있었는데, 나중에 매우 쓸모 있는 것으로 드러난다.

황제의 궁전에서 황제의 전권 위임으로 진행될 심리가 시작되기 전에, 테오필루스에게는 마지못해 처리해야 할 언짢은 일이 하나 남아 있었다. 황제 부부가 테오필루스는 요한에 대한 소송 절차를 개시하기 전에, '키다리 수도승들'과 화해해야 한다고 고집했던 것이다. 테오필루스는 수도승들을 보스포루스 해협을 건너 자기에게 오게 하여, 궁전에 딸린 수도원에 묵게 했다. 그들과의 회합에서 테오필루스는 사건 전체를 다시 한번 점검해 보자고 제안했다. '키다리 수도승들'이 오설을 주장한다는, 전에 제기했던 비난은 더 이상 언급하지 않았다. 콘스탄티노플에서 이런저런 기대 속에 오래 기다리는 동안 '키다리 수도승들' 가운데 두 사람을 사별했고, 또 테오필루스를 재판하고 그로써 자신들의 권리를 되찾도록 도와줄 수 있는 기회를 날려 버린 요한에게 실망한 그들은, 테오필루스에게 용서와 자비를 청할 각오가 되어 있음을 표명했다. 그 용서를 그들의 총대주교는 자비로이 베풀었다. 이 진기한 방향 전환을 통해 테오필루스는 요한 크리소스토무스의 파멸이라는 목표로 나아가는 길의 마지막 장애물을 제거했다.

403년 9월 하순 테오필루스는 '떡갈나무 쪽으로' 궁전에서 시노드를 개최했는데, 이것이 '떡갈나무 시노드'라는 이름으로 역사에 기록된다. 요한 크리소스토무스를 파직한 이 시노드와 관련하여, 우리는 한 가지 중

요한 보충 자료를 가지고 있다. 포티우스가 이 시노드의 기록들을 총괄 요약하여 후세에 전해 주었다. 9세기에 콘스탄티노플 총대주교였던 포티우스는 여러 권짜리 저작을 출간했는데, 오늘날 '총서'라는 명칭으로 널리 알려져 있다. 279권이나 되는 책을 발췌 · 제공하는 이 저작은 극히 귀중하니, 그 책들 중 다수가 전해 오지 않기 때문이다. 포티우스는 총대주교로서 총대주교좌 문서고에 자유로이 출입할 수 있었고, 거기서 '떡갈나무 시노드'의 기록들을 찾아 읽고 자기 저작에 포함시켰다.[28]

'떡갈나무 시노드'에는 36명의 주교가 모였다. 그중 29명은, 우리가 기억하고 있거니와, 테오필루스가 이집트에서 데리고 온 사람들이었다. 나머지 일곱 명 — 이들 가운데 가발라의 세베리아누스, 베로이아의 아카키우스, 프톨레마이스의 안티오쿠스, 칼케돈의 키리누스를 우리는 잘 알고 있다 — 은 요한 크리소스토무스의 단호한 적대자들이었다. 그 밖에 수도승들의 사부 이사악과 에페소에서 요한에 의해 파직된 주교들 그리고 곤경에 처한 자기네 주교를 버리고 떠난 콘스탄티노플 성직자단의 대표자들도, 투표권은 없지만 참석했다. 시노드는 트라키아 지방의 수석 주교인 헤라클레아의 파울루스 주교를 의장으로 하여 구성되었다. 파울루스는 요한 크리소스토무스의 에페소 여행에 동행했으나, 이제는 그에게 절교를 통고했다. 파울루스가 의장 역할을 맡도록 한 것은, 시노드를 뒤에서 조종하던 테오필루스의 노회한 조처였다. 그로써 테오필루스는 자신이 콘스탄티노플 주교좌의 우위를 근본적으로 인정하지 않는다는 것을 드러냈다. 사실 381년의 콘스탄티노플 공의회 때까지 콘스탄티노플 주교는 헤라클레아 수석 주교 아래 있었다. 또 한 가지, 테오필루스는 그로써 바로 자기가 요한에게 제기했던 비난, 즉 다른 교회 관구의 주교를 재판하고자 한다는 비난도 피할 수 있었다.

시노드에는 앞에서 언급한 두 부제가 종합 정리한 고소장이 제출되었는데, 29가지 항목을 담고 있었다. 주교들은 고소장 내용을 숙지하고는, 요한을 시노드의 심의 위원회에 소환하기로 결정했다. 리비아 출신의 두 젊은 주교에게 이 임무가 맡겨졌다. 소환장에는, 이런저런 계산 아래 의도적으로 수신인을 그냥 '요한'이라고 명기했다. 그의 직책이나 칭호를 빼 버린 것은, 시노드가 요한을 콘스탄티노플의 적법한 주교로 간주하지 않는다는 것을 표명하기 위해서였다. 이로써 칼케돈에 있는 황실의 '떡갈나무 쪽으로' 궁전과 콘스탄티노플의 주교 관저 사이의 오랜 밀고 당기기가 시작되었다. 앞에서 언급한 궁전 부근의 작은 항구는 약 3킬로미터 너비의 마라마라 해를 건너갔다 건너왔다 하는 데 매우 유용했다. 사절들이 시노드의 소환 통보를 전달한 뒤, 요한 주위에 모여 있던 주교들이 회의를 열었다. 그리하여 주교 셋과 사제 둘을 칼케돈으로 파견하기로 결정하고, 다음과 같은 메시지를 테오필루스에게 전하게 했다. 테오필루스는 교회의 질서를 파괴하고 분열을 일으켜서는 안 되며, "그러나 만일 그대가 온갖 법규들을 거슬러 가며 남의 교회 관구에서 재판을 할 수 있다고 생각한다면, 법이 아직 살아 있는 콘스탄티노플로 오라. 그러면 우리가 그대를 심문할 것인바, 사실 우리 손에는 70항목으로 이루어진 그대에 대한 고소장이 있다. 덧붙여, 우리는 숫자상으로도 그대의 회중보다 많다". 요한 크리소스토무스는 테오필루스에게 보내는 사신私信도 한 통 동봉했는데, 거기서 자기는 원칙적으로는 그 시노드에 기꺼이 출석할 준비가 되어 있다고 언명했다. 그러나 물론 자신의 공공연한 적대자들인 테오필루스, 아카키우스, 세베리아누스, 안티오쿠스는 배제되어야 한다는 조건을 붙였다. 피고소인은 누구나 자신이 확신하기에 편견에 사로잡힌 재판관을 거부할 권리를 가지고 있다는 요한의 논증을, 테오필루스는 반박할 수 없었다. '떡갈나무 시노드'는 새로운 사절 두 사람을 요한에게 보냈는데, 한 명은 그의 사제였고 또 한 명은 이사악이었다. 요한은 세 주교를 통해 답변을 보내면서, 이렇게 물었다. "그대들이 나의 적대자들을 배제하기는커녕 심지어 내게 속했던 사람들을 통해 나를 소환하면서, 도대체 무슨 권리로 나를 재판하겠다는 것인가?" 이 답변은 여러 시노드 참석자들의 난폭한 반응을 불러일으켰다. 그들은 세 주교에게 달려들어 한 사람은 피투성이가 되도록 때리고, 또 한 사람은 옷을 찢고, 나머지 한 사람은 목을 쇠사슬로 묶고 말하길, 이것이 요한에게 예정된 운명이라고 했다. 자기 주교들의 회합에 대한 이 모욕에 요한은 대응하지 않았던 것으로 보인다. 요한이 아직 고려해 볼 수 있는 유일한 해결책은, 대표성 있는 시노드가 소집되어 현재의 충돌들을 조정하고 결정을 내리는 것이었다. 한편 테오필루스는 일을 진척시키기 위해, 요한은 직접 '떡갈나무 시노드'에 출두하라는 황제의 명령을 가까스로 얻어 냈다. 요한이 이에 대해 어떻게 반응했는지 우리는 알지 못한다. 확실한 것은, 그가 '떡갈나무 시노드'에 나타나지 않았다는 사실이다.

    테오필루스는 피고소인의 출석 없이 심리를 진행하기로 결심했다. 고소장의 잡다한 항목이 심의되었다. 현대 독자들 눈에는 기이할 정도로, 고발 항목들은 명확한 체계 없이 나열되어 있었다. 그래서 사람들은 상당히 애를 써서 항목들을 네 부류로 나누었다. 한 부류의 고발 항목들은 성직자들에 대한 요한의 부당한 행동에 관한 것들이었다. 요한 크리소스토무스에 의해 해직된 부제들 중 하나인 요한은, 자기가 주교의 종을 때렸다는 이유로 그가 자신을 부당하게 해직했다고 고발했다. 또한 요한 주교는 '키다리 수도승들'을 중상모략했다는 혐의로 정부에 의해 감옥에 갇힌 수도승들을 도우려 애를 쓰지 않았다고 고발되었다. 그 밖의 고발 사유들은 다음과 같다.

요한은 성직자단의 구성원들을 아무 쓸모 없는 파렴치한 인간들이라고 지칭했다, 성직자들을 비난하는 책을 한 권 썼다, 부제 세 사람에게 자기 외투를 훔쳤다는 죄를 뒤집어 씌웠다, 아카키우스 주교를 모욕하고 에피파니우스 수석 주교를 떠버리요 광신자라고 지칭했다, 사도 성당에서 멤논(다른 곳에는 나오지 않는다)이라는 사람의 얼굴을 때려 그의 입에서 피가 흘러나왔다 ….

또 한 부류의 고발 항목들은 교회법과 전례와 관련된 요한 크리소스토무스의 부당한 행동을 겨냥했다. 몇 가지 예를 들면, 요한은 묘지 도굴로 기소된 적이 있는 사람을 주교로 서품했다, 성당에 들어올 때에도 떠날 때에도 기도를 하지 않았다, 한 번의 예식으로 네 주교를 서품했다, 제의를 제의방이 아니라 주교 고좌高座에서 입는다, 영성체 후에 빵 한 조각을 먹는다는 것이었다.

요한이 교회 재산을 처분한 일도 고발되었다. 교회의 귀숭품과 보석들 그리고 부활 성당 장식에 쓰기로 되어 있던 대리석을 매각했다, 교회에 유증된 재산을 처분했다, 분명치 않은 목적으로 교회의 수입을 사용한다는 명목이었다.

그 밖의 고발 사유들로는, 요한은 아무도 동석하지 않은 채 여자 손님들을 맞는다, 혼자 식사하며 외눈박이 거인 키클롭스처럼 제멋대로 산다는 것도 있었다.

다른 맥락에서 이미 언급한 바 있는 한 가지 고발 사유는 정치적 차원을 지니고 있었다. 즉 요한 주교는 군인들이 반란을 일으킨 시기에 황제의 측신 요한의 은신처를 밀고했다는 것이다.

고발 목록은 대부분 입증할 수 없는 혐의들의 어지러운 혼합물이었다.

그것은 기괴하고 야비했다고 소크라테스는 꼬집어 말했다. 요한이 교회 수입의 일부와 유산 같은 부수입을 교회의 사회복지사업 확충을 위해 사용한 것은 누구나 알고 있었다. 또한 그의 식사는 소박한 축에도 들지 못한다는 것도 널리 알려져 있었다. 그러나 우리가 이 치사하고 꼼꼼한 서류 다발을 그냥 덮어 버리지 않고 항목들을 좀 더 면밀히 조사하는 수고를 아끼지 않는다면, 순전히 날조된 고발 외에 진실의 일면을 내포하고 있는 고발도 있음을 알게 될 것이다. 사실 요한은 권위주의적인 지도 방식을 가지고 있었고, 단독으로 결정을 내렸다. 그리고 사람을 다루는 문제에서도 재주가 없었다. 예를 들어 에피파니우스에 관해 요한은 필경, 앞에서 인용한 대로 자기 의견을 말했을 것이다.

심의는 질질 끌었다. 사람들이 겨우 둘째 부류의 고발 항목들을 다루게 되었을 때, 역시 매우 흔한 요한이라는 이름을 가진 한 수도승(그는 자신이 투옥된 것을 부당하게 요한 크리소스토무스 탓으로 돌렸다)이 새로운 고발 사유들을 제출했는데, 요한 크리소스토무스가 에페소 주교로 임명한 헤라클리데스와 훗날 크리소스토무스의 전기를 집필한 팔라디우스를 겨냥한 것이었다. 이 일화는 그냥 넘어가자. 아무튼 심의 말미에 사람들은 고발 항목을 두 가지로 국한하기로 결정했다. 요한이 세 부제에게 자기 외투를 훔친 죄를 뒤집어 씌웠다는 것과, 멤논을 때렸다는 것이 선택되었다. 그런데 둘째 항목의 선택에는 자기 모순이 없지 않았으니, 그들이 그런 선택을 결정한 바로 그 장소에서 요한 크리소스토무스가 사절로 파견한 주교들을 구타하고 모욕했던 것이다. 아무튼 심의는 그래도 끝이 날 수 없었으니, 이번에는 수도승들의 지도자 이사악이 자기가 직접 작성한, 요한 크리소스토무스에 대한 열일곱 가지 고발 사유를 담은 새로운 목록을 제출했기 때문이다. 이 목록은 몇 가지 새로운 강조점을 내포하고 있었다. 우선 에피파니우스가 요한과 어떠한 친교도 가지지 않고자 했음을 강조했다. 그리고 요한은 언제나 혼자 식사를 함으로써, 손님 후대의 예법을 위반했다고 했다. 또한 노예를 주교로 서품했고, 이교인들이 그리스도인들에게 못된 짓을 저질렀는데도 그들을 비호했다고 했다. 현실적인 것은 여덟째 항목이었다. 요한이 군중을 선동하여, '떡갈나무 시노드'를 반대하는 시위를 벌이게 한다는 것이었다. 사실 그 시노드에 모인 사람들은 그것을 분명히 두려워하고 있었다.

한편 두 가지 고발 항목은 신학적 측면을 지니고 있었다. 첫째, 요한은 "그대가 다시 죄를 짓거든, 다시 뉘우치시오. 그리고 죄를 범할 때마다 나에게 오시오. 내가 그대를 낫게 하겠소"라고 가르침으로써, 죄인들을 위태로운 자기 신뢰로 오도했다. 둘째, 요한은 겟세마니 동산에서의 그리스도의 기도가 청허聽許되지 않은 것은 올바르게 기도하지 않았기 때문이라고 주장함으로써, 신성모독을 범했다. 이 두 가지 고발은 순전히 날조된 것은 아니었다. 요한은 사목자로서의 경험에 근거하여, 당시의 엄격한 참회 체계에서 벗어나, 참회는 언제라도 가능함을 자주 강조했다. "그대가 죄인인가? 포기하지 마시오. 나는 그대에게 이 치료약(참회)을 주는 것을 중단하지 않습니다. 그대가 매일 죄를 짓는다면, 매일 참회하시오!" 이런 언설은 자칫하면, 방금 제기된 비난의 의미로 해석될 수 있었다. 예수의 겟세마니 기도와 관련된 고발은 그 연원을, 요한이 대표하던 안티오키아 학파의 그리스도론에 두고 있다고 하겠다. 이 그리스도론은 예수 그리스도 안에서 인성과 신성을 구별하려 노력했다. 예수가 두려움에 가득 찬 기도를 터뜨린 것은, 그의 인간 존재와 관련지어서 보아야 할 것이다. 그러나 예수의 신성의 관점에서는 그런 기도가 필요하지 않으니, 성부와 성자는 하나이기 때문이다.

'떡갈나무' 궁전에 모인 사람들은 결국 이사악이 제출한 목록에서 골라 뽑은 두 고발 항목을 계속 물고 늘어지기로 결정했다. 첫째 항목은 예수 그리스도의 겟세마니 기도에 대한 크리소스토무스의 해석에서 빌미를 찾았다. 둘째 항목은 에피파니우스가 요한과 어떠한 친교도 거부한 사실을 발판 삼아 논증을 전개했다. 생전에 매우 존경받던 그 키프로스의 수석 주교가 어떤 사람과 교회 관습에 따른 친교를 거부했다면, 그 사실상의 파문 선고를 모든 교회는 뒤따라야 한다는 것이었다. 그런 다음 심의는 다시 맨 처음의 목록을 대상으로 진행되었다. 요한이 교회의 보석과 대리석을 팔아 치웠다는 고발과 관련하여, 수석 사제 아르사키우스(작고한 넥타리우스 주교의 동생이었는데, 요한의 후임자가 된다)와 또 한 사람의 사제가 증인을 자청했다. 마침내 시노드 회중은 표결을 하자는 청원이 제기되었다. 한 사람씩 차례로 요한이 유죄라는 데 찬성 투표를 했는데, 마지막으로 투표한 사람은 알렉산드리아 총대주교 테오필루스였다. 그는 자신의 목적을 달성했다. 45표가 요한을 유죄로 판결하고 주교직에서 해임했다. 시노드에 모인 사람의 숫자가 어떻게 해서 원래 서른일곱에서 마흔다섯으로 늘어났는지는 지금으로서는 전혀 밝혀낼 수 없다. 아마도 '떡갈나무 시노드'가 자기네 회중이 요한 크리소스토무스가 주재한 40명 주교의 회합보다 숫자상으로 더 많게 되도록, 여러 주교를 자기들 편으로 끌어들였던 것 같다. 시노드는 12차례 회의를 열었다. 얼마 동안 개최되었는지는 알 수 없다. 시노드의 마지막 절차는 아르카디우스 황제에게 공식 보고를 하는 것이었다.

3. 유배(403~407)

3.1. 첫 번째 유배 그리고 콘스탄티노플로 돌아옴

'떡갈나무 시노드'는 황제에게 올린 보고에서, 요한 크리소스토무스는 갖가지 고발 사유에 대해 아주 잘 알고 있으면서도 시노드에 출석하기를 거부했다고 말했다. 그래서 요한이 불참한 가운데 그를 해직했다는 것이었다. 그리고 이제 고소장은 해직된 주교에게 황제와 황후 폐하를 모욕했다는 죄도 뒤집어씌웠다. 그런데 이에 대한 판결은 시노드의 소관 사항이 아니라고 했다. "폐하께서 요한이 유배되거나, 아니면 이 죄에 합당한 처벌을 받도록 명령하시기 바랍니다." 이 말로써 황제에 대한 공식 보고는 종결되었고, 또 그로써 황제 모독이라는 고발 사유를 계속 심리하여, 필요하다면 그 죄에 상응하는 사형을 판결할 것인지를 황제에게 맡겼다. 팔라디우스는 요한 크리소스토무스 전기에서, 황제와 황후를 모독한 불경죄의 핵심은 요한이 황후를 이제벨에 견준 사건에 있었다고 기록했다. 어떤 과부가 자기 주교에게 황후를 거슬러 하소연한 일을 우리는 기억하고 있다. 이것은 이미 2년 반이 지난 사건이었다. 당시 황궁은 아무 조처도 취하지 않았고, 이번에도 요한에게 불경죄를 지울 뜻은 없었음이 분명하다. 그러나 해직 판결은 즉각 재가되었고, 요한 크리소스토무스를 지체 없이 유배하라는 명령이 내려졌다. 그러나 이 명령의 집행은 옹근 사흘을 지체했다. 군중이 이미 '떡갈나무 시노드' 기간 중에 자기네 주교를 위해 거리로 쏟아져 나왔다. 그리고 더 규모 큰 시노드가 이 일을 판결해야 한다고 격렬하게 요구했다. 그런데 이제 황제가 시노드의 판결을 재가했고, 필요하다면 요한을 강제로라도 연행하라는 명령을 내렸다는 사실이 알려지자, 엄청난 군중이 성 소피아 대성당으로 몰려가 이틀 밤을 지새면서, 명령 집행을 지시받은 관원들이 주교 관저에 발을 들여놓지 못하게 막았던 것이다.

셋째 날 아침 요한 크리소스토무스가 고별 설교[1]를 하기 위해, 수천은 못 되어도 수백은 넘는 지지자들로 에워싸인 주교좌대성당에 나타났다. 요한은 자기 공동체에게 진정하라고, 그리고 기도로 자신을 도와달라고 부탁하는 말로 설교를 시작했다. 그리고 자신은 언제나 그들과 결합되어 있을 터이니, 공동체와 그들의 주교의 유대는 남편과 아내의 관계처럼 해소될 수 없는 것이기 때문이라고 했다. 또한 자기는 "보라, 내가 세상 끝 날까지 너희와 함께 있겠다"(마태 28,20) 하신 예수 그리스도의 약속을 귀와 마음에 간직한 채, 확신을 지니고 유배를 떠난다고 말했다. 요한은 자기를 위해 힘들여 밤을 지새워 준 것에 대해 청중에게 감사했다. 진짜 요한의 말인지 의심이 빈번히 제기되는 이 설교의 2부에서, 요한의 어조는 매우 공격적으로 바뀐다. 매우 분개하여, 도대체 자기가 왜 해직되었는지 묻는다. 그러고는 스스로 대답한다. 자신이 편안하고 호사스런 생활을 멀리했고, 또 부자들의 폭식과 더 많은 재물에 대한 욕망에 강복해 주기를 거부했기 때문이라고. 다음 단락에서는, 이름은 언급하지 않은 채 알렉산드리아의 테오필루스를 공박한다. 먼 옛날에 이집트에서 포티파르의 아내가 요셉을 유혹하려 했던(창세 39장 참조) 것처럼, 오늘 또 하나의 이집트인이 요한 크리소스토무스를 그의 공동체로부터, 그의 영적 신부로부터 떼어 놓으려 애쓰지만 헛일이라고. 그리고, 역시 이름은 언급하지 않은 채 황제에 관해서도 이야기하는데, 다윗을 끌어들인다. 다윗은 임금의 본보기로서, 참된 종교를 결코 침해하지 않았고 또한 결코 아내에게 좌지우지되지도 않았다고. 요한은 나봇의 죽음을 양심의 가책으로 안고 살아야 했던 이제벨과, 세례자 요한의 살해를 요구한 헤로디아도 넌지시 암시했다.² 그리고 자신을 고난을 당하고 추방된 예언자들에 견주었다. 황후는 어제만 해도 자신을 열셋째 사도로 부르더니, 오늘은 유다로 비방한다고 했다. 어제는 친근하게 이야기하더니, 오늘은 사나운 들짐승처럼 자기에게 달려든다고 했다. "그러나 이 모든 것을 무릅쓰고, 우리는 욥의 말을 잊지 않고자 합니다. 그는 그 온갖 참혹한 고통에도 불구하고, 다만 '주님의 이름은 찬미받으소서!' 하고 말할 수 있었습니다."

고별 설교의 어조는, 요한 크리소스토무스가 어쩌면 추방에 저항할 것을 고려했으리라는 추측을 불러일으킨다. 그러나 그건 사실이 아니다. 그는 결코 유혈 폭동의 빌미가 되고 싶지 않았다. 셋째 날 정오 무렵 군중은 분명히 꽤 진정되어, 그리고 찌는 듯한 더위에 쫓겨 물러났고, 요한은 주교좌대성당을 떠나 황실 경찰의 우두머리에게 자신을 맡겼다. 짐작건대 그는 사전에 이런 조처를 당국에 통지했던 것 같다. 저녁 늦게 요한은 병사들에 의해 항구로 호송되었는데, 엄청난 군중이 탄식하며, 그리고 '떡갈나무 시노느'의 주교들을 저주하며 그 삯은 무리를 따라갔다. 그러는 동안 어두운 밤이 되었고, 돛이 펴졌으며, 요한 크리소스토무스를 태운 배가 보스포루스 해협으로부터 마르마라 해로 떠나갔다. 항해의 목적지는 프라이네투스였는데, 헬레노폴리스와 니코메디아 사이에 있는 상업과 교역의 도시였다. 그리고 그날 밤 안으로 요한은 프라이네투스 부근의 작은 영지까지 이송되었다. 요한이 거기서 어디로 옮겨졌는지 우리는 알지 못한다. 그리고 그 이후의 이동은 아예 없을 터였다.

민중이 매우 공경하던 주교가 연행·추방된 뒤, 콘스탄티노플에서는 격렬한 소요가 발생했다. 민중의 분노는 당국을, 그리고 특히 요한을 추락시킨 주교들을 겨냥했다. 가발라의 세베리아누스는 쓰러진 적을 짓밟고 공공연히 승리를 구가할 수 있는 기회를 놓치고 싶지 않았다. 한 설교에서 그는 이렇게 말했다. "요한이 다른 이유들로 단죄받지 않았다 하더라도, 그의 교만 하나만으로도 파직은 마땅하다고 하겠습니다. 과연 하느님께서는 인간의 모든 죄를 용서해 주시지만, 성경이 가르치는 것처럼, 교만한 인간들은 대적하시기 때문입니다."[3] 이 분별없는 말로써 그는, 그 며칠 동안 콘스탄티노플 주민 대부분을 하나로 뭉치게 했던 분노의 불길에 기름을 부었다.

다음 날, 팔라디우스가 완곡하게 표현한 바에 따르면, "황후의 침실에서 흉사"가 발생했다. 또 하나의 자료는 좀 더 분명히 말한다. 황후가 유산을 했다. 에우독시아는 약 반년 전인 403년 2월 10일 넷째이자 마지막 자식인 마리나를 낳았다. 앞에서 언급했듯이, 그녀는 신심이 깊었으나 미신적인 성향이 농후했다. 황후는 자신의 유산은 이 도성의 하느님 대리자를 추방한 데 대한 하느님의 징벌이라고밖에 생각할 수 없었다. 그녀는 아르카디우스에게, 유배된 사람을 즉시 돌아오게 명령하라고 애원했다.

황제의 명령 전달은 황후의 시종 브리손에게 맡겨졌는데, 그는 요한 크리소스토무스의 친구이기도 했다. 에우독시아는 브리손에게 편지 한 통을 함께 들려 보냈는데, 거기서 그녀는 요한에게 확언하기를, 자기는 못된 인간들이 꾸민 그를 겨냥한 간계들에 전혀 관여하지 않았다고 했다. 오히려 자신은 요한을 자식들의 세례 집전자로 매우 공경하고 있다고 말했다. 브리손은 상당히 애를 써서 그 유배된 사람을 찾았지만, 즉시 함께 돌아가자고 설득할 수는 없었다. 요한은 당시 통용되던 교회법에 근거하여, 한 시노드가 자신을 해직했으니, 새로운 시노드가 그 해직을 무효화한 뒤에야 비로소 주교로서의 자기 직무를 다시 시작할 수 있으며, 또한 수도로 돌아갈 수 있다고 선언했다. 황제의 사절이 세 명이나(이 중 한 사람은 황제의 개인 부관이었다) 요한을 찾아왔다. 결국 요한은 수도 접경까지 가기로 양보했다. 보스포루스 해협 들머리에서는 환호하는 사람들을 가득 태운 수많은 작은 배들이 돌아오는 주교를 환영했다. 황후는 주교에게 교외에 있는 자신의 마리아나이 궁전을 자유로이 사용하라고 내주었다. 여기서 요한은 자신의 파직의 부당함이 공식적으로 인정될 때까지 머물고자 했다. 요한이 자기 입장을 얼마나 오랫동안 고수했는지 우리는 알지 못한다. 그러나 그가 어느 시점에 군중의 독촉과 황제의 부탁에 양보하여 수도로 돌아왔음은 알고 있다. 반 년 뒤 요한의 적들은 그가 새로운 시노드의 공식 결정을 기다리지 않았다는 사실을 내세워, 그를 결정적으로 궁지에 몰아넣을 터였다.

요한은 사실 이런저런 사건에 떠밀려 콘스탄티노플로 돌아가기로 결정했다. 그의 가장 극렬한 적대자들 중에 이사악과 그의 수도승 무리가 있었다. 해직되었던 주교가 유배에서 돌아와 마리아나이 궁전에 머물고 있다는 소식을 듣고, 그들은 죽기살기식 행동을 감행하기로 결심했다. 몽둥이 따위로 무장한 그들은 성 소피아 대성당을 점거하고, 널 부더기로 방책防柵을 쳤다. 그리고 신자들이 성당으로 들어오는 것을 막고는, 주교와의 결별을 선언하라고 요구했다. 순순히 떠나가지 않는 사람들은 몰매를 맞았고, 세례당의 성수 대야들이 피로 가득 찼다. 정부는 군대를 투입하기로 결정했다. 광신적인 수도승들에게 폭행을 당한 군중이 지원하는 가운데 군대가 대성당으로 돌격하여 점령했다. 얼마 지나지 않아 성 소피아 대성당 안에 시체들이 널렸다.

황제와 황후는 이 아슬아슬한 상황에서 다시 한 번 요한 크리소스토무스에게, 이제 더 이상 지체하지 말고 수도로 돌아오라고 절박하게 부탁했다. 또한 새로운 시노드를 소집하여 그의 사건을 재조사하게 하고, 그를 공정하게 대하겠다고 약속했다. 그리하여 마침내 요한은 콘스탄티노플로 돌아가기로 결심했다. 요한이 돌아오고 있다는 사실이 알려지자, 테오필루스와 그의 이집트 주교들은(이사악도 끼어들었다) 최대한 서둘러 급행 범선을 집어타고 알렉산드리아로 떠났다. '떡갈나무 시노드'에서 요한 주교의 파직에 찬성 표를 던졌던 세베리아누스를 비롯한 주교들 역시 황급히 수도를 빠져나갔다. 그것은 잘한 일이었다. 그렇게 하지 않았다면, 격분한 콘스탄티노플 주민들이 필경 그들에게 폭력을 가했을 것이다. 실제로 사람들이 그 이집트 총대주교를 붙잡기만 하면 바다에 던져 버릴 것이라는 험한 이야기들이 들려왔다.

403년 10월 초 요한 크리소스토무스는 콘스탄티노플에 입성했다. 제국 의회의 대리가 행렬 선두에 서서 걸어갔고, 그 뒤를 요한에게 확고히 신의를 지켜 끝까지 참고 견뎌 낸 서른 명의 주교가 따랐다. 그들은 감격하여 환희의 노래와 시편을 부르는 엄청난 군중에게 에워싸였다. 불타는 횃불들이 동행했다. 온 콘스탄티노플이 생기 차게 움직이고 있었다. 바로 그 시기에 박진감 넘치는 경마 시합이 벌어지고 있었는데도, 그때만은 경기장을 찾는 사람이 거의 없었다. 주교 관저로의 행로는 사도 성당을 거쳐 가게끔 되어 있었다. 요한은 거기에 멈춰 군중에게 성당으로 들어가자고 권했다. 거기서 그는 짧은 인사말을 했다. "내가 무슨 말을 해야겠습니까? 무엇을 이야기해야 할까요? '하느님은 찬미받으소서!' 이것이 내가 떠날 때 했던 마지막 말이자, 돌아온 뒤 처음 하는 말이 되겠습니다. 전에 나는 욥과 함께 '주님의 이름은 영원히 찬미받으소서!' 하고 말했습니다. 이제 욥과 함께 그 말을 반복합니다. 내가 유배를 떠나게 하신 하느님, 찬미받으소서. 나를 도로 데려오시고, 혹독한 겨울에 이어 여름의 평온한 청명함이 뒤따르게 하신 하느님, 찬미받으소서. 작용은 서로 다르지만, 둘 다 동일한 한 분 하느님의 뜻이며, 동일한 하느님의 섭리입니다! 폭풍우는 우리를 갈라놓지 못했고, 오히려 더 단단히 결합시켰습니다. 내가 여러분에게 '시련을 씩씩하게 견디어 내는 사람은 큰 유익함을 얻을 것입니다' 하고 말한 것은 헛되지 않았습니다. 사도들께서도 고통과 시련을 겪어야 했습니다. 그래서 내가 여러분을 여기 사도 성당 안에 계신 그분들 앞에 불러온 것입니다. 늑대들이 도망가고 강도와 간음꾼들이 흩어져 버린 뒤, 이제 교회는 많은 양 떼를 모두 수용하지 못할 정도입니다.[4] 나는 창과 칼과 방패 따위가 필요하지 않았습니다. 여러분이 오직 여러분의 눈물과 기도만으로 그들을 쫓아 버렸습니다. 그래서 그들은 지금 비통해하며 양심의 가책에 잠겨 있으나, 우리는 기쁨에 넘칩니다. 주님께서 여러분과 여러분의 자녀들을 축복하시기를. 자비로우신 하느님께 감사드립시다. 그분께 영광이 영원하기를, 아멘."[5]

바로 다음 주일 요한은 성 소피아 대성당에서 미사를 집전했다. 그는 주교 고좌高座에 자리 잡고 참석자들에게 평화의 인사를 함으로써 주교 직무를 다시 시작했다. 그가 이 주일에 한 장중한 설교는 보존되어 있다. 요한은 자신의 적대자 테오필루스를, 아브라함의 아내를 취하려다 하느님께 큰 재앙으로 벌을 받은 파라오(창세 12,10-20 참조)에 견주는 것으로 설교를 시작했다. 그런 다음 그 어려운 시기에도 공동체가 자기에게 신의를 지켜 준 것을 칭찬했다. 끝으로 요한은 고별 설교에서는 질책했던 에우독시아를 칭송했다. 황후가 자신의 귀환을 위해 헌신적으로 노력했으며, 그 목적을 달성하는 것이 자신의 왕관보다 더 소중하다고 선언했다는 것을 상세히 이야기했다. 청중은 열광했다.

몇 주 동안 요한 크리소스토무스는 좋은 시간을 보냈다. 유배와 복직을 통해 그의 명망은 더 높아졌다. 그러나 요한은 자신의 상황이 법적으로 명확히 해결되지 않았다는 것을 알고 있었고, 그래서 황제에게 새로운 시노드의 소집을 재촉했다. 그리하여 아르카디우스는 상응하는 지시들을 내렸고, 초대장이 주교들에게 발송되었다. 알렉산드리아의 테오필루스는 콘스탄티노플로 와서 지난 사건에 관한 해명을 하라는 최고장催告狀을 받았다. 그는, 이유야 뻔하거니와, 그 여행을 떠나지 않기로 결정했다. 테오필루스는 지금은 자신의 도시를 떠날 수 없으니, 만일 자기가 여행길에 오르면 폭동이 발생할까 우려되기 때문이라는 답변을 보냈다.

그사이에 약 60명의 주교가 시노드를 구성하여 '떡갈나무 시노드'의 결의 사항들은 무효라 선언하고, 요한이 콘스탄티노플의 적법한 주교임을 확증했다. 이렇게 입지가 강화된 요한은, 자신이 요구했던 대규모 시노드는 아직 개최되지 않았지만 주교직의 업무들을 계속 수행해 나갔다. 그런 대규모 시노드만이 교회법상의 전권을 통해 요한을 온전히 복권시킬 수 있을 터였다. 요한은 예전의 수석 부제 세라피온을 그동안 사망한 헤라클레아의 파울루스 주교의 후임자로 임명했다. 이로써 그가 언제나 신임해 왔지만 다른 이들에게는 거의 사랑받지 못했던 사람을 콘스탄티노플에서 멀리 떼어 놓았다.

요한 크리소스토무스의 적들은, 그들 중 몇몇은 공공연히 콘스탄티노플로 돌아와 있었거니와, 몹시 미운 주교를 다시 해직시키기 위한 일에 몰두했다. 그러나 요한과 황궁의 관계가 좋은 시기에는 아무것도 이룰 수 없었다. 그들은 적당한 기회가 오기만을 기다렸다. 그 기회는 생각보다 빨리 찾아왔다. 11월 중순, 시 최고 행정관 심플리키우스가 성 소피아 대성당 건너편 원로원 앞에 에우독시아 황후의 은銀 입상을 건립하게 했다. 에우독시아를 '아우구스타'Augusta로 표현한 이 입상은 반암班岩 기둥에 세워졌는데, 보존되어 있는 기둥의 받침돌(196쪽 그림 XIII 참조)에는 두 가지 언어로 글이 새겨져 있다. 이 입상 봉납식을 위해 시 최고 행정관은 여러 날에 걸친 유흥과 축제, 무도회, 레슬링, 음악회 등 온갖 종류의 구경거리를 준비했다. 축제의 정점은 403년 11월의 어느 주일이었다. 그런데 너무나 요란하고 시끄러워, 성 소피아 대성당에서 거행되던 미사가 방해를 받았다. 격앙된 요한은 노여움을 노골적으로 표현했다. 미사가 거행되는 시간에 이렇게 시끄럽게 잔치를 벌이는 것은 교회를 모욕하는 짓이라고. 요한은 봉납식을 준비한 자들에 대해서도 불쾌감을 표현했다. 미사 중의 이 공개적 언설로써, 요한 크리소스토무스는 정치적으로 극히 어리석은 짓을 했다고 하겠다. 과연 소크라테스는 요한이 미사 시간 동안에는 축하 행사를 중단해 줄 것을 정중하게 부탁하지 않고, 그렇게 말한 것을 한탄했다. 요한은 그로써 입상 건립자만이 아니라, 특히 황후를 모욕한 셈이었다. 게다가 요한은 필경 고도의 정치적 사안에 개입한다는 비난도 받았을 것이다. 사실 서방에서는 400년 1월 9일 에우독시아에게 '아우구스타' 칭호가 부여된 일을 매우 못마땅하게 여겼다. 그러나 동방은 갖가지 선전 조처를 통해, 에우독시아의 '아우구스타' 칭호에 대한 공식적 인정을 서방으로부터 얻어 내려 시도했다. 그런 조처 중 하나가 에우독시아의 입상을 곳곳에 세우는 것이었는데, 서방에서는 해당 관청에 알리지 않고 입상을 세웠다. 서방의 호노리우스 황제는 404년 6월 한 서한(다른 몇 가지 이유로 아직도 논구되고 있다)을 통해 동방의 그런 행태에 항의했다. 혹시 요한은 제국의 절반인 서방에 의해 이용당했던 것일까? 이 추측은, 앞으로 보려니와, 물론 옳지 않다. 그러나 전혀 근거 없는 것도 아니다. 요한은 제국의 서방과 각별한 관계를 맺고 있었다. 이에 관해서는 앞으로 좀 더 이야기할 것이다.

    에우독시아는 아우구스타로서의 자기 권위가 모욕당했다고 느꼈다. 그녀는 요한 주교에 대한 모든 지지를 철회하고, 그를 결정적으로 파직할

그림 XIII 에우독시아 황후 입상 기둥의 받침돌. 이스탄불, 아야 소피아 박물관 Ayasofya Müzesi

새로운 시노드 개최를 계획하기 시작했다. 이번에는 요한이 정식으로 모든 고발에서 무죄판결을 받은 바 없이 주교 직무를 재개한 사실이, 핵심 고발 항목이 된다. 마침내 성공을 거둘 이 아이디어는 성직자 고문들이 황후의 머리에 넣어 주었음이 확실하다. 에우독시아는 자신이 요한에게 제발 최대한 빨리 콘스탄티노플로 돌아오라고 간청한 사실을, 또 황궁이 그때까지 요한의 직무 수행을 모두 재가한 사실을 까맣게 잊었다.

에우독시아와 요한의 충돌의 다음 한판은 요한이 빌미를 제공했다. 세례자 요한을 기념하는 설교(시내에서 했는지, 아니면 세례자의 두개골이 보관·공경되고 있던 헤브도몬에서 했는지는 알 수 없다)에서, 요한은 수사법상으로 고양되어 이렇게 말했다. "또다시 헤로디아가 광란하고 있습니다. 다시금 그녀가 춤을 춥니다. 또다시 쟁반에 담은 요한의 머리를 요구하고 있습니다"(마르 6,14-29 참조). 현실에 대한 이 같은 빗대기로써 요한이 에우독시아를 겨냥하고자 한 것이 아님은 확실하다.[6] 요한뿐 아니라 다른 교부들도 매우 빈번히 이와 유사한 방식으로 매년 돌아오는 세례자 축일의 설교를 시작했다. 그러나 당시의 팽팽히 긴장된 분위기에서 헤로디아와 요한이라는 두 이름의 언급은, 필경 황후를 겨냥한 독설로 이해될 수밖에 없었다. 사람들은 곧바로 황후에게, 주교가 악의적이고 노골적으로 황후를 무죄한 사람의 죽음에 책임이 있는 헤로디아 왕비에 견주었다고 고자질했다.

한편 황제의 공고에 따라 이제 하나둘씩 콘스탄티노플에 도착한 주교들은 요한 주교와 접촉했다. 그들은 날짜가 확정된 시노드가 요한을 복권시키리라는 것을 당연하게 여겼다. 그러나 그들은 곧 황궁과 정부가 자신들의 조처에 찬성하지 않는다는 것을 분명히 인지했다. 12월에는 요한 크리소스토무스의 극렬한 적대자들도 수도로 왔다. 그들은 세베리아누스와 함께 회합을 열어 테오필루스에게 콘스탄티노플의 최근 정세의 급변을 알리고, 자신들에게 합류할 것을 부탁하는 편지를 써 보냈다. 그러나 테오필루스는 알렉산드리아에 남아 있는 것이 더 낫다고 생각했다. 대신 자신의 주교 세 사람에게 이런저런 지침을 주어 콘스탄티노플로 보냈다. 테오필루스는 자신이 꾸민 새로운 책략이 반드시 성공을 거두리라 확신하고 있었다.

요한 주교와 황궁의 관계가 얼마나 아슬아슬했는지는 성탄절 직전에 뚜렷이 드러났다. 황제 가족은 성탄절에 주교좌대성당의 미사에 참례하는 것이 관례였다. 그러나 이번에는 아르카디우스가 요한에게, 그가 정식으로 '떡갈나무 시노드'의 유죄판결에서 벗어나기 전에 그와 친교를 가지는 것은 자신과 황후의 양심에 부합하지 않는다는 편지를 써 보냈다. 404년 부활절 무렵까지 여러 달 동안 황궁은 향후 진로를 아직 최종적으로 결정하지 못했던 것으로 보인다. 요한의 적들은 이 시간을 이용하여, 그에게 신의를 지키던 성직자들을 집중적으로 회유했다. 그리하여 상당수가 요한의 적대자들 쪽으로 넘어갔다. 다른 이들은 차라리 콘스탄티노플을 떠나는 방식을 선택했다. 그렇게 함으로써 자기네 주교에 대한 신의는 깨뜨리지 않으면서도, 갖가지 압박에서 벗어나고자 했다.

한편 요한은 설교를 계속했고 큰 성공을 거두었다. 그의 명망은 대부분의 주민들에게서 시들지 않았다. 이런 사정은 적대자들이 신중하게 처신하도록 만들었다. 그래서 그들은 '떡갈나무 시노드'의 심리를 다시 끄집어내고 거기서 내려진 유죄판결을 재가하는 것을 포기했다. 이제 그들은 테오필루스가 꾸민 책략을 채택했다. 테오필루스는 그들에게 341년 안티오키아에서 개최되었던 이른바 '성당 봉헌 시노드'의 결의안을 송달했었다.[7] 그 결의안은 한 시노드에 의해 해직된 주교가 새로운 시노드의 결정을 기다리지 않고 주교 직무를 재개하면, 그의 직책에서 최종적으로 제척되어야 한다고 기록했다. 그리고 더 높은 심급에의 항소는 가능하지 않다고 했다.

이로써 요한 크리소스토무스와 그의 지지자들은 어려운 입장에 처했다. 양측이 황제 임석하에 회동한 자리에서 요한의 지지자들은, 그 시노드의 결정은 요한 주교에게는 적용될 수 없음을 논증했다. 요한은 교회법에 의해 해직된 것이 아니라, 황제의 명령에 의해 유배되었다는 것이었다. 그리고 콘스탄티노플로 돌아온 것도, 그 자신의 결정이 아니라 황제의 독촉 때문이었다고 했다. 게다가 그 안티오키아 시노드의 결의문은 아리우스파 이단자들에 의해 작성되었으며, 그런 까닭에 정통 신앙의 교회에는 적용될 수 없다는 것이었다. 이 논증으로 말미암아 황제는 처음에는 동요하는 듯했으나, 요한의 적대자들 측에서 341년의 시노드는 아리우스를 명백히 단죄했으며 그런 까닭에 아리우스적이라고 치부할 수 없다고 주장하는 논증에 설득되었다. 이로써 주사위는 던져졌으니, 황궁은 안티오키아 시노드 결의문을 이용하여 요한을 주교직에서 축출하려는 테오필루스의 책략에 동조했다.

3.2. 피로 물든 부활절

404년 부활절 전에, 요한 크리소스토무스의 적들은 함께 모여 결판을 내기로 작정했다. 그들은 알현을 청하여, 황제에게 상황을 더 이상 방치할 수 없다고 선언했다. 부활절 당일로 넘어가는 밤에 수백 명이 세례를 받게 되어 있었다. 그런데 교회법에 따르면 그들은 더 이상 주교가 아닌 사람에게 세례를 받아야 한다는 말이 아닌가? 요한의 적들은 황제와 황후께서 교회의 가장 큰 축일에 필경 그런 사람의 손에서 성체를 받아 모시고 싶지는 않으실 터이니, 모쪼록 숙고하시라고 황제에게 말했다. 그들이 아르카니우스에게 요한을 추방해야만 한다고 압박하지 않은 것은 분명하다. 아무튼 황제는 교회를 떠나라는 몇 마디 안 되는 말을 요한에게 전하게 했다. 그러나 요한은 이 명령에 복종하지 않고, 황제에게 편지를 써 보냈다. "이 교회 그리고 백성의 영적 평강에 대한 보살핌이 구원자 하느님에 의해 내게 맡겨졌습니다. 그러므로 나는 교회를 떠날 수 없습니다. 그러나 세상 권력은 폐하의 손에 있으니, 원하신다면 폭력을 사용하십시오. 그러면 나는 나의 '탈영' — 요한은 군대 용어를 사용하고 있다 — 을 변명하기 위한 구실로, 폐하의 명령을 지적할 수 있겠습니다."[8] 그러자 황제는 요한을 가택 연금시켰다. 팔라디우스는 황궁 사람들이 또다시 하느님의 징벌이 내릴까 두려워했기 때문에, 추방을 미루고 있었다고 말한다. 만일 하느님의 징벌로 해석될 수밖에 없는 일이 발생한다면, 관저에 연금되어 있는 요한을 재빨리 다시 교회로 돌려보낼 작정이었다. 여기서 팔라디우스는 황후를 암시하고 있는데, 그는 자기 주인공의 불행에 대한 가장 큰 책임을 그녀에게 지운다. 반면 황제에게서는 오히려 책임을 덜어 주고자 시도한다. 팔라디우스는 아르카디우스가 안티오쿠스 주교와 아카키우스 주교를 불러, 옳지 않은 것으로 판명될 조언 따위는 자신에게 하지 말라고 경고했다고 보고한다. 그러자 두 주교는 자신들이 모든 책임을 지겠다고 언명했다고 한다. "황제 폐하, 우리의 목을 걸고 말씀드리거니와, 모쪼록 요한을 파직하십시오!" 한편 요한의 지지자들은 마지막으로 황제의 마음을 돌리기 위해 애를 썼다. 성금요일에 황제와 황후는 통상 순교자 경당을 참배했다. 약 40명의 주교가 황제의 행차를 막아서서는, 눈물을 흘리며 감동적인 말로, 큰 축제와 많은 세례 지원자들을 고려하여 그리스도의 교회를 아끼시고 자기들에게 자신들의 주교를 돌려주십사 간청했다. 황제는 청을 거절했다. 추측건대 여기에는 에우독시아가 결정적 작용을 했거니와, 그녀는 심지어 폭력을 사용하겠다는 협박도 했던 것 같다. 이는 크라테이아의 주교 파울루스가 그녀에게 한 말에서 짐작할 수 있다. "에우독시아, 하느님을 두려워하고 당신 자녀들을 불쌍히 여기시오! 그리스도의 잔치를 피 흘림으로 모독하지 마시오!"

통상 부활절 당일로 넘어가는 토요일 밤에, 사순 시기에 교리를 배운 세례 지원자들이 세례를 받았다. 그런데 주교가 관저에 연금되어 있었다. 그래서 요한과 그에게 여전히 충성스러운 사제들은 요한 대신 세례식을 집전하기로 결정했다. 부활 밤이 시작될 때, 그러니까 4월 16일 저녁 늦게 성 소피아 대성당과 성녀 이레네 성당에서 세례 의식이 거행되기 시작했다. 반대 측 주교들이 이를 알고는 즉시 황궁으로 달려가, 신자들이 이 전례에 참석하는 것을 막아야 한다고 요구했다. 그러나 중앙 관청의 우두머리이자 황제 친위대 사령관인 안테미우스는, 밤인 데다 사람들이 많아서 자칫하면 불행한 사태가 발생할 수 있다는 이유를 들어 무력 사용을 거부했다. 그러자 주교들이 안테미우스를 회유했고, 마침내 그는 마지못해 주교들에게 장교 한 사람과 병사들을 내주었지만 그들을 자신의 경고의 증인들로 세우는 것을 잊지 않았다.

이름이 루키우스이고 이교인으로 알려진 그 장교의 지휘 아래 약 400명의 신병新兵이 두 성당으로 진군했다. 그들은 침투 통로를 확보하자마자 모여 있던 사람들을 강제로 해산시키기 시작했다. 말로 형용할 수 없는 사건들이 벌어졌다. 요한 크리소스토무스는 몇 주 뒤 교황 인노켄티우스 1세에게 보낸 편지에서 이에 관해 썼다. 경험 없는 신병들은 무작스럽게 폭력을 사용했다. 미사를 집전하던 사제들을 곤봉으로 때려 성당 밖으로 쫓아냈다. 세례 받을 준비를 하던 여자들은 옷도 찾아 입지 못하고 도망쳐야만 했다. 유혈이 낭자했고, 세례반盤의 물은 붉게 물들었다. 병사들은 야만인들보다 더 고약했거니와, 포도주와 빵이 보관되어 있는 곳에까지 침입했고, 거룩한 장소를 더럽혔다.

두 성당에서 강제로 쫓겨난 뒤, 신자들과 사제들은 콘스탄티우스 공중목욕탕 부근에 모여 부활절 미사를 거행했다. 그러나 그곳에서도 폭력을 휘두르는 병사들에 의해 쫓겨났다. 그들은 이번엔 도시 밖에서 다시 모여 미사를 드렸다. 오후에 황제가 말을 타고 행차하다가, 들판에 모여 있던 신자들 무리 곁을 지나가게 되었다. 갓 영세한 사람들은 아직 흰옷을 입고 있었다. 황제의 시종들이 저들은 이단자들이라고 단언했다. 몇 사람의 사제가 체포되었고, 무리는 뿔뿔이 흩어졌다. 팔라디우스는 그들 숫자가 3천이었다고 말한다. 이 수는 너무 크게 잡은 것인데, 최초의 오순절에 예루살렘에서 세례를 받은 사람 숫자(사도 2,41 참조)에 대한 상기로 이해할 수 있겠다. 곧 요한파라 불리게 된 요한 크리소스토무스 지지자들의 고난의 여정은, 이렇게 들판에서 미사를 드리는 것으로 시작되었다.

옹근 두 달을 요한은 관저에 갇혀 있었다. 짐작건대 당국은 예전의 군중 시위와 폭동에 대한 기억 때문에, 요한에게 강제 조처를 취하는 것을 꺼렸던 것 같다. 요한을 암살하려는 시도가 한두 차례 있었지만, 성공하지 못했다. 단도를 품은 한 남자가 주교 관저에 침입하려 시도했다. 여러 자료의 일치된 보고에 따르면, 요한은 몇 사람의 주교를 시 최고 행정관에게 보내, 그 남자에 대한 관대한 처분을 부탁했다. 또 한 명의 자객은 '떡갈나무 시노드'에서 요한의 반대 측 증인으로 나섰던 사제 엘피디우스의 하인이었다. 그자 역시 체포되었는데, 시 최고 행정관은 군중을 달래기 위해 그에게 여러 대의 매를 때리게 했다.

그사이에 요한은, 저명한 전임자 나지안주스의 그레고리우스가 그랬던 것처럼 자진해서 사직하라는 회유를 당했다. 한 자료는 에우독시아가 직접 요한에게 그런 권유를 했다고 전해 준다. 그러나 요한은 양심상 이유로 그렇게 할 수 없다고 선언했다. 그러자 황후는 자신이 모든 책임을 질 것이라고 말했다. 이에 대해 요한은 누구나 자신의 행위에 대한 책임을 스스로 져야 한다고 대답했다. 그리고 자신은, 아담이 하와와 그랬듯이 황후 뒤에 숨을 수는 없다고 했다. 전승이 정확하다면, 이로써 요한은 그와 황후 사이의 극히 예민한 부분을 다시 건드린 셈이었다. 에우독시아는 아르카디우스에게, 자기만이 아니라 황제도 또다시 모욕을 당했다고 불평했다고 한다.

요한은 한 가지 중대한 조처를 취하기로 결심했다. 앞에서 여러 차례 언급했듯이, 요한은 교황 인노켄티우스 1세(재임 402~417)에게 도움을 청하는 편지를 써 보냈다. 그리고 같은 내용을 담은 또 한 통의 편지를, 교황과 더불어 서방교회를 이끌던 두 총대주교인 밀라노의 베네리우스와 아퀼레이아의 크로마티우스에게 보냈다. 이 편지는 매우 귀중한 자료다. 요한은 네 명의 주교와 두 부제로 이루어진 듬직한 대표단에게 편지 전달을 맡겼다. 인노켄티우스에게 보낸 편지는 이렇게 시작한다. "공경하올 성하 인노켄티우스 주교께 요한이 주님 안에서 인사드립니다. 성하께서는 필경 이 편지가 도착하기 전에 이미, 사람들이 이곳에서 감히 저지른 만행에 관해 들으셨을 것입니다. 그 무도함은 너무나 엄청나서, 세상의 어느 한 지역도 그 끔찍한 비극의 소식을 모르지 않을 것입니다. 과연 그 소식은 이미 땅 끝까지 다다랐으며, 어디서나 비통함과 탄식을 불러일으켰습니다. 그러나 우리는 이 재앙을 슬퍼하기만 해선 안 되며, 그것을 극복하고 또 교회 안에서 사람들이 이 무서운 폭풍우를 가라앉힐 수 있다는 것을 보여 주어야만 합니다."[9] 그런 다음 요한은 로마로 편지를 가지고 간 여섯 명의 사절을 소개하고 이어서, 테오필루스가 콘스탄티노플에 도착한 뒤부터 피로 붉는 부활절 밤까지 일어난 불미스러운 사건들에 관해 기술했다. 그런데 많은 것을 생략했다. 요한의 목적은 빈틈없는 보고서를 쓰는 게 아니라, 동방에서 발생한 문제들을 서방에 급히 알리고, 또 한 지역에서 불의가 그대로 유지된다면 전체 교회가 손상을 입게 됨을 경고하는 것이었다. 어쩌면 요한은 세 총대주교가 서방 황제를 통해 동방의 정책에 영향을 끼칠 수 있으리라는 기대를 가졌음 직도 하다. 요한은 자기 편지의 수신인들이 자신에게 신의를 지키고 자신과 계속 연대하리라는 확고한 희망을 지니고 있었다. 그는 그들이 자신에 대한 유죄판결을 무효로 간주한다는 것을 서면으로 표명해 달라고 부탁했다. 그리고 자기는 스스로 변호할 수 없었으며, 자신을 심리할 권한이 전혀 없는 자들에 의해 유죄판결을 받았다고 했다. 교황에게 보낸 서간에는 40명의 충성스러운 주교들의 편지들과, 여전히 요한에게 충직한 성직자단의 문서가 동봉되었다.

성령강림절 이후 목요일, 그러니까 404년 6월 9일에 요한의 핵심 적대자 네 명이 서둘러 나섰다. 아카키우스, 세베리아누스, 안티오쿠스, 키리누스가 황제를 알현하고, 상황을 더 이상 감당할 수 없다고 설명했다. 그들은 요한 주교를 멀리 보내 버려야 비로소 공공질서가 회복될 수 있다고 주장했다. 아르카디우스는 그래도 여전히 주저했다. 마침내 6월 20일 황제는 자기 법무관들 중 한 사람인 파트리키우스를 요한에게 보내, 교회와 도시를 떠나 유배 길에 오르라고 명령했다.

요한은 담담하게 명령을 받아들였다. 여러 주 전부터 예상하고 있었던 것이다. 그러나 부당한 조처에 대해 한 번 더 항의했다. 비난들에 맞서 자신을 변호할 기회를 전혀 가지지 못했다고. 요한은 관저를 떠나 성 소피아 대성당의 세례당으로 가서, 마지막으로 자기 주교들을 만났다. 그사이에 부활절 밤 부대를 지휘했던 루키우스가 병사들을 이끌고 대기하고 있다는 전갈이 왔다. 루키우스는 저항이 발생하면 무력으로 진압할 임무를 띠고 있었다. 요한은 주교들과 작별했다. 올림피아스와 다른 세 여부제(펜타디아, 프로클라, 실비나)와도 마지막 인사를 했다. 그는 모든 사람에게, 주교 없이는 교회가 살아갈 수 없으므로 새 주교에게 충성하라고 권면했다. 그동안 무수한 사람이 공경하는 주교를 마지막으로 볼 수 있을까 하는 희망에 성 소피아 대성당으로 몰려들었다. 요한 크리소스토무스는 폭력 시위와 군대의 보복 조처를 크게 우려했다. 그래서 꾀를 하나 내어, 자신이 종종 시내로 타고 다니던 노새를 안장을 얹은 채 성당 서쪽 문에 대기시켜 놓게 했다. 그런 다음 자신은 동쪽에 있는 옆문으로 성당을 빠져나가 담당 장교 테오도루스에게 자신을 맡겼다. 두 사람의 주교와 여러 사제가 그를 따랐다. 이 작은 무리는 별다른 주목을 받지 않고 항구에 도착했다. 거기서 작은 배에 올라 보스포루스 해협을 건넜다. 6월 20일 오후였다. 요한 크리소스토무스는 콘스탄티노플을 다시는 보지 못할 터였다. 팔라디우스는 이렇게 썼다. "주교와 함께 그러나 교회의 천사도 떠나 버렸다."

3.3. 두 번째 유배

요한 크리소스토무스는 호송병들과 함께 육로로 니코메디아를 거쳐, 콘스탄티누스 대제가 325년 최초의 보편 공의회를 소집했던 도시인 니케아(오늘날의 이즈니크)로 향했다. 한여름 더위 때문에 여행은 힘들었다. 그러나 요한은, 니케아에서 올림피아스에게 써 보낼 수 있었던 두 통의 편지에서 스스로 말했듯이, 편안함을 느꼈다. 그는 호송병들이 자기를 정중하게 대우한 사실도 강조했다. 추방당한 주교는 약 2주 동안 그 도시에 머물면서, 유배 장소가 통보되기를 기다려야 했다.

콘스탄티노플에서는 요한을 유배하기 위해 연행해 갔다는 소식이 널리 알려지자, 성 소피아 대성당에서 소요가 발생했다. 상기할 점은 다음과 같다. 수많은 군중이 자기네 주교와 작별을 하기 위해 대성당으로 몰려들었다. 그 후 병사들이 요한을 항구 쪽으로 연행해 가자마자, 주교의 적대자들이 성당의 문들에 방책을 쌓았다. 군중이 항구로 돌진하여 요한의 구출을 시도하지나 않을까 두려웠던 것이다. 성당 안에 갇힌 사람들은 문짝들에 덤벼들어 돌로 자물쇠를 부수기 시작했다. 온통 혼란스러운 가운데 누군가 몰래 주교 고좌 부근에 불을 질렀다. 불은 판벽용 목재들과 벽걸이 양탄자들 덕분에 크게 타올라 마룻대까지 삼켰고, 곧 성당 전체가 화염에 휩싸였다. 세찬 북동풍이 불똥들을 인접한 건물들과 도로를 넘어 원로원 궁전까지 날려 보냈고(사람들은 마치 불꽃 아치 아래를 지나가는 것처럼 느졌다) 결국 거기도 불타 버렸다. 세 시간 뒤, 성 소피아 대성당과 원로원 건물이 결딴이 났다. 원로원과 함께, 콘스탄티누스가 온 제국에서 징발해 온 무수한 보물도 사라졌다.

시내에 무성한 소문이 떠돌아다녔다. 누가 불을 질렀을까? 추방당한 사람으로 인해 절망한 지지자들의 소행일까? 아니면 그 사람의 적대자들이 그와 그의 동지들에게 결정적으로 오명을 덮어 씌우기 위해 그런 수단을 사용했을까? 팔라디우스는 그 엄청난 화재를 하느님의 징벌로 볼 수밖에 없었다. 당국은 매우 신속히 사태 수습에 나서, 고위 인사들로 조사 위원회를 꾸렸다. 위원회의 우두머리는 시 최고 행정관 스투디우스였는데, 요한 크리소스토무스에게 우호적인 인물이었다. 재무 장관인 '측신' Comes 요한과 공공연히 요한 크리소스토무스를 증오하던 한 남자도 위원회의 한 자리를 차지했다. 요한 크리소스토무스가 떠나기 직전에 불을 질렀으리라는 억측이 위원회에 접수되었다. 몰래 빼돌린 값비싼 교회 기물들의 결손이 발각되는 것을 막기 위해 요한이 방화를 했으리라는 것이었다. 그러나 혐의가 씌워진 사람에게 다행한 일이었거니와, 대성당의 귀중품 창고는 그 위치와 견고한 건조 방식 덕분에 화재로 손상되지 않았다. 그래서 교회 귀중품 간수를 책임지고 있던 두 부제 게르마누스와 요한 카시아누스는 위원회에 귀중품 전체를 개수까지 포함된 정확한 명세서와 함께 제출할 수 있었다. 그런데도 요한에 대한 의심은 계속되었고, 심지어 더 깊어졌다. 그래서 첫째 조처로, 추방된 사람에게 여전히 충성스러운 주교들과 성직자들이 모두 체포되어 감옥에 갇혔다가 칼케돈으로 이송되었다.

요한 주교가 떠난 뒤 한 주가 안 되어, 그러니까 그에게 헌신적인 주교들이 감옥에 있을 때, 그의 적들은 후임자 임명을 통해 사태를 마무리하고자 서둘렀다. 새 주교는 아르사키우스였다. 앞에서 우리는 그를 '떡갈나무 시노드'에서 요한을 고발한 자로 만난 바 있다. 아르사키우스는 요한 크리소스토무스의 전임자인 넥타리우스 주교의 동생이었다. 아르사키우스가 주교로 선출되었을 때의 나이는 여든이 넘었다. 그는 온순한 사람으로 통했으나, 또한 "물고기보다 말 없고 개구리보다 게으르다"고 알려졌다. 새 주교의 형이 오래전에 그를 타르수스의 주교로 만들고자 했었다는 소문이 널리 퍼져 있었다. 당시 아르사키우스는 그러나 그 지위를 거절했다고 한다. 그러자 넥타리우스가 그에게 말했다. "그대는 필경 내가 죽기만 기다리고 있지. 콘스탄티노플 주교가 되기 위해서 말이야." 그러자 아르사키우스는 거룩한 복음서에 대고 맹세하기를, 자신은 결코 주교직 따위는 맡지 않을 것이라고 했다고 한다.

새 주교는 아주 많은 신자들에게 인정을 받지 못했다. 그들은 시내 성당들에 출입이 허락되지 않았기 때문에, 교외 지역에서 미사를 거행했다. 이에 대해 아르사키우스가 당국에 항의하자 군대가 출동하여, 미사를 거행하기 위해 모인 그 요한파 사람들을 박해했다. 그리고 집회 금지를 내용으로 하는 여러 훈령이 공포되었다. 그럼에도 비공인非公認 미사를 위해 집회를 감행하는 자들은 엄벌에 처한다고 협박했던바, 장교나 공무원은 강등 좌천되고, 장인 조합 회원은 많은 벌금을 내야 했다.

요한파 이교는 이후 4년간 지속되었으니, 수도에서부터 지방으로 번져 나갔다. 이를 야기한 것은, 파직된 요한 주교의 적대자들의 지나친 욕망이었다. 요한이 두 번째 유배를 떠나야 했던 무렵에, 그가 안티오키아 시절 매우 존경하던 플라비아누스 주교가 사망했다. 우리가 잘 아는 세베리아누스, 아카키우스, 안티오쿠스 등 시리아 출신 주교들이 곧장 안티오키아로 달려갔다. 요한 크리소스토무스의 한 지지자가 플라비아누스의 후임자가 되리라는 소식을 들었던 것이다. 이것을 그들은 어떻게 해서든지 저지하고자 했다. 그들은 자기네 측 후보자 포르피리우스가 과반수 득표를 하지 못하리라는 것을 잘 알고 있었다. 그래서 기습 작전을 벌이기로 결심했다. 세 주교가 안키오키아에 도착했을 때, 시내가 마치 쥐 죽은 듯 고요했으니, 주민들이 올림픽 경기를 구경하러 다프네로 갔던 것이다. 그들은 포르피리우스와 함께 급히 '큰 성당'으로 달려갔다. 매수된 성직자들이 성당 문을 열어 주었다. 세 주교는 최대한 서둘러 자기네 후보자를 안티오키아 주교로 서품하고는, 곧바로 그곳을 떠났다. 저녁에 시내로 돌아온 사람들은 자기들에게 새 주교가 생겼음을 알게 되었다. 그들은 일단 자제했으나 이튿날 아침이 밝자마자, 섶나무 다발과 횃불을 든 큰 무리가 달갑지 않은 주교를 쫓아내기 위해 주교 관저로 몰려갔다. 포르피리우스는 위험을 감지하고, 군대 장관에게 보호를 청했다. 장관은 막 대열을 갖추기 시작한 시위대를 무자비한 폭력으로 해산시키게 했다. 이로써 안티오키아 교회 분열이 시작되었다. 비슷한 일이 제국의 다른 많은 도시에서도 발생했다. 에페소에서는 헤라클리데스가, 헤라클레아에선 세라피온이 쫓겨났다(두 사람 모두 요한 크리소스토무스에 의해 임명되었던 이들이다). 성직 매매를 통해 주교직에 올랐다가 요한에 의해 에페소에서 파직되었던 소아시아의 성직자 여섯은 의기양양하게 복귀할 수 있었다.

그사이 콘스탄티노플에서는 대성당 방화에 대한 조사가 계속되었다. 수많은 사람이 감옥에 갔다. 감금된 요한파 사람들은 토굴 감옥에서 시편을 노래했고, 그렇게 "감옥을 교회로 탈바꿈시켰다". 조사 위원회는 고문을 사용하는 것도 꺼리지 않았다. 요한파 사람들은 얼마 지나지 않아 순교자들 속에 들게 되었다. 요한 크리소스토무스 밑에 있던 한 독서자는 쇠로 만든 빗과 갈고리에 의해 살이 찢어발겨졌다. 세라피온은 가혹한 취급을 받고 이집트로 유배되었다가 도망쳐 나와 고트인들 사이에 숨어 지냈다. 요한 크리소스토무스는 올림피아스에게 보낸 편지에서 이에 관해 밝히고 있다.

올림피아스도 법정에 끌려 나왔다. 재판관이 그녀에게 왜 성당에 불을 질렀느냐고 물었다. 올림피아스는 그런 짓은 자기 삶의 태도와 부합하지 않는다고 대답했다. 오히려 자신은 이제까지 막대한 재산을 어디까지나 성당을 짓는 데 사용해 왔다는 것이었다. 재판관은 자기도 그녀의 삶의 태도를 잘 알고 있다고 빈정댔다. 올림피아스는 그렇다면 당신은 아무래도 고소인의 역할을 맡고, 재판관 역할은 다른 사람에게 넘겨야 할 것이라고 빈틈없이 응수했다. 조사를 위임받은 고위 관리 옵타투스는 이제 유연한 방법을 동원했다. 그는 올림피아스에게 아르사키우스를 주교로 인정해야 하며, 그렇게 한다면 사안은 불문에 부쳐지리라고 열심히 회유했다. 그러나 올림피아스는 강력히 거부하고, 자기는 중상모략 때문에 체포되었으며, 이제 와서 사신의 혐의를 선혀 입증할 수 없게 되자 그따위 요구를 하니 괴이할 따름이라고 선언했다. 그녀는 변호사에게 자문을 구할 권리를 주장했다. 옵타투스는 심리를 종결했다. 다음 날 올림피아스는 다시 옵타투스 앞에 끌려 나갔다. 올림피아스가 아르사키우스를 주교로 인정하기를 다시금 거부하자, 옵타투스는 그녀에게 금 2백 파운드의 벌금형을 선고했다. 얼마 뒤 올림피아스는 니코메디아로 이주했다. 거기서 요한 크리소스토무스와 편지를 주고받았으나, 강요된 이별을 편지가 위로해 줄 수는 없었다. 그녀는 그보다 겨우 열 달을 더 살게 되니, 올림피아스는 408년 7월 25일 사망했다.

조사 위원회는 수많은 사람을 잡아들였지만, 소기의 목적은 달성하지 못했다. 방화범 색출이 불가능해지자, 404년 8월 29일 체포된 자들을 감옥에서 풀어 줄 것을 지시하는 훈령이 공포되었다. 그리고 다른 도시 출신 주교들은 모두 콘스탄티노플을 떠나야 했다. 이 명령으로 세베리아누스, 아카키우스, 안티오쿠스도 할 수 없이 여행길에 올랐다.

한편 니케아에서 기다리는 동안 요한 크리소스토무스는 일련의 나쁜 소식을 들었다. 콘스탄티노플에서 자기 후임자가 임명되었고, 에페소와 헤라클레아에선 동지들이 해직되었다. 또한 자기네 별장들 부근에 나병 환자를 위한 병원이 들어서는 것을 방해했던 부유한 시민들이, 자신이 떠나자마자 건립 작업 중단을 강요하고, 자기가 모금한 기금을 동결시켰다는 사실도 알게 되었다. 요한은 올림피아스에게 편지로 안부를 묻고, 그녀가 우울증을 스스로 떨쳐 버릴 수 있기를 희망했다. 요한은 칼케돈에 감금되어 있는 동료들에게도 위로와 용기를 주는 편지를 써 보냈다.

니케아에서 거의 두 주를 보냈을 때, 오래 기다리던 통보가 왔다. 그의 유배 장소는 아르메니아에 있는 작은 도시 쿠쿠수스였다. 요한은 아르메니아 지방의 수도인 세바스테(오늘날의 시바스)로 가게 되기를 몹시 바랐었다. 그곳에선 이미 한 부유한 친구가 그를 위해 교외에 별장을 마련해 놓았던 것이다. 7월 4일 요한은 호송병들과 함께 멀고 힘든 여정에 나섰다. 우리는 4세기의 한 군사 지도 덕분에, 이 노정을 뒤따라가 볼 수 있다. 노정은 두 개의 중요한 도시 안키라(오늘날 터키의 수도인 앙카라)와 카파도키아 지방의 카이사리아(카이세리)를 거쳐 갔다. 군인들이 이 노정을 도보로 행군하는 데 약 70일이 걸렸다. 요한은 최소한 노정의 일부는 노새 한 마리가 지고 가는 일종의 가마를 타고 갈 수 있었다. 하지만 그 기나긴 행군은 그에게 몹시 힘겨운 일이었다. 요한은 편지에서 더러워진 물과 딱딱하고 곰팡이 슨 빵에 관해 불평했다. 그러나 더 고약한 것은 그를 괴롭힌 고열 발작과 언제 있을지 모를 아르메니아 산악의 이사우리아인 강도들의 습격이었다. 요한은 여정 중에 농가나 마을과 도시에서 따뜻한 대접을 받았는데, 이것이 그에게는 큰 기쁨이었다. 눈물 가득한 눈으로 공경하는 주교에게 인사를 하고 싶어 하는 사람들의 작은 행렬들이 먼 곳에서부터 이어졌다. 유배 길에서도 요한은 소박한 민중에게 사랑을 받았다.

민중이나 하급 성직자들과는 달리, 주교들은 대다수가 요한 크리소스토무스를 박대했다. 올림피아스에게 보낸 한 편지에 따르면, 요한은 안키라의 레온티우스 주교의 적대적 태도를 보고, 자신의 목숨이 전혀 안전하지 않다는 것을 느꼈다. 다음에 도착한 카이사리아는 제법 큰 도시였다. 그곳 주교 파레트리우스는 친절히 대접하겠다는 뜻을 요한에게 알려 왔다. 요한은 고열에 들떠, 살아 있다기보다는 죽은 꼴로 그곳에 도착했다. 일행은 도시 외곽의 첫 숙박소에 들었다. 급히 불러온 의사가 무진 애를 써서 겨우 열을 내릴 수 있었다. 요한이 어느 정도 회복되기가 무섭게 사람들이 찾아왔다. 친절히 맞이하겠다던 카파도키아의 수석 주교는 모습을 나타내지도 않고, 오히려 그 사람들을 통해 요한더러 죄대한 빨리 강행군을 이어 갈 것을 전하게 했다. 수석 주교는 요한 적대자들의 모종의 신호에 따라 태도를 바꾸었던 것일까?

어쩔 수 없이 강행군을 결심하자마자, 카이사리아에서 끔찍한 소식이 전해졌다. 이사우리아인들의 큰 무리가 그 지방에 침입하여 한 마을을 불태우고 주민들을 마구 때리고 죽였다는 것이었다. 그런데 요한에게 더 위협적이었던 것은 한 떼의 광신적인 수도승들이었다. 이들은 요한 일행이 묵고 있던 숙박소 앞에 나타나 즉시 떠나라고 격렬히 요구하면서, 그렇게 하지 않으면 집에 불을 질러 버리겠다고 위협했다. 호송병들 역시 협박을 받았는데, 수도승들은 자기네는 이미 근위병을 여럿 작살낸 바 있다고 엄포를 놓았다. 숫자가 얼마 안 되는 호송병들은 겁을 먹고, 요한에게 빨리 떠나자고 독촉했다. 시 최고 행정관이 나타났으나 그도 수도승들을 진정시키지 못했다. 시 최고 행정관은 사실상 수도승들을 부추겼던 파레트리우스 주교에게 며칠만 기다려 달라고 부탁했다. 그러는 동안 밤이 되었다. 다음 날 아침 수도승들이 다시 숙박소 앞에서 행패를 부렸다. 요한과 호송병들이 막 떠나려는데, 카이사리아 부근에 방어 시설이 잘된 별장을 소유하고 있던 셀레우키아라는 부유한 여인이 요한을 자기 집 손님으로 초대했다. 추방된 사람이 새로운 장소에 머물게 되었다는 소식을 들은 파레트리우스는 즉시 그 여주인에게 압력을 행사하기 시작했다. 그녀는 처음에는 저항했으나(과연 그녀는 집사에게, 농장 일꾼들을 동원하여 수도승들을 막으라고 지시했다) 결국엔 손을 들었다. 그래도 자기 체면은 지키기 위해 한 가지 꾀를 냈다. 한밤중에 요한의 동행 중 한 사람인 에우에티우스 사제가 요한의 침실로 뛰어들며 외쳤다. "일어나세요! 저기, 야만인들이 … 벌써 아주 가까이 왔답니다!" 기겁을 한 작은 무리는 황급히 가까운 산으로 피신했다.

올림피아스에게 보낸 한 편지에서 요한은 이 공포의 밤을 드라마틱하게 묘사했다. 요한은 횃불을 밝히라고 지시했다. 그런데 에우에티우스가, 불빛을 보고 야만인들이 자기네 위치를 알아차릴까 두려워 횃불을 꺼 버리게 했다. 칠흑 같은 밤에 노새가 좁고 가파른 산길에서 비틀거렸고, 요한은 가마에서 굴러떨어졌다. 에우에티우스가 주교의 손을 잡아끌며 산 위로 올라갔다. 새벽이 되어 그들은, 이사우리아인들이 습격했다는 통보는 경악과 혼란을 불러일으키기 위해 꾸민 짓이었음을 알았다. 요한은 한 편지에서 카이사리아 주교의 행동은 용서할 수도 용서받을 수도 없는 짓이라고 말했다. 모모 주교들이 유배 가는 요한 주교를 대한 태도와, 호송병들에게 죄수를 정중히 대우하라고 한 공식 명령의 두드러진 차이가 눈길을 끈다. 당시 당국의 의도는 그들이 보기에 위험한 그 남자를 콘스탄티노플에서 쫓아내고, 수도에서 아주 멀리 떨어진 곳으로 보내 버리는 데 있었다고 하겠다. 이와는 달리 요한의 적이었던 성직자들은 해직된 주교가 뼈저린 굴욕감을 맛보게 하려 했음이 분명하다. 과연 요한은 올림피아스에게 쓴 한 편지에서, 몇 사람을 제외하면 자신에겐 주교들보다 더 무서운 사람이 없다고 했다. 요한은 다른 사람들에게도 편지를 써 보내면서, 카파도키아 수석 주교구에서 받은 그 고약한 대접에 관해 남들에겐 이야기하지 말라고 부탁했다. 자기 적들의 적개심이 더 잔인한 형태를 취하게 될 것을 두려워했기 때문이었으리라. 요한에게 이 수난은, 자기 죄를 보속하는 한 기회였다고 하겠다.

이후의 여정은, 카이사리아에서 요한을 성공적으로 치료했던 의사 중 한 사람이 기꺼이 동행함으로써 그런대로 견딜 만했다. 마침내 404년 9월 20일, 쿠쿠수스(오늘날의 괴크순)에 도착했다. 쿠쿠수스는 안티타우루스 산 한가운데 1천4백 미터 고지에 자리해 있었는데, 사방 어느 쪽에서든 상당히 험한 협로를 통해서야 도달할 수 있었다. 쿠쿠수스는 고대 말엽에 유배지로 선호되었다. 351년 콘스탄티우스 황제에 의해 추방된 콘스탄티노플의 파울루스 주교도 이곳으로 왔었다. 그의 운명을 요한은 잘 알고 있었다. 파울루스는 자신을 감시하던 병사들에 의해 목 졸려 죽었다. 요한은 처음엔 광장도 가게도 없는, 세상에서 가장 황량한 벽촌으로 보였던 이곳에 빨리 그리고 충분히 익숙해져야 했다. 그는 신선한 공기를 고맙게 여기는 일부터 시작했고, 또한 수많은 병사가 주둔하고 있는 이 위수衛戍 도시 안에 있기에 야만인들로부터 안전하다고 느꼈다. 한 부유한 시민이, 요한을 자기 집에서 살게 하기 위해 시내의 대저택에서 시골 별장으로 이사를 갔다. 더구나 그 부자는 다가오는 겨울에 대비하여 집을 아주 훌륭히 보수해 놓았다. 아르메니아 프리마 지방의 태수 소파테르는 친절 그 자체였다. 그리고 요한이 도착한 이틀 뒤 그의 고모이자 천부적 재능을 지닌 여부제인 사비니아나가 안티오키아로부터 쿠쿠수스로 왔다. 얼마 뒤엔 콘스탄티우스도 왔는데, 그는 안티오키아 주교가 되려다가 포르피리우스에 의해 축출되었던 인물이다. 요한은 처음으로 편안한 시간을 보냈고, 올림피아스에게 콘스탄티노플에서보다 건강이 좋게 느껴진다고 편지를 써 보냈다.

요한이 쿠쿠수스에 도착하고 두 주 남짓 지났을 때, 황후 에우독시아가 유산으로 사망했다. 9월 30일 콘스탄티노플에 우박을 동반한 폭풍우가 극심히 몰아쳤다. 곧 시내에는 요한 주교의 부당한 파직과 유배 때문에 하늘이 벌을 내리는 것이라는 풍설이 떠돌았다. 그러고는 엿새 뒤, 황후가 사망한 것이다. 그녀는 네 명의 어린 자식을 남겨 놓고, 사도 성당의 황실 묘역에 매장되었다. 요한파 사람들은 이제 정부가 자신들에게 좀 유화적인 태도를 취하리라 기대했다. 그러나 결과는 정반대였다. 11월 중순, 시 최고 행정관이 요한파에게 꽤 우호적이었던 스투디우스에서 옵타투스로 교체되었는데, 이교인이었던 옵타투스는 냉혹함으로 유명했다. 앞에서 우리는 대성당 방화 사건의 조사를 지휘하던 그를 만난 바 있다.

이미 11월 18일 지방 총독과 태수들에게 내리는 새 칙령이 반포되었다. 총독들은 공인된 성당이 아닌 곳에서 거행되는 미사는 모두 금지하고, 모든 그리스도인이 동방의 가장 중요한 세 주교, 즉 콘스탄티노플의 아르사키우스, 알렉산드리아의 테오필루스, 안티오키아의 포르피리우스와 결속하도록 독촉해야 했다. 그런데 404년 11월 11일 아르사키우스가 사망했다. 요한파 사람들은 다시 한 번, 주교의 권위로 요한 크리소스토무스가 귀환할 가능성이 생기지 않을까 희망했다. 그러나 넉 달 뒤, 아티쿠스가 콘스탄티노플의 새 주교로 임명되었다. 아르메니아 출신인 아티쿠스는 넥타리우스 시절에 수도의 주교좌대성당의 사제가 되었던 것 같다. 그는 설교자로서 전혀 천분이 없었으며, 박수갈채를 받은 적도 전혀 없다. 그러나 매력적인 성격과 행정가로서의 능력 덕분에 높은 평가를 받고 있었다. '떡갈나무 시노드'에서는 요한 크리소스토무스의 반대 측 증인으로 나섰던 아티쿠스는 요한의 두 번째 후임자로 선출된 뒤, 그를 겨냥한 이런저런 음모의 설계자가 되었다.

요한은 최종 유배 몇 주 전 교황 인노켄티우스 1세에게 한 통의 서간을 써 보냈다. 앞에서 우리는 이 중요한 문서에 관해 여러 차례 언급한 바 있다. 이제 여기서 로마 교회와 동방의 교회들의 접촉 및 관계를 좀 더 상세히 살펴보아야겠다. 요한의 그 서간이, 콘스탄티노플에서 발생한 심각한 사건들을 로마에 최초로 통지해 준 문서는 아니었다. 그 서간을 가지고 간 요한의 사절들이 교황에게 이르기 사흘 전에 교황은 테오필루스의 편지를 받았는데, 다음과 같이 단도직입적인 내용을 담고 있었다. 자신이 콘스탄티노플의 요한 주교를 해직했으므로, 인노켄티우스 교황도 그 해직된 자와 교회 관습에 따른 친교를 더 이상 유지하면 안 된다는 것이었다. 인노켄티우스는 로마 주교인 자신에게 그 일에 관해 조언을 구하기는커녕 이제 와서 간단히 통보만 하는 행태가 매우 불쾌했다.

곧이어 교황은 로마에 주재하는 콘스탄티노플 주교의 사절인 에우세비우스 부제의 예방을 받았다. 에우세비우스는 교황에게 입장 표명을 당분간 미루어 달라고 청하면서, 자신도 콘스탄티노플에서 발생한 매우 극적인 사건들에 관한 정확한 정보를 아직 가지고 있지 못하다고 했다. 교황이 테오필루스의 편지를 읽고 사흘 뒤, 요한 크리소스토무스의 사절 여섯 사람이 로마에 도착하여, 앞에서 언급한 세 통의 서간을 교황에게 전달하고 또 그에 관해 구두로 자세히 설명했다. 인노켄티우스는 테오필루스와 요한 크리소스토무스에게 각기 답장을 썼다. 자신은 테오필루스가 내린 것으로 보이는 그 판결을 효력이 없는 것으로 여긴다고 교황은 조심스럽게 언명했다. 그리고 동방과 서방의 대표자들로 구성된 독립적인 시노드를 새로이 소집하여, 그 시노드가 사안을 다시 다룰 것을 요구했다. 끝으로 인노켄티우스 자신은 두 사람 중 누구와도 교회의 관습에 따른 친교를 거절하지 않겠다고 확언했다.

교황의 서간이 테오필루스에게 도달하기 며칠 전, 이 알렉산드리아 총대주교의 두 번째 대표단이 로마에 도착했는데, 알렉산드리아 출신의 사제 페트루스와 콘스탄티노플 출신 부제 마르티리우스였다. 그들은 이번에는 두툼한 테오필루스의 문서를 교황에게 전했는데, '떡갈나무 시노드'의 기록들도 동봉되어 있었다. 이 문서는 보존되어 있지 않다. 그러나 6세기의 한 저자의 글에서 몇 가지 발췌 대목이 발견된다.[10] 이 대목들은 테오필루스의 극히 혐오스럽고 우악스런 면모를 보여 준다. 테오필루스는 요한 크리소스토무스가 영혼을 악마에게 팔아넘겼다고 고발했다. 그리고 요한을 인류의 적, 독신자瀆神者들의 괴수라고 지칭했다. "요한에게 씌워진 굴레는 언젠가 벗겨질 수 있는 것이 아닙니다. 오히려 언젠가 그는 결국 자신의 죄로 주님을 협박하게 될 것이고, 그래서 주님께서 이렇게 말씀하시는 것을 듣게 될 것입니다. '나와 요한 사이에 시비를 가려 다오! 나는 그가 정의를 행하기를 바랐다. 그러나 그는 정의가 아니라 불의를 행하고 소란을 떤다.'"(이사 5,3.7 참조). 또한 테오필루스는 요한이 사울 임금에게 씌었던 것과 똑같은 악령[11]에 이끌려 자기 형제들을 박해했다고 말했다. 이 파렴치한 소책자는 나중에 히에로니무스에 의해 라틴어로 옮겨졌는데, 테오필루스가 번역을 의뢰한 목적인즉, "이제 라틴 사람들도 요한이 어떤 자였는지 알도록" 하기 위함이었다.

이 난잡한 비방들에 인노켄티우스가 어떤 반응을 보였는지는 알 수 없다. 교황은 테오필루스에게 보낸 답장에서 이에 관해 전혀 암시하지 않는다. 그러나 둘째 문건, 즉 '떡갈나무 시노드'의 기록들은 꼼꼼히 살펴보았다. 이 문건에서는 교황이 보기에 미심쩍은 정황이 세 가지 드러났다. 첫째, 이 문건에는 36명의 주교가 서명했는데, 그중 무려 29명이 이집트 출신이었고 따라서 테오필루스에게 매여 있었다. 둘째, 고발 항목 중에 주교 해직을 정당화할 만한 것은 하나도 없었다. 셋째, 요한은 참석도 하지 않은 상태에서 유죄판결을 받았다. 그리하여 교황이 테오필루스에게 두 번째로 보낸 편지는 어조가 훨씬 엄격하게 바뀌었다. "그대가 지금 그리고 앞으로 우리에게 뭐라고 써 보내든 간에" 자신은 본디 입장을 고수할 것이며, 진실된 판결이 내려지지 않는 한 자신이 요한 주교에게 교회 관습에 따른 친교의 거부를 통고하는 것은 불가능하고, 요한 주교는 그러므로 새로 소집되어야 할 시노드에 출석해야 한다는 것이었다. 마지막 단락에서 인노켄티우스는 로마 교회는 오직 니케아 공의회의 결의 사항만을 인정한다는 사실을 자기 논증의 근거로 내세웠다. 또한 그러므로 그 공의회 결의 사항들을 토대로 새로운 시노드가 결정을 내려야 한다는 것이었다. 이로써 인노켄티우스는 테오필루스가 요한을 파직하기 위해 이용한 341년 안티오키아 시노드의 결의 사항들을 근거로 내세운 논증의 밑돌을 빼 버린 셈이었다. 테오필루스는 그런 새로운 시노드의 공개 토론에서는 이길 가망이 적다는 것을 즉시 깨달았다. 그러므로 그의 목표는 분명해졌다. 무슨 수단을 써서라도, 새로운 시노드의 개최는 저지해야 했다.

인노켄티우스는 동방으로 두 통의 편지 — 유배된 요한 크리소스토무스에게, 그리고 콘스탄티노플 성직자단에서 그에게 여전히 충성스러운 사람들에게 — 를 더 써 보냈다. 요한에게 보낸 편지는 위로 서간으로서, 두 가지를 언명했다. 첫째, 자신은 요한이 전적으로 무죄함을 확신하고 있다. 둘째, 그러나 지금으로서는 요한을 도와줄 수 없다. 성직자들에게 보낸 편지는 어조가 더 엄격하다. 여기서 교황은 다시금 새로운 시노드의 개최를 힘주어 요구하는 한편, 요한 크리소스토무스의 파직에 이용된 341년 안티오키아 시노드의 규정들은 교회법적 효력이 없는 것으로 일축했다.

404년 6월 서방 황제 호노리우스가 동방 황제인 동생 아르카디우스에게 보낸 서한으로 말미암아, 요한의 해직과 유배라는 골치 아픈 사건이 이제는 또한 고도의 정치적 주제가 되었다.[12] 호노리우스와 스틸리코는 403년 11월부터 404년 7월 25일까지 로마에 주재했다. 그러면서 인노켄티우스 교황의 조언을 받았음이 틀림없다. 서한에서 호노리우스는 우선 제수인 에우독시아의 입상을 온갖 곳에 건립하는 것에 대해 불쾌감을 나타냈다. 그런 다음 404년 부활절에 발생한 사건들로 관심을 돌려, 성직자들의 체포와 주교의 추방 그리고 대성당에서의 유혈 참사는 하느님을 모독한 것이나 다름없다고 선언했다. 그러고는 가장 최근의 사건, 즉 요한 주교의 두 번째이자 최종적인 유배를 거론했다. 호노리우스는 사람들이 그 모든 일에서, 양측이 모두 의견을 물었던 교황의 입장 표명을 기다리지도 않고 너무 성급하게 결정 내린 것을 신랄하게 비난했다. 황제의 서한은 분명히 앞에서 언급한 교황의 두 서간에 맞추어 조율되어 있었다. 그러나 호노리우스는 황제로서 거리낌 없이 자기 견해인 양 말했다.

404년 7월 초 콘스탄티노플에서 온 사제 테오테크누스가 교황에게 약 25명의 주교가 서명한 문서를 전달했다. 이 문서가 교황에게 최근의 전개 상황(우리는 이미 알고 있다)을 알려 주었다. 그 이후의 소식들은 팔라디우스

(404년 9월에 로마로 왔다)와 두 부제 게르마누스와 요한 카시아누스가 전해 주었는데, 이들은 요한에 대한 박해 사실도 널리 알렸다. 팔라디우스는 소멜라니아의 집에 숙소를 정했다. 그녀는 할머니인 노멜라니아와 함께, 로마 굴지의 귀족 집안 출신이었다. 이 동아리에는 프로바와 율리아나도 속했는데, 요한 크리소스토무스는 유배지에서 그녀들에게 편지를 쓴다.

요한의 반대파도 교황에게 자기네 뜻에 동조하게끔 영향력을 행사하려 시도했다. 그러나 그동안 마음을 더욱 확고히 한 인노켄티우스는 교황청 사무국에 접수된 모든 편지와 보고서들을 요약하여, 그 텍스트를 호노리우스 황제에게 보내게 했다. 그리고 황제와의 협의를 거쳐 405년 초여름에 시노드를 소집했는데, 여기에는 이탈리아 주교들(역시 요한 크리소스토무스가 편지를 써 보낸 아퀼레이아의 크로마티우스도 포함되어 있었다)과 동방에서 피신해 온 일군의 주교들이 참석했다. 시노드는 요한 크리소스토무스에 대한 유죄 논고들을 단호히 일축하고, 콘스탄티노플 드라마의 주역들인 테오필루스와 아르사키우스, 그리고 그들과 한통속이 되었던 주교들을 파문했다. 시노드는 호노리우스 황제에게, 대규모 보편 공의회를 위해 제국 동방과 서방의 주교들을 테살로니카로 소집하라고 청했다. 테살로니카에서 회합을 갖자는 이 제안은 양측에 의해 수용되었다. 로마 교황들은 꽤 오래전부터 테살로니카 주교를 교황에게 부속된 일리리쿰 교황 대리로 만들려 애써 왔다. 그러나 그 지역은 정치적으로 동로마에 속했다. 호노리우스는 시노드의 요청에 부응하여, 동로마 황제인 동생 아르카디우스에게 또 한 통의 서한을 써 보냈다. 거기서 호노리우스는 "그대의 관대함"으로 콘스탄티노플 주교 요한의 사건을 잘 해결해 줄 것을 청했다. 자신이 보기에 그런 해결이 아직 이루어지지 않았다는 것이었다. 더 나아가 호노리우스는 동생에게, 동방의 주교들을 테살로니카로 보내어 계획 중인 공의회에서 서방 주교들과 회합하게 해 달라고 청했다. 그러면서 호노리우스는 테오필루스가 직접 출두할 것을 단호하게 요구한 뒤, 자기 서한에 동봉한 로마와 아퀼레이아 주교들의 편지 두 통에 주의를 환기시켰다.

한편 베네벤토의 아이밀리우스 주교가 이끄는 여섯 성직자로 이루어진 교황의 대표단이 꾸려졌다. 아마도 이 사절들은 항해가 재개된 406년 3월 11일 이후에 콘스탄티노플로 떠났을 것이다. 고향으로 돌아가고 싶어 하던 일군의 그리스 주교들이 대표단과 동행했는데, 그들 중에는 팔라디우스도 있었다. 그런데 여행은 조짐이 좋지 않았다. 동방과 서방 교회 간의 팽팽한 긴장 관계에 상응하여, 제국의 두 절반 간에 정치적 긴장 역시 고조되고 있었기 때문이다. 405년 초 막강한 장관이자 호노리우스의 군사령관인 스틸리코가 최고 행정관 안테미우스를 새해의 집정執政으로 인정하기를 거부했다. 동방 사람들은 스틸리코가 일리리쿰을 다시 서방의 통제 아래 두려는 준비 작업을 하고 있다는 것을 알았다. 동방은 위협을 느꼈고, 그래서 요한 크리소스토무스 사건을 새로이 다룰 공의회 개최 요구를, 자기네 문제들에 대한 간섭으로 여길 수밖에 없었다. 그에 따라 서방 대표단이 동방에서 기대하던 대접도 바뀌었다. 그러나 이와 관련된 사건들은 여기서 너무 많이 이야기하지 않는 게 좋겠다.

한편 쿠쿠수스에서는 요한 크리소스토무스의 편안한 기분이 나쁜 소식들 때문에, 그리고 404/405년 겨울이 시작됨으로써 크나큰 고통으로 바뀌었다. 그는 자신이 삶보다 죽음에 더 가까워지고 있음을 느꼈다. 405년 봄 요한은 올림피아스에게, 지난 겨울의 고통을 돌아보며 이렇게 썼다. "나는 정말로 죽음의 문턱에서 돌아왔습니다. 그대의 심부름꾼들이 내가 그런 상태에 있는 것을 보지 않은 게 다행입니다. 지난 겨울은 드물게 혹독해서, 위장병도 악화되었습니다. 처음 두 달 동안 나는 죽은 사람보다 상태가 더 나빴습니다. 온몸을 찌르고 드는 그 모든 고통을 느끼기 위해서만 나는 살아 있었습니다. 그 외에 나를 에워싸고 있던 모든 것은 캄캄한 밤이었습니다. … 줄곧 침대에 누워 있었습니다. 생각해 낼 수 있는 온갖 방법을 다 써 보았지만, 추위의 파멸적인 힘에서 벗어날 수 없었습니다. 아주 고약한 연기를 참으며 불을 피우고, 이불을 몇 겹씩 둘러쓰고, 집 밖으로 나가는 것은 감히 엄두도 못 냈지만, 지독한 고통을 겪어야 했으며, 끊임없는 두통과 구토와 식욕부진과 불면증에 시달렸습니다. … 그러나 날씨가 조금 따스해지면, 금방 그 모든 것이 저절로 사라졌습니다." 올림피아스에게 보낸 다른 한 편지에서는 육신의 고통보다 더 견디기 어려운 무기력과 낙담에 관해 이야기한다. 이로써 요한 크리소스토무스와 올림피아스의 서신 교환에서 중요한 구실을 한 한 가지 주제가 제시된 셈이다.[13] 그러나 애석하게도 요한의 편지들만이 보존되어 있으며, 올림피아스가 그에게 보낸 편지들과 그 밖의 서신들은 모두 망실되었다. 올림피아스에게 보낸 총 17봉의 편지에서, 요한은 자신의 상황을 긍정석으로 서술하고 낙관적으로 바라보고자 애쓴다. 이는 평소의 요한에게는 어려운 일이 아니었거니와, 그는 극히 어려운 시기에도, 때로는 엄연한 사실들을 거슬러서라도 낙관적이었다. 반면 올림피아스는 요한이 추방되고 콘스탄티노플 교회와 온 동방 제국에 갑자기 재앙이 닥친 이후 깊은 우울증에 빠졌는데, 끝내 거기서 완전히 헤어 나오지는 못하게 된다. 이에 관해 요한은 편지에서 거듭 새삼 이야기했다. 그는 올림피아스의 안부를 묻고, 그녀가 그 깊고 어두운 동굴에서 빠져나오기를 희망했다. 스스로를 우울증에 온통 내맡기지 말라고 훈계한 적도 종종 있었다. 이 질병에서는, 육신의 질병에서와 똑 마찬가지로 환자가 스스로 돕는 것이 꼭 필요하다고 했다. 때로는 좀 우직하기까지 한 요한의 낙관주의에서 두드러진 것은, 우리의 평강은 우리 자신의 의지에도 달려 있다는 확신인바, 바로 이 의지를 곧추세워 작동시켜야 한다는 것이었다. 언젠가 올림피아스는 — 요한의 답장에서 유추할 수 있거니와 — 이렇게 썼다. "사실 나도 기꺼이 그렇게 하고 싶지만, 그럴 힘이 없습니다." 이 말을 요한은 구실이요 핑계라고 일축했다. "지혜의 친구여, 나는 누가 뭐래도 그대 영혼의 저항하는 힘을 잘 알고 있습니다!" 같은 편지에서 요한은 올림피아스가 자신과 떨어져 있기 때문에 괴로워한다고, 그리고 그녀가 누구에게나 이렇게 말한다는 것을 알고 있다고 썼다. "우리는 그 음성을 더 이상 듣지 못하고, 우리에게 친숙한 그 설교에 더 이상 기뻐할 수 없으며, 오히려 굶주림에 휘둘리고 있습니다. 유다인들이 먼 옛날에 겪었던 것을, 지금 우리도 견뎌 내야만 합니다. 빵에 대한 굶주림, 물에 대한 목마름이 아니라 하느님의 가르침에 대한 굶주림 말입니다."

올림피아스는 요한에게 보낸 편지에서 박해받는 요한과 사람들의 고통을 상세히 묘사했다. 요한은 답장에서 첫 그리스도인 제자들의 수난에 관해 이야기하면서, 그리스도 친히 비방과 배신을 당한 사실에서 힘을 얻고자 애쓴다고 말했다. 욥은 고통 중에 이렇게 말했다. "주님께서 주셨다가 주님께서 가져가시니, 주님의 이름은 찬미받으소서"(욥 1,21). 이 말씀이 요한에게 갈수록 중요해졌다. 또한 불가마 속의 세 젊은이 이야기(다니 3장 참조)도 종종 언급했다. 이 편지들은 길이와 내용에서 차이가 많다. 몇 통은 올림피아스에게 현재 사정을 알려 주기 위해 꼭 필요한 정보만을 담은 아주 간략한 메모다. 반면 어떤 편지들은 일종의 설교다. 이 편지들은 두 비상한 인간 사이의 친밀함과 깊은 신뢰의 생생한 증언이다.

유배 기간에 요한 크리소스토무스는 다른 편지들도 많이 썼다. 이것들은 그에게, 종종 손님을 맞을 수 있었던 것을 제외하면 의사소통의 유일한 수단이었다. 240통의 편지가 보존되어 있다. 그 밖의 몇 통은 수신인에게 도달하지 못했음이 분명하며, 나중에 분실된 편지들도 있었을 것이다. 이 편지들은 콘스탄티노플과 그 밖의 도시들에 있는 백 명이 넘는 다양한 사람들에게 보내졌다. 내용도 각양각색이다. 어떤 것들은 유배된 사람의 생활 상태를 긴장감 있게 묘사하며, 또 어떤 편지들은 좀 지루하다. 이것들은 그러나 바로 그런 점에서, 요한의 외로움과 강요된 비활동성의 표현이다. 그는 미래를 긍정적으로 전망할 수 있게 해 주는 소식은 모두 기대에 부풀어 받아들였다. 요한의 편지들로부터 우리는, 올림피아스와 그 밖의 영향력 있는 친구들이 그가 덜 궁벽진 좀 더 큰 도시로 옮겨지도록 애를 썼음을 유추할 수 있다. 요한은 그들의 노력에 감사를 표하면서, 그러나 어쩌면 더 적적할 수도 있는 장소로 옮겨 가기 위해 여행의 신산고초를 또다시 감내하고 싶은 생각은 전혀 없다고 말했다. 몇몇 편지에서는 요한이 주교로서의 소임을 계속 수행하고 있음을 볼 수 있다. 사제들에게는 사냥을 충실히 완수하라고 훈계하는가 하면, 고트인들을 보살피도록 자신이 서품했던 우닐라 주교가 적합한 후임자를 찾을 수 있을지 염려하기도 한다. 또한 유배 중에도 여전히 선교에 깊은 관심을 기울였다. 유배지로 가는 도중에 요한은 한 은수자로 하여금 암자를 떠나 페니키아(대략 오늘날의 레바논에 해당됨) 선교 길에 나서도록 했다. 그곳은 이교 전통이 아직 강하게 남아 있었다. 새로운 성당 건립에 관해서도 이야기한다. 한 편지에서는 수신인에게, 겨울에 대비하여 성당 지붕을 단단히 이라고 충고한다. 올림피아스에게 보낸 한 편지에서는 앞에서 언급한 바 있는 마루타 — 그사이에 메소포타미아 지방 마이페르카타(마르티로폴리스)의 주교로 서임되었다 — 를 친절하게 대해 주기를 부탁했는데, 앞으로 자신의 페르시아 선교 과업에 그가 필요하기 때문이라는 것이었다. 이 부탁은 사실 필요했으니, 마루타가 요한의 적대자들 편으로 넘어갔기 때문이다. 올림피아스에게 보낸 다른 편지에서는, 감옥에 갇혀 있는 에페소의 주교 헤라클리데스가 그의 직책을 포기하고(이는 요한 자신은 거부했던 방안이다), 그렇게 해서 자유를 얻는 게 나을 것이라고 말한다. 아주 많은 편지가 로마에 있는 중요한 인물들에게 보내졌는데, 그중엔 여자들도 꽤 있었다. 아우구스티누스도 편지로 경의를 표한 프로바와 율리아나는 앞에서 이미 언급한 바 있다. 이 편지들은 요한이 서방과 얼마나 긴밀한 관계를 맺고 있었는지를 분명히 알려 준다. 요한이 성 소피아 대성당의 세례당에서 작별한 네 여인 가운데 세 명이 라틴식 이름(펜타디아, 프로클라, 실비나)을 가지고 있다는 사실에서도 이러한 점을 알 수 있다.

   여름에는 새로운 어려움이 찾아왔다. 이제 요한은 엄청난 더위에 괴로워했다. 위장이 회복되지 못한 그는 엄격한 식이요법을 해야 했다. 그러나 가장 고약한 것은 이사우리아인들의 침입이었다. 그들은 405년의 흉작 때문에 기아에 시달렸다. 그래서 큰 무리를 지어 자기네 산에서 내려와 칼과 불로 마을들을 약탈했다. 요한은 한 편지에서 그들의 살육과 방화에 관해 썼다. 여느 해와는 달리 이사우리아인들은 다음 겨울까지 습격을 계속했고, 도시들도 위협했다. 군사 당국은 민간인들을 쿠쿠수스에서 소개疏開하기로 결정했다. 그래서 한겨울에 요한도 약 80킬로미터 떨어진 접경 도시 아라비수스로 옮겨 갔다. 거기서 그는 요새 안의 작은 보루에 머물렀다. 상황은 매우 위태로웠다. 굶주림이 피난민들로 넘치는 도시를 위협했다. 캄캄한 밤중에 300명의 이사우리아인이 아라비수스를 기습 공격했으나 다행히 격퇴되었다. 요한은 나중에야 그 무서운 일에 관해 이야기를 들었다. 깊은 잠에 빠져 한밤의 위험한 사태를 전혀 알지 못했던 것이다. 아라비수스 체류 시기(얼마나 오래 머물렀는지 알 수 없다)는 요한에게 견디기가 특히 어려웠으니, 거기서는 편지를 받을 수도 없었고 아무도 찾아오지 않았기 때문이다. 그나마 그 지역 주교가 요한을 매우 친절하게 대해 준 것이 그의 기쁨이었다. 상황이 어느 정도 안정된 뒤, 주교는 요한에게 자기 집에서 지내라고 권했다. 아마도 406년 여름 요한 크리소스토무스는 쿠쿠수스로 돌아온 것 같다. 다시금 많은 손님이 찾아왔고, 이것이 그에게 힘을 주었다. 한편 요한은 이 시기에도 훌륭한 사목자임을 실증했으니, 자신에게 찾아오는 사람들을 나름대로 애써 위로하고 힘을 북돋아 주었다. 올림피아스와 또 다른 여부제들이 그의 병든 위장을 위해 여러 가지 치료약과 감미로운 기름도 보내 주었다. 요한은 올림피아스가 전달한 돈으로, 이사우리아인들에게 잡혀간 남녀들을 몸값을 치르고 풀려나게 할 수 있었다. 또한 쿠쿠수스에서 설교도 할 수 있었다는 것은 요한에게 매우 소중한 일이었다. 종종 그의 주위에 꽤 큰 공동체가 모였다. 특히 북쪽의 세바스테와 남쪽의 안티오키아에서 갈수록 많은 사람이 쿠쿠수스로 요한을 찾아왔다.

요한 크리소스토무스는 자신의 체험과 확신을 좀 더 많은 독자들이 가까이할 수 있게 만들기로 결심했다. 그래서 두 권의 소책자를 썼다. 한 권은 흔히 첫 구절이 제목으로 일컬어진다. "자기 자신에게 스스로 불의를 저지르지 않는 사람은, 누구도 실제로 해를 입지는 않는다는 주제에 관하여."**14** 이 제목이 이 작은 책의 정수를 담고 있다. 요한은 이로써 올림피아스에게, 그리고 자기 때문에 박해와 유배를 당해야 했던 모든 사람에게 힘과 용기를 주고자 했다. 요한은 "인간 가치의 본질을 이루는 것은 무엇인가?" 하는 물음을 제기하고, "참된 가르침에 대한 철저한 인식과 그것에 따른 올곧은 삶"이라고 스스로 대답한다. 이것은 우리를 억압하고 나아가 죽이기까지 할 수 있는 아무리 강력한 원수라 할지라도, 우리에게서 빼앗아 가지 못한다. 인간 가치의 본질은 건강, 명예, 자유 따위에 있지 않고, 그의 도덕적 온전성에 있다. 요한은 다니엘서에 나오는 불가마 속의 세 젊은이를 본보기로 드는데, 확고한 신앙을 가졌고 도덕적으로 순정純正했던 그들은 아무런 해를 입지 않고 그 극도의 위험을 견뎌 냈다. 이로써 요한은 그리스어를 사용하는 지역에서 이미 소크라테스와 플라톤 이래 널리 전파되었고 특히 나중에 스토아 철학자들에게서 매우 중요해진 사상을 피력한 셈이었다. 이 사상에서 중요한 것은 다음과 같다. 불의를 행하는 것보다는 불의를 당하는 것이 낫다, 자신에게 끝끝내 충실한 선한 인간을 해칠 수 있는 것은 근본적으로 아무것도 없다 …. 요한이 자기 사상을 명료하게 제시하기 위해 끌어들이는 예들은, 성경에서 유래하는 것들이다. 그러나 실상 그가 이 소책자에서 개진하는 사상은 스토아적이다.

유배 중에 저술한 둘째 소책자의 주제는, 그 제목 『하느님의 섭리에 관하여』[15]가 시사해 준다. 우리 인간들은 하느님의 섭리를 깨달을 능력이 없다. 요한은 콘스탄티노플에서 고통당하고 있는 신앙의 동지들에게 구약성경의 위인들을 가리키는데, 그들은 부활에 대한 확실한 신앙은 알지 못했지만 온갖 곤경 속에서 하느님의 섭리에 굳게 매달렸다. 우리의 그리스도교 신앙에서는 이렇게 고수하는 이유들이 더 있거니와, 무엇보다도 주님께서는 이렇게 약속하셨다. "끝까지 견디는 이는 구원을 받을 것이다"(마태 10,22). 요한은 자신의 훈계를 구체적인 상황에 적용함으로써 소책자를 끝맺는다. 참교회는 국가가 떠받쳐 주는 교회에 의해 박해받는다, 사제(요한은 이 지칭으로써 분명히 콘스탄티노플의 새 주교 아티쿠스를 암시하고 있다)가 자신의 교회를, 늑대가 양 떼를 해치는 것보다 더 못되게 파괴하고 있다 …. 또 하나의 암시는 필경, 시 최고 행정관 옵타투스를 겨냥하고 있다. 이 두 암시는, 만일 이 책자가 국가나 교회의 당국자들 손에 들어갔다면,

유배된 사람을 위태롭게 만들 수도 있었을 터였다.

여기서 서방 대표단의 운명을 계속 추적해 보자. 로마에서 개최된 시노드와 그 결의 사항들(이것들은 근본적으로 지난 2년간 콘스탄티노플이 추진해 왔던 교회정치의 전면적 변경을 요구했다)에 관한 소식은, 동방에 큰 불쾌감을 불러일으켰다. 최고 행정관 안테미우스는 달갑지 않은 서방 사절들이 동방의 영토에 도착한 뒤, 관원들에게 그들의 여정을 최대한 방해하라고 지시했다. 대표단은 펠로폰네소스 해협에서 배를 갈아타고 항로를 아테네 쪽으로 잡은 시점부터 줄곧 병사들에게 감시를 받다가 끝내는 항해를 제지당했다. 한 중대장이 배에 올라오더니, 서방에서 온 사람들에게 계획했던 대로 테살로니카에서 하선할 수 없다고 통고했다. 서방 대표단의 일원이었던 팔라디우스는 여행 중이던 사람들로 하여금 그 후에 일어난 일에 관해 다음과 같이 생생히 보고하게 한다. "그 대신 우리는 다른 배 두 척에 옮겨 타고 계속 항해해야만 했다. 그런데 곧 강력한 폭풍우가 발생했고, 그 속에서 우리는 사흘 동안 아무것도 먹지 못하고 에게 해와 그 가장자리를 떠다녀야 했다. 마침내 사흘째 정오 무렵 콘스탄티노플 앞의 외곽 도시 빅토르에 상륙했다." 콘스탄티노플에서 대표단은 항만 당국에 체포되었다. 로마인들은 그리스인들과 분리되어 여러 곳에 감금되었다. 당국은 서방 대표자들에게 그들의 문서들을 넘기라고 요구했다. 그러나 그들은 자기네가 직접 황제에게 문서들을 전해 주어야 한다고 언명했다. 그러자 한 장교가 문서들을 강제로 빼앗았는데, 그러는 와중에 마리아누스 주교의 손가락 하나를 부러뜨렸다. 둘째 날 사람들은 서방 대표단에게 아티쿠스 주교와 교회 관습에 따른 친교를 이루라고 요구하면서, 은화 3천 닢에 달하는 큰돈으로 매수하려 했다. 그러나 대표단은 거부했고, 마침내 동방은 올 곳이 못 됨을 깨닫고는, 집으로 돌아갈 수 있게 해 달라고 부탁했다. 이 부탁은 허락되었다. 대표단은 썩어 가는 거룻배에 태워졌다. 주교들이 항해 중에 죽게 만들도록 선장이 돈을 받았다는 소문까지 떠돌아다녔다. 아닌 게 아니라 배는 몇 마일 가지 않아 가라앉으려 했다. 사람들은 람프사쿠스에서 육지로 올라왔다. 대표단은 거기서부터 다시 여행할 수 있었고, 20일 후 칼라브리아에 도착했다. 한편 동방 출신 주교들은 감금된 뒤 감쪽같이 사라진 듯했다. 백성들 사이에서는 이미, 주교들이 필경 강제로 익사당했거나 자연히 그리되었으리라는 소문이 돌았다. 그러나 주교들은 아주 은밀히 여러 외딴곳으로 이송되었다. 그들은 거기서 몇 년간 병사들의 감시를 받으며 갇혀 있었다.

그 밖의 요한파 주교들 사정도 나을 게 없었다. 그들은 최대한 궁벽지고 외딴 도시로 유배되었다. 더러는 마케도니아로, 또 더러는 보스라와 아라비아(오늘날의 시리아)의 팔미라나 페트라(오늘날의 요르단) 등 콘스탄티노플에서 멀리 떨어진 장소로 추방되었다. 팔라디우스는 상부 이집트로 보내졌다. 각각 정해진 장소로의 여정은 몹시 고통스러웠다. 호송병들은 살인적 속도로 행군했다. 음식은 형편없었고, 유배자들에게는 성당에 발을 들여놓는 것도 허용되지 않았다. 밤에는 수상한 숙박소에서 묵어야 했다. 팔라디우스는 타르수스에서 유배자들이 한 유곽에서 밤을 보내야 했다고 전해 준다. 주교들 중 하나가 동행을 격려했다. "왜들 슬퍼하시오? 우리가 자진해서 여기 들어온 게 아니지 않소? 이 일이 하느님의 영광을 드높이는 결과를 가져올 수도 있을 것이오. 이 창녀들 중에서 우리가 이렇게 모욕과 학대를 당하는 것을 보고는, 이런저런 생각에 잠기고 회개하는 사람들이 생길지 누가 알겠소?" 한편 몇 명의 주교는 체포되기 전에 피신할 수 있었다. 그들은 동굴이나 콘스탄티노플 같은 대도시에 숨었다. 팔라디우스의 동기 브리손은 자진해서 주교직을 포기했다. 그는 괴롭힘을 당하지 않았고, 자신의 작은 영지로 물러나 넓은 정원을 가꾸었다.

서방 대표단은 육로로 로마에 와서 교황에게 보고했다. 동방이 교황과 황제의 서한들과 그 전달자들을 그렇게 모욕적으로 취급한 사실은, 서방의 뺨을 때린 짓으로 간주되었다. 그러나 동방 제국의 최고 행정관 안테미우스는, 서방이 동방을 거슬러 아무런 조처를 취할 수 없으리라는 것을 알고 있었다. 이탈리아의 군사력이 동고트족의 침략을 저지하는 데 묶여 있었던 것이다. 이 동고트족은 406년 8월 스틸리코가 피렌체 부근의 피에솔레에서 괴멸시킬 터였다. 교황 인노켄티우스 1세는 동방의 도발에, 한 가지 방법으로 대응할 수밖에 없었다. 교황은 알렉산드리아의 테오필루스, 콘스탄티노플의 아티쿠스, 안티오키아의 포르피리우스와 그 밖의 요한 크리소스토무스의 모든 주도적 적대자들과 교회 관습에 따른 친교와 관계를 모조리 단절했다. 이로써 동방과 서방 간의 최초 분열이 발생했다. 이후 제국의 양쪽 절반은 자기네 교회들과 함께, 갈수록 서로 멀리하는 쪽으로 나아갔다. 650년 뒤인 1054년 또 한 차례의 분열이 발생하여 1965년까지 계속된다.

그동안 머나먼 쿠쿠수스에서 요한은 자신의 유배가 어쩌면 곧 끝날 수도 있으리라는 희망을 갖게 하는 소식을 매우 초조하게 수집했다. 그는 서방의 주교들에게 다양한 편지를 써 보내면서, 자기를 위해 애써 준 데 대해 감사를 표시했다. 그들 중에는 로마 시노드의 개최와 결의에서 주도적 역할을 했던 아퀼레이아의 크로마티우스도 있었다. 그러나 몇 통의 편지에서는 서방의 대표단이 필경 아무것도 성취하지 못하리라는 통찰이 엿보인다. 반면 밀라노의 베네리우스와 브레시아의 가우덴티우스에게 보낸 편지에서는 자신을 위한 노력을 배가해 줄 것을 부탁한다. 그리고 올림피아스에게 보낸 마지막 편지에서는, 자신의 유배가 머지않아 끝날 것이기에 그녀가 곧 이별로 인한 우울증에서 벗어날 수 있으리라는 확신을 드러낸다. 그런데 407년 초여름에 쓴 것으로 보이는 교황 인노켄티우스 1세에게 보낸 또 다른 편지에서는 당혹감을 시사한다. 요한은 자신의 유배 해제가 아니라 유배지 변경 소문을 들었던 것이다.

3.4. 죽음의 행진

콘스탄티노플 정부는 요한 크리소스토무스를 쿠쿠수스에서 피티우스로 옮기기로 결정했다. 흑해 북쪽 연안의 이 황량한 외딴곳은 당시 로마 제국 동부 지역의 가장 끄트머리에 있는 전초지였는데, 콘스탄티노플에서 약 1천2백 킬로미터나 떨어져 있었다. 오늘날 피춘다라고 불리는 이 벽촌은 게오르기아의 수후미에서 북서쪽으로 약 75킬로미터 거리에 있었다. 훌륭한 항구를 가지고 있던 피티우스에는 견고한 요새도 하나 있었다. 그런데도 카우카수스 산맥의 언덕에서 내려오는 이사우리아인들의 습격을 거듭 받았다.

팔라디우스의 요한 크리소스토무스 전기에 따르면, 갈수록 많은 사람이 요한을 방문하고 또 요한이 종종 그곳에서 하는 설교에 사람들이 열광하여 몰려든다는 소식에, 안티오키아 주교 포르피리우스와 가발라 주교 세베리아누스는 점점 더 분개하게 되었다. 그래서 그들은 유배된 사람을 다른 곳으로 옮겨 달라고 황궁에 청원했다. 그리하여 피티우스가 선택됨으로써 그들의 소원이 충만히 이루어졌다. 그 끄트머리 구석까지 찾아가기란 아주 어려웠고, 요한 크리소스토무스가 지난 3년간 쿠쿠수스에서 쌓았던 많은 친교도 더 이상 유지될 수 없었다. 그런데 이 시리아 주교들의 개입은, 황궁이 유배지 변경을 결정한 여러 이유 가운데 하나일 뿐이었다. 그중에서 한 가지 중요한 정치적 이유로 서방의 요구를 들 수 있다.

콘스탄티노플에 파견했던 대표단이 실패한 뒤에도 서방이 아주 강력히 요구하던 공의회를, 동방 수도의 정부는 어떻게 해서든지 저지하고자 했다. 서방이 다시 군사력에 여유가 생기고, 그래서 동방에 압력을 행사할 수 있게 되기 전에 요한 크리소스토무스가 제국의 극변極邊으로 옮겨져야 했던 것이다. 그러나 요한은 실제로는 그곳에 도달하지도 못한다.

친위대 한 부대가 유배된 사람을 새로운 유배지로 옮기기 위해 쿠쿠수스에 도착한 시점이 정확히 언제인지는 알 수 없다. 팔라디우스와 그가 집필한 요한 크리소스토무스 전기가, 요한의 삶의 마지막 단계에 관한 유일한 자료다. 팔라디우스는 오늘날 터키 북동쪽의 구메네크인 코마나 폰티카(목적지인 피티우스엔 도달하지 못했다)까지의 끔찍한 여정에 3개월이 걸렸다고 전한다. 그런데 이는 약 3백 킬로미터의 노정에는 너무 긴 기간이다. 그래서 사람들은 팔라디우스가 원래 석 달이 아니라 석 주를 의미했을 것이라고 추측해 왔다. 이 경우라면 8월 25일경에 출발했을 것이다. 지난번에 니케아에서 쿠쿠수스까지 갈 때는 호송병들이 요한을 정중하게 대했다. 그러나 이번에는, 모종의 지시에 따랐음이 분명하거니와, 요한을 무자비하게 몰아댔다. 저번 여행에서 이용했던 가마도 탈 수 없었고, 전체 노정을 걸어서 가야만 했다. 길은 산맥을 여럿 통과하여 곧장 북쪽으로 향했다. 찌는 듯한 더위에도 행군은 계속되었고, 본디 대머리였던 요한은 두건이나 모자도 없이 뜨거운 햇볕을 고스란히 받았다. 엄청난 소나기에도 병사들은 죄수와 함께 비 피할 곳을 찾으려 하지 않았다. 병사들 중 하나가 요한을 동정했던 것 같은데, 그러나 동정심은 은밀하게만 드러낼 수 있었다. 그 슬픈 행렬이 도시를 통과할 때면, 사람들은 대부분 요한에게 동정심을 나타냈다. 시내에서 잠깐 멈춰 쉰 적은 한 번도 없었다. 이는 많은 사람이 파직된 주교와의 연대감을 표명하는 것을 방지하기 위한 조처였음이 분명하다. 친위대 병사들에게는, 그 저명한 죄수가 도중에 죽는다면, 진급이 약속되어 있었다.

9월 12일, 무리는 이리스 강가의 숲이 무성한 골짜기에 있는 다지몬(오늘날의 토카트)에 도착했다. 같은 강의 약 50킬로미터 서쪽 연안에서 50여 년 전에 대大바실리우스가 자기 영지에서 친구인 나지안주스의 그레고리우스에게 감격에 겨운 편지 한 통을 써 보냈다. 거기서 바실리우스는 자신을 에워싸고 있는 자연, 물보라 치는 작은 여울, 장엄한 원경, 그로 인해 얻은 내면의 평화에 관해 묘사했다. 친구를 자신에게 오도록 꼬드기는 이 편지는, 풍경에 대한 최고 수준의 감동적인 문학적 묘사다.

407년 9월 12일엔 그런 목가적인 정경의 흔적 따위는 전혀 없었다. 요한 크리소스토무스는 기력이 다했다. 아직도 약 백 킬로미터의 노정이 남아 있었다. 일차 목적지는 폴레모니움 항구였음이 분명하다. 거기서 피티우스까지는 배를 타고 갈 예정이었다. 요한에게는 며칠 쉬는 것이 절실했다. 그러나 다음 날 아침이 밝자마자 인솔 장교가 강행군을 명령했다. 마지막 힘을 다 끌어모아 요한은, 고열에 불덩이가 된 몸으로 천근 같은 발걸음을 옮겼다. 그들은 오늘날에도 볼 수 있는 한 다리 위로 이리스 강을 건너 코마나 폰티카로 갔다. 그러곤 멈추지 않고 그 도시를 통과했다. 코마나를 약 8킬로미터 지나서야, 그날 하루로 치면 약 16킬로미터를 행군한 끝에 비로소, 한 작은 마을(오늘날의 비제리)에서 멈추었다. 그 마을의 집들은 순교자 바실리스쿠스의 경당을 에워싸고 모여 있었다. 거기서 밤을 보낼 터였다. 이 대목에서 팔라디우스는 여느 때에는 상당히 냉정한 자신의 서술에 두 가지 꿈 이야기를 끼워 넣었다. 그날 밤 바실리스쿠스가 요한에게 나타나 이렇게 말했다고 한다. "마음을 편히 가지시오, 요한 형제. 아침이면 우리가 함께 있을 것이오." 둘째 꿈은 시간상 이보다 좀 앞선다. 바실리스쿠스가 순교자 경당의 사제에게도 나타나 이렇게 말했다고 한다. "요한 형제를 위한 자리를 마련하게. 그가 오고 있네."

이튿날 아침, 그러니까 9월 14일, 요한은 몸 상태가 몹시 좋지 않은 것을 느끼고는 병사들에게 출발을 11시까지 늦춰 달라고 간청했다. 그러나 청은 거절되었다. 요한은 어찌어찌해서 발을 질질 끌며 5킬로미터를 더 걸어갔다. 그러고는 허물어졌다. 병사들은 상태가 몹시 심각하다는 것을 깨닫고는, 죽어 가는 사람을 바실리스쿠스 경당으로 도로 옮겨 갔다. 요한은 흰 수의를 덮어 줄 것을 요청했다. 그리고 자기 옷은, 그 전기를 감격하며 읽었던 위대한 은수자 안토니우스의 본을 따라, 둘러서 있는 사람들에게 선사했다. 사제가 그에게 성체를 받아 모시게 했다. 그런 다음 요한은 그를 특징짓는 "하느님은 모든 일에 찬미받으소서"라는 말로 끝나는 임종 기도를 바쳤다. "그런 다음 그는 다리를 다시 침상 위로 올린 뒤 ― 팔라디우스는 의식적으로 구약성경에 나오는 야곱 임종 장면의 동일한 말씀을, 또는 아타나시우스가 안토니우스 선기에서 그 은수자의 임종을 묘사하면서 사용한 표현과 똑같은 말을 사용하고 있다 ― 자기 조상들 곁으로 갔다."**16** 강요된 고통으로 사망할 당시 요한 크리소스토무스의 나이는 대략 58세였다. 신참 순교자는 311년 죽임을 당한 고참 순교자 바실리스쿠스 옆에 매장되었다.

3.5. 훗날의 복권

이 위대한 인간의 사망 소식은 매우 빨리 그리고 널리 퍼져 나갔다. 팔라디우스는 시리아, 킬리키아, 폰투스, 아르메니아 등 도처에서 많은 경건한 사람들, 수도승과 수녀들이 망자와의 고별을 위해 서둘러 달려왔다고 전한다. 지금은 허물어진 비제리의 성당에서 대리석 덮개가 얹은 한 무덤을 볼 수 있는데, 요한 크리소스토무스의 예전 무덤으로 여겨진다. 요한의 유해는 이곳에서 30년 남짓 안식을 누렸다.

에우독시아 황후는 이미 404년 10월 6일 사망했다. 아르카디우스도 삼 년 반 뒤인 408년 5월 1일 아내의 뒤를 따랐으니, 겨우 31세였다. 당시에는 세습 왕정 관념이 이미 뿌리를 내렸고, 그래서 통치권이 거의 마찰 없이 겨우 일곱 살 난 테오도시우스 2세에게 물려졌다. 황제 부부의 요절은 경건한 상상력을 오랫동안 부추겼다. 여기에는 '떡갈나무 시노드'에서 요한의 유죄판결에 서명했던 주교들 중 여럿이 극히 고통스럽게 죽은 것도 한몫을 했다. 팔라디우스의 보고에 따르면, 한 주교는 수종증水腫症에 걸렸고 다른 한 명은 생살이 썩어 들었으며, 또 한 명은 전신이 마비되어 더는 말 한마디 못한 채 여덟 달 동안 죽음만 기다려야 했다. 또 다른 하나는 말에서 떨어져 다리가 부러졌고 결국 죽었다. 마지막 작자는 혀에 농양이 생겼다. 그는 죽기 직전 자기 죄에 대한 고백을 글로 써서 남겼다. 팔라디우스는 이 보고에서 자제력을 잃고 있다. 그의 묘사가 얼마만한 역사적 신빙성을 지니고 있는가 하는 문제와는 별도로, 원수의 죽음을 참혹하게 서술하는 것은 고대 말엽에 널리 알려진 문학적 소재였다. 사도행전도 유다의 죽음을 오늘날의 독자들에게는 충격적인 방식으로 묘사한다.[17] 그러나 고대 독자들은 그런 묘사에서, 우리가 동화책에서 흔히 읽는 것과 같은, 배신자는 망한다는 훈계를 확인했음이 분명하다. 악당들은 무서운 최후를 맞게 되거니와, 이에 대해 사실 독자들은 끔찍함이 아니라 보상감을 느낀다. 락탄티우스(317년 이후 사망)는 『박해자들의 죽음 유형』이라는 진기한 책에서, 교회를 박해한 자들이 어떻게 그들에게 마땅한 참혹한 종말을 맞이했는지를 생생히 묘사한다. 그런데 요한 크리소스토무스의 불행의 주범인 알렉산드리아의 테오필루스는 412년 편안하게 죽었다. 또

한 명의 극렬한 적대자인 베로이아의 아카키우스는 오래도 살아서 116세에야, 그것도 존경받는 인물로 죽었다. 테오필루스와 관련해서는 훗날 한 전설이 사람들의 정의감을 반영했다. 테오필루스가 임종 자리에 누웠는데 도무지 죽지를 못했다. 그래서 사람들이 요한 크리소스토무스의 그림을 그의 침대로 가져갔다. 테오필루스가 그 그림에 경의를 표한 뒤에야 죽음이 찾아왔다고 한다.

요한 크리소스토무스의 지지자들은 그가 사망한 뒤에도 신의를 지켰다. 그들은 그러나 작고한 주교의 후임자를 선정하는 일은 삼갔다. 이로써 교회 분열이 언젠가 종식될 수 있는 여지를 남겨 놓았다. 정부는 요한파에 대한 국가 차원의 박해를 종결한다는 사면령을 반포했다. 알렉산드리아의 테오필루스는 냉정하고 현실적인 정치가로서, 분열의 지속은 동방교회를 약화시킬 뿐이라는 것, 그리고 자신이 요한파와 화해하는 조건 아래에서만 교황과의 관계가 정상화될 수 있다는 것을 잘 알고 있었다. 그래서 406년 콘스탄티노플 수교가 된 아티쿠스에게, 요한파에 대한 교회 차원의 보복 조처를 중지하라고 독촉하는 편지를 써 보냈다.

요한파 사람들은 그러나 이것으로 만족할 수 없었다. 그들은 이제 요한 크리소스토무스의 이름을 제단 위의 둘로 접는 그림Diptychon에 수록하라고 요구했다.[18] 동방교회에서는 이 제단 위의 둘로 나누인 '책들'에 살아 있는 사람들과 사망한 사람들의 이름을 써넣었고, 이 이름들은 미사 중에 불리었다. 가톨릭교회에서 거행하는 미사에서는 오늘날에도 해당 날짜의 주요 성인들과 교황 그리고 관할 주교의 이름과 그 밖의 이름들이 불린다. 로마 교황도 동방교회와의 친교 재개의 불가결한 조건으로, 요한 크리소스토무스의 이름을 주교 명단에 수록할 것을 요구했다. 그러나 아티쿠스는 이 요구를 딱 잘라 거절했다. 사실 그 요구를 들어준다는 것은 요한의 파직이, 또 따라서 자기 자신의 콘스탄티노플 주교 임명 역시 불법적이었음을 자인하는 셈이 되기 때문이었다.

시간은 그러나 요한파 사람들과 그들의 열망 편이었다. 404년 안티오키아 신자들에게 강제로 떠안겨졌던 포르피리우스 주교가 412년 사망했다. 그는 신자들의 존경은 고사하고 호의도 얻지 못했다. 알렉산더(재임 412~416)가 포르피리우스의 후임자가 되었는데, 그는 필경 오래전에 요한 크리소스토무스와 함께 플라비아누스 주교 밑에서 일한 바 있었다. 오랜 금욕 수행의 경험을 가진, 널리 존경받던 알렉산더는 교회 내부의 평화를 이미 과거가 된 분쟁보다 중요하게 여겼다. 그는 자기 공동체 사람들을 대동하고, 이미 오래전에 세상을 떠난 파울리누스 주교[19]의 지지자들이 모이는 성당으로 갔다. 알렉산더는 특유의 매력으로 그들의 마음을 얻었고, 그들에게 자신과 함께 '황금 성당'으로 가자고 권했다. 이로써 요한 크리소스토무스가 콘스탄티노플 주교로 임명되고부터 해결하고자 애를 썼던 안티오키아 교회의 수십 년간의 분열이 마침내 종식되었다. 다음 조처로 알렉산더는 훨씬 큰 집단인 요한파 사람들에게로 향했다. 그는 요한 크리소스토무스의 이름을 안티오키아 교회의 제단 위 양절兩折 그림에 수록하고, 또한 유배된 두 명의 요한파 주교가 시리아에 있는 그들의 공동체로 돌아오는 것을 허락함으로써, 요한파 사람들의 마음도 얻었다. 이런 조처들에 관해 알렉산더는 교황에게 보고했다. 인노켄티우스 1세는 즉시 만족감을 표시했고, 안티오키아 총대주교좌와의 친교를 재개했다.

상황이 이렇게 전개됨으로써, 콘스탄티노플의 아티쿠스 주교에 대한 압력이 증대되었다. 교황 인노켄티우스 1세는 로마 교회와의 친교 재개를 바라는 콘스탄티노플의 동아리들에게, 자신은 기꺼이 응할 용의가 있다는 뜻을 전달했다. 그러면서 친교 재개의 조건은 안티오키아 교회의 경우와 동일하다고 했다. 이 메시지의 전달자는 콘스탄티노플 주재 교황대사 보니파티우스[20]였다. 414년 알렉산더가 콘스탄티노플로 와서, 그렇게나 많은 사람이 바라는 화해의 행동을 하도록, 아티쿠스를 설득하려 노력했다. 그러나 쇠귀에 경 읽기였다. 알렉산더가 양절 그림에 요한의 이름을 넣을 것을 공개적으로 옹호하는 설교를 한 뒤, 거리에서 대규모 시위가 벌어지려 할 때에야 비로소 아티쿠스가 마지못해 울며 겨자 먹기로 결심했다. 그는 열세 살짜리 황제 테오도시우스 2세에게 문의했다. 최고 행정관 안테미우스의 조언을 받은 황제는 아티쿠스에게, 평화를 위해, 이미 죽은 사람의 이름을 양절 그림에 넣는다고 손해될 것이 무엇이 있겠느냐고 대답했다.

아티쿠스가 요한의 이름을 수록하게 했지만 내심으로는 반대했다는 것은, 그가 알렉산드리아 총대주교 키릴루스에게 보낸 편지에서 확실히 감지할 수 있다. 키릴루스는 412년에 자기 삼촌 테오필루스의 직책을 이어받으면서 요한 크리소스토무스에 대한 증오도 함께 물려받았다. 편지에서 아티쿠스는 거리의 시위 압력 때문에, 잘못인 줄 알면서도 요한의 이름을 넣게 했다고 강조했다. 하지만 자신이 교회의 규범에 저촉되는 일을 한 것은 아니니, 사실 제단 위의 양절 그림에는 주교들 이름뿐 아니라 사제, 부제, 평신도 들, 아니 여자들의 이름까지 들어가 있기 때문이라는 것이었다. 다윗이 사울을 정중하게 매장해 주었다고 해서 그를 나쁘다고 할 수는 없지 않느냐는 것이었다. 그러고는 키릴루스 쪽에서도, 교회의 평화와 일치가 회복될 수 있도록, '그 죽은 남자' — 아티쿠스는 감히 요한의 이름을 언급하지 못했다 — 의 이름을 알렉산드리아 교회의 제단 위 양절 그림에도 넣어 달라고 부탁했다. 키릴루스는 답신에서 그 콘스탄티노플 동료의 굴종을 비난했다. 그렇게 함으로써 아티쿠스 당신은 요한파와 제휴하고, 대신 우리 이집트 쪽과는 갈라선 셈이라고 했다. 키릴루스는 계속하여, 자기는 안티오키아에서 요한 크리소스토무스의 이름이 다른 주교들의 명단과 함께 불린다는 것을 들어서 알고 있다고 말했다. 이것은 그러나 유다가 열두 사도 동아리에 다시 받아들여지고, 보선補選되었던 마티아[21]가 밀려나는 것이나 마찬가지이기에 아티쿠스는 요한의 이름을 양절 그림에서 지워 버려야 한다는 것이었다. 그러나 키릴루스 같은 교회의 선생으로서는 치명적인, 요한 크리소스토무스와 유다의 동일시를 담고 있는 그 편지를 써 보내고 몇 년 뒤, 이 이집트 총대주교 역시 자신이 그렇게나 반대했던 일을 할 수밖에 없었다. 정부가 키릴루스에게 압력을 행사했고, 로마도 그가 절실히 바라던 외교 관계 재개의 조건으로 요한 이름 수록을 거듭 고집했기 때문이다. 키릴루스의 저항에서 특기할 만한 것은, 그가 요한 크리소스토무스의 이름을 결국 자기 교회 제단 위 양절 그림에 넣게 한 날짜를 알 수 없다는 사실이다. 그 일이 418년에 이루어졌음은 거의 확실하다. 아무튼 키릴루스는 죽을 때까지, '떡갈나무 시노드'가 요한 크리소스토무스에게 판결한 해직의 합법성을 확신했다. 당시 그는 삼촌 테오필루스를 수행하여 심리에 참여한 바 있다.

　자신들이 공경하는 주교의 이름이 양절 그림에 수록됨으로써 요한파 사람들은 첫 번째 성공을 거두었다. 그러나 그들은 거기에 만족하지 않았다. 그 명단에는 성덕 때문이 아니라 교회정치적 고려 때문에 수록된 이름들도 포함되어 있었기에, 요한파 사람들은 요한 크리소스토무스의 각별한 지위에 대한 좀 더 명확한 공인을 요구했다. 요한파 핵심 지도부의 요구는 훨씬 더 나아갔다. 자기네 성인의 육신이 머나먼 땅의 보잘것없는 무덤에 누워 있는 한, 그래서 그의 무덤에서 기도하고 그의 유해와의 접촉을 통해 새로운 힘을 얻는 것이 불가능한 한, 그들은 만족할 수 없었다.

그러나 그들은 아직 여러 해를 더 기다려야 했다. 428년 다시 한 번 안티오키아 출신 사제가 콘스탄티노플 주교가 되었으니, 바로 네스토리우스(재임 428~431)다. 그런데 네스토리우스 주교 역시 해직된다. 그의 운명은 여러 면에서 요한 크리소스토무스를 떠올리게 한다. 특히 네스토리우스의 개혁에의 열정, 다른 주교들과의 서투른 교제, 정치적으로 막강한 영향력을 지닌, 테오도시우스 2세의 누이 풀케리아와의 충돌을 언급할 수 있겠다. 네스토리우스는 안티오키아에서 요한 크리소스토무스와 함께 수학한 몹수에스티아의 테오도루스의 제자였다. 네스토리우스는 예수 그리스도가 인간임을 강조함으로써, 다시 말해 예수가 덕성스러운 삶으로 말미암아 하느님과 하나 되는 은총을 입었다고 생각함으로써, 교회 신심의 주류에서 멀리 벗어났고, 그래서 알렉산드리아의 키릴루스가 조종한 431년의 에페소 공의회에서 유죄판결을 받은 뒤 사직을 강요당했다. 네스토리우스는 428년 9월 26일 처음으로 전례 중에 장엄한 의식을 통해 요한 크리소스토무스를 기념하게 했으며, 그로써 그 동향인을 '제단에서의 공경'으로 들어 높였다. 정교회 전통에서 '제단에서의 공경'은 서방 교회의 시성諡聖과 맞먹는다.

요한 크리소스토무스의 복권은 438년 1월 27일 완료되었다. 이날 성인의 관을 실은 배가 보스포루스 해협에 도착했다. 434년부터 콘스탄티노플 주교였던 프로클루스가, 황제 테오도시우스 2세와 그의 막강한 누이 풀케리아의 지원을 받아 요한의 유해를 코마나에서 모셔 오게 했던 것이다. 이날 저녁 엄청난 숫자의 수도 주민들이 보스포루스 연안으로 몰려들었다. 그들은 저녁노을 속에 저 멀리 마르마라 해까지 수백 척의 배가 떠 있는 것을 보았다. 땅거미가 진 뒤 배들의 불빛이 고요한 수면 위에 천 배로 반사되었다. 연안에서는 신하들을 대동한 황제가 영접 준비를 끝내

삶과 활동 239

고 기다리고 있었다. 성인의 유해를 담은 관이 배에서 뭍으로 내려지자, 거대한 군중 위로 깊은 침묵이 흘렀다. 황제가 무릎을 꿇고 눈과 이마를 관에 대고는, 제 부모가 무지하여 저지른 일들을 용서해 주기를 망자에게 간청했다. 그런 다음 장엄한 등불 행렬이 시작되었다. 황제와 주교가 동반한 행렬은 이레네 성당과 재건된 성 소피아 대성당을 지나 시내 한가운데를 통과하여 사도 성당으로 향했다. 성당에 도착한 뒤, 프로클루스 주교는 관을 주교 고좌 옆에 내려놓게 했다. 군중은 유배당하고 죽음으로 내몰렸던 요한 주교를 떠올리며 외쳤다. "주교님, 당신의 자리에 앉으십시오!" 사람들은 망자가 생전에 한자리에 모인 공동체에게 조용히 약속하던 목소리가 사무치게 듣고 싶었다. "평화가 여러분과 함께!"

사도 성당에서 요한 크리소스토무스는 최종 안식처를 찾았다(241쪽 그림 XIV 참조). 바로 옆의 황실 영묘靈廟에는 콘스탄티누스 대제, 콘스탄티우스 2세, 테오도시우스 1세 그리고 아르카디우스와 에우독시아도 묻혀 있었다. 이제 수세기 동안 이들의 유골이 요한 크리소스토무스의 유골 옆에서 쉴 터였다. 비잔티움 황제는 해마다 부활 주일에 장엄한 행렬을 이끌고 사도 성당으로 와서, 성 요한 크리소스토무스와 성 나지안주스의 그레고리우스와 콘스탄티누스 대제의 무덤들에 경배했다.

제4차 십자군 원정 와중에 베네치아인들이 1204년 4월 12일부터 14일까지 콘스탄티노플을 약탈했다. 그들이 탈취한 귀중품 가운데에는 요한 크리소스토무스와 나지안주스의 그레고리우스의 유해도 포함되어 있었다. 그들은 이를 서방으로 가져와 로마로 옮겼다. 그리하여 이 유해들은 오늘날까지 바티칸 성 베드로 대성당의 델 코로 경당에 보존되어 있다.[22]

유해보다 더 중요한 것은, 요한 — 6세기 이래 '크리소스토무스', 즉 '황

그림 XIV 콘스탄티노플의 사도 성당. 그리스도의 승천을 보여 주는 그림으로, 십자가가 달린 둥근 지붕의 장려한 비잔티움식 성당(사도 성당으로 추정)으로 승천 장소가 옮겨졌다. 양피지 세밀화, 12세기, 바티칸 도서관

금의 입'(金口)이라는 존칭을 얻었다 — 이 쓴 설교와 편지와 논설들이다. "이것들은 마치 번갯불처럼 온 세상을 순식간에 훑었다"라고 어느 필사자가, 히에로니무스의 책 『저명한 사람들』 가운데 요한 크리소스토무스를 다룬 단락의 여백에 적어 놓았다. 이로써 일찍이 요한이 올림피아스에게 적어 보낸 그대로, 즉 "내가 없더라도 내 책들과 함께 살아가는" 것이 우리에게는 가능해졌다.

| 주 |

머리말

1 요한 크리소스토무스의 저작들은 19세기에 J.-P. Migne가 파리에서 출판한 Patrologia Graeca의 제47-64권으로 간행되어 있다. 독일어 번역본이 없는 경우, 이 전집을 참조하라고 종종 지적할 것이다(MPG + 책 번호로 표시하겠음). 크리소스토무스의 한 선집(選集)이 Bibliothek der Kirchenväter 총서로 번역·간행되었다. 10권으로 이루어진 이 총서 초판은 1869~1884년 Kempten에서 출간되었고, 2판 8권은 1915~1936년 Kempten/München에서 출간되었다(BKV1 또는 BKV2 + 책 번호 + 간행 연도로 표시하겠음). 그리스어 본문과 프랑스어 번역문을 함께 제공하는 프랑스의 Sources Chrétiennes 총서도 마땅히 언급해야겠다. 이 총서에서는 요한 크리소스토무스의 저작들을 지금까지 19권 출간했다(SC + 책 번호로 표시하겠음). 독일 Freiburg의 Herder 출판사가 펴내는 새로운 Fontes Christiani 총서도 교부들의 저작을 원문과 독일어 번역문으로 제공하는데, 크리소스토무스의 저작으로는 『세례 교리문답』이 1992년 간행되었다.
2 리바니우스 편지들의 한 선집의 독일어 번역: G. Fatouros und T. Krischer (Hrsg.), Libanios, Briefe, Tusculum-Bücherei, München 1980.
3 율리아누스 편지들의 독일어 번역: Lisette Goessler (Hrsg.), Kaiser Julian der Abtrünnige, Die Briefe, Zürich 1971.
4 그의 저작 『로마사』(Römische Geschichte)가 Wolfgang Seyfarth의 해설을 포함한 네 권짜리 라틴어-독일어 대조판으로 1971~1975년 Darmstadt에서 출간되었다.
5 소크라테스는 일곱 권짜리 교회사에서 305~439년의 사건들을 다룬다. 독일어 번역본은 없다.
6 소조메누스는 324~425년의 사건들을 다루는 아홉 권짜리 교회사에서 소크라테스에게 크게 의존하고 있다. I-IV권은 프랑스어로 번역 출간되었다: Sozomène, Historie ecclésiastique, SC 306; 418.

7 이 책은 팔라디우스 주교와 로마의 Theodor 부제의 대화 형식으로 꾸며져 있으며, 제목도 『대화』로 되어 있다. 프랑스어 번역본이 Sources Chrétiennes 총서로 출간되었다: PALLADIUS, *Dialogue sur la vie de Jean Chrysostomus*, SC 341; 342.
8 현대어 번역판은 아직 없다.
9 Olympias에게 보낸 편지들만이 번역되어 있다. 이에 관해서는 나중에 다시 언급할 것이다.

I. 순교자 돌아오다

1 사도 성당은 세월이 흐르면서 퇴락했고, 터키인들에 의한 콘스탄티노플 정복 직후 파괴되었다. 그 자리에 Mehmet 2세 Fatih가 1463~1470년에 모스크를 건립하게 했는데, 그의 이름을 따서 불리게 되었다. 사도 성당 그림(241쪽 그림 XIV)은 반구형 지붕 위에 십자가가 세워진 비잔티움 양식의 성당을 보여 주는데, 이 그림이 유스티니아누스 황제 치세에 보수된 사도 성당 건물을 충실히 재현하고 있는지는 확실하지 않다.
2 A. KALLIS (Hrsg.), *Die heilige Liturgie der orthodoxen Kirchen*, Mainz 1989, XIII.

II. 삶과 활동

1. 안티오키아 시절

1 Rede 11.
2 Giovanni Lorenzo BERNINI (1598~1680), Apollo e Dafne, Museo Borghese, Rom.
3 그림 II는 6세기의 안티오키아 시가 지도다. 요한 크리소스토무스 시대에는 테오도시우스 2세와 유스티니아누스 치세에 축조된 성벽들이 아직 존재하지 않았다. 이 지도상의 많은 장소의 정확한 위치 확인은 불가능하다. 안티오키아는 고고학에 큰 어려움을 안겨 주는데, 겨우 몇 군데에서만 깊이 파 내려갈 수 있는 약 7미터 두께의 폐석 층이 덮여 있기 때문이다.
4 Rede 3.
5 안티오키아의 이교적 특징에 관해 André Jean FESTUGIÈRE, *Antioche païenne et chrétienne*, Paris 1959 참조.
6 요한은 이 기억을 위로의 소책자 『젊은 과부에게』에 삽입했다(SC 138).
7 Karl J. NEUMANN의 독일어 번역문: *Kaiser Julians Bücher gegen die Christen*, Leipzig 1880.

8   Gore VIDAL은 1964년 『율리아누스』라는 제목의 역사소설을 출간했는데(독일어 판 1965, 문고판 1984), 쉽게 읽히며 충실한 정보를 담고 있다.
9   Über das Priestertum 1, 2.
10 Homilien zum Matthäusevangelium, Homilie 68, 3,4, BKV2, *Johannes Chrysostomus*, Bd. 3, 1916.
11 Homilien zum 1 Timotheusbrief, Homilie 14, 6, BKV1, *Johannes Chrysostomus*, Bd. 9, 1883.
12 *Trostschrift an eine junge Witwe 4*. 프랑스어 번역본이 1968년 SC 138로 출간됐다.
13 Homilien zum Kolosserbrief, Homilie 12, 4,5, BKV2, *Johannes Chrysostomus*, Bd. 7, 1924.
14 *Die Keuschheit der Engel*, Kapitel 15: Die Sexualität und die Stadt: Johannes Chrysostomus, 315-331.
15 Phylakterien(히브리어 Tephillin): 유다인들이 몸에 지니고 다니는 성구 갑. 이 작은 상자에 탈출기 13장 1-10절과 13장 11-16절, 신명기 6장 4-9절과 11절, 13-21절 등을 쓴 양피지를 넣었다(마태오 복음서 23장 5절 참조).
16 여기서 요한은 과부들에게 재혼 포기를 권면한 바오로에게서 연원하는 오랜 그리스도교 전통을 따르고 있다. 결혼 포기에 대한 그리스도교의 높은 평가와 결혼과 과부 및 홀아비의 재혼에 대한 국가의 권장이라는 상충은, 다음 사실을 상기할 때에만 제대로 이해할 수 있다: 고대 말엽에 남자는 백 명 중 겨우 네 명(여자는 더 적었다) 정도만이 50세 넘게 살았다. 그래서 인구가 어느 정도라도 안정적으로 유지되려면, 여자마다 평균 다섯 명의 아이를 낳아야 했다(주 46도 참조).
17 *Golden Mouth. The Story of John Chrysostom*, 51.
18 Brief 22 an Eustochium aus dem Jahre 384(독일어 번역본: BKV2, *Hieronysmus*, Bd. 2, 1936).
19 *Acht Reden gegen Juden*; Rudolf BRÄNDLE가 서문을 쓰고 해설한 번역본: Verena Jegher-Bucher, Stuttgart 1995.
20 Psalmenerklärung 8, 4.
21 *Acht Reden gegen Juden*, Rede 3, 3.
22 Homilien zum Römerbrief, Homilie 17, 2, BKV2, *Johannes Chrysostomus*, Bd. 6, 1923.
23 Homilien zum Matthäusevangelium, Homilie 88, 4, BKV2, *Johannes Chrysos-*

tomus, Bd. 4, 1916.

24 *Römische Geschichte* 23, 1.
25 이 보고서는 H. DONNER의 편집으로 출간되었다: *Pilgerfahrt ins Heilige Land. Die ältesten Berichte christlicher Palästinapilger*(4.-7. Jahrhundert), Stuttgart 1979, 259-314; 마카베오 집안 형제들 무덤에 관해서는 313쪽을 보라.
26 주요 용어 해설에서 '마카베오 형제들'을 찾아볼 것.
27 21편의 설교 전체가 독일어로 번역되었다: BVK1, *Johannes Chrysostomus*, Bd. 2, 1874.
28 Homilien zum Matthäusevangelium, Homilie 6, 1, BKV2, *Johannes Chrysostomus*, Bd. 1, 1915.
29 Homilien zum Matthäusevangelium, Homilie 17, 7, BKV2, *Johannes Chrysostomus*, Bd. 1, 1915.
30 독일어 번역본: BKV2, *Johannes Chrysostomus*, Bd. 4, 1916; 그리스어 원문과 프랑스어 번역문 대조본: SC 272.
31 Homilien zum Epheserbrief, Homilie 11, 5, BKV2, *Johannes Chrysostomus*, Bd. 8, 1936.
32 Homilie 88, 4, BKV2, *Johannes Chrysostomus*, Bd. 4, 1916.
33 Homilien zum 1. Korinterbrief, Homilie 30, 5, BKV1, *Johannes Chrysostomus*, Bd. 5, 1881.
34 Homilien zum 1. Timotheusbrief, Homilie 12, 4, BKV1, *Johannes Chrysostomus*, Bd. 9, 1883.
35 Homilien zum 1. Thessalonicherbrief, Homilie 11, 3, BKV1, *Johannes Chrysostomus*, Bd. 8, 1883. Homilien zum 2. Timotheusbrief, Homilie 1, 4, BKV1, *Johannes Chrysostomus*, Bd. 9, 1883.
36 Homilien zum Philipperbrief, Homilie 1, 2, BKV1, *Johannes Chrysostomus*, Bd. 7, 1924.
37 R. BRÄNDLE, Matth. 25,31-46 im *Werk des Johannes Chrysostomus*, Tübingen 1979.
38 Body and Society. 독일어 번역본이 *Die Keuschheit der Engel. Sexuelle Entsagung, Askese und Körperlichkeit am Anfang des Christentums*라는 제목으로 1991년 München에서 출간되었다. 본문의 인용문은 326쪽.

39 *Die Keuschheit der Engel*, 326.
40 Homilien zum 2. Korintherbrief, Homilie 27, 3, BKV1, *Johannes Chrysostomus*, Bd. 6, 1882. Homilien zum Hebräerbrief, Homilie 32, 3, BKV1, *Johannes Chrysostomus*, Bd. 10, 1884.
41 Homilie 1, 2, BKV2, *Johannes Chrysostomus*, Bd. 8, 1936.
42 Säulenhomilien, Homilie 15, 5, BKV1, *Johannes Chrysostomus*, Bd. 2, 1874.
43 Homilie 4, 5, BKV1, *Johannes Chrysostomus*, Bd. 8, 1883.
44 Homilie 16, 6, BKV2, *Johannes Chrysostomus*, Bd. 6, 1923.
45 그 문은 '다리 문'이라고도 불리었다(23쪽 그림 II 안티오키아 시가 지도 참조).
46 *Die Keuschheit der Engel*, 317.
47 Comes Orientis는 제국 동방에서 최고위 관리들 중 하나였다. comes를 보통 태수(Graf)로 번역하지만 미흡하니, 그릇된 연상(聯想)을 부추기기 때문이다. 주요 용어 해설에서 국가의 여러 직책에 관해 좀 더 상세히 설명했다.
48 *Über Hoffart und Kindererziehung* 4. Übersetzung von J. Glagla, Paderborn 1968.
49 이 단락과 관련하여 Peter BROWN, *Die letzten Heiden. Eine kleine Geschichte der Spätantike*, Berlin 1989, 86 참조.
50 Peter BROWN, *Die Keuschheit der Engel*, 323-324.
51 Säulenhomilien, Homilie 17, 2, BKV1, *Johannes Chrysostomus*, Bd. 2, 1874.
52 Homilien zum 1. Korintherbrief, Homilie 12, 6, BKV1, *Johannes Chrysostomus*, Bd. 5, 1881.
53 이 단락과 관련하여 Peter BROWN, *Die Keuschheit der Engel*, 323-330 참조.

2. 콘스탄티노플 시절

1 384년 Eustochium에게 보낸 편지 22, 30. BKV2, *Hieronymus*, Bd. 2, 1936.
2 Robert Louis WILKEN, *John Chrysostom and the Jews*, Berkeley 1983의 한 장(章)(29-33쪽)의 제목이 그렇다("Not yet The Christian Era").
3 Peter BROWN, *Die Keuschheit der Engel*, 327.
4 흔히 요한을 콘스탄티노플 총대주교라고 지칭한다. 그러나 이것은 시대착오다. 381년의 콘스탄티노플 공의회는 수도의 '주교'에게 알렉산드리아와 안티오키아 총대주교들과 동등한 지위를 부여했다. 그러나 콘스탄티노플이 실제로 총대주교좌로 격상된 것은 451년의 칼케돈 공의회에서 비로소 이루어졌다.

5   열왕기 하권 2장 23절 참조.
6   Hebdomon 지역은 도시 밖으로 약 10킬로미터 떨어져 있었다. 이 지역의 의미는 나중에 언급할 것이다.
7   이렇게 요한 크리소스토무스는 현실과 관련지어 마르코 복음서 6장 17-29절을 암시하면서, 수사학적 격정에 휩쓸린다. 마르코 복음서 이야기에 따르면, 춤을 춘 사람은 헤로디아가 아니라 그녀의 딸 살로메다. 왕후 헤로디아는 살로메를 부추겨, 헤로데 안티파스에게 세례자 요한의 머리를 요구하게 한다. 이 같은 현실 결부는 교부들의 설교에서 종종 발견된다. 밀라노의 암브로시우스는 황제의 어미 유스티나를 헤로디아에 견주었다.
8   J.N.D. KELLY, *Golden Mouth. The Story of John Chrysostom. Ascetic, Preacher, Bishop*, London 1995, 114.
9   시편 49,17("누가 부자가 된다 하여도, 제집의 영광을 드높인다 하여도, 불안해하지 마라")에 관한 설교, MPG 55, Sp. 499-518.
10 인용문은 콘스탄티노플에서 했던, 요한 복음서 5장 17절 "내 아버지께서 여태 일하고 계신다"에 관한 설교(MPG 55, Sp. 499-518)에 근거함.
11 연극에 대한 비판과 관련하여, 참회에 관한 설교들인 Homilie 6, 1 참조. 요한은 자신의 비판을 399년 독특한 논설 「서커스와 연극을 반대하여」에 함께 묶었다. 이 논설은 MPG 56, Sp. 263-271에 수록되어 있다.
12 유해를 매장한 뒤에 한 설교를 여기서 발췌 · 인용했다. 번역문: Chr. BAUR, *Johannes Chrysostomos und seiner Zeit*, Bd. 2, 35-36.
13 GREGOR VON NYSSA, *Rede über die Gottheit des Sohnes und des Heiligen Geistes*, MPG 46, Sp. 557.
14 아리우스와 그의 이름을 따서 불리는 이단에 관해서는 주요 용어 해설 참조.
15 Rede 43, 63, MPG 36, Sp. 580.
16 Dial. 8, SC 371.
17 Homilien zum Kolosserbrief, Homilie 7, 5, BKV 2, *Johannes Chrysostomus*, Bd. 7, 1924.
18 이 서간의 독일어 번역문은 S. WENZLOWSKY가 편찬한 BKV 1, *Die Briefe der Päpste*, Bd. 3, 1877, 39-50의 Die Briefe der Päpste und die an sie gerichteten Schreiben von Linus bis Pelagius II(vom Jahre 67-590)에 들어 있다. 그리스어 원문과 프랑스어 번역문 대조판으로 『팔라디우스의 대화』 SC 342의 부록으로도 출간되었다.

19　첫 유배에서 돌아온 뒤의 인사 설교에 관해서는 'Ⅱ. 삶과 활동 - 3. 유배' 주 5 참조.
20　Homilien zum Hebräerbrief, Homilie 10, 4, BKV 1, *Johannes Chrysostomus*, Bd. 10, 1884.
21　이 장과 다음 장은 G. ALBERT, *Goten in Konstantinopel. Untersuchungen zur oströmischen Geschichte um das Jahre 400 n. Chr.*, Paderborn 1984에 힘입은 바 크다.
22　『에우트로피우스에게』라는 설교를 여기서 발췌·인용한다. 번역은 Chr. BAUR, *Johannes Chrysostomus und seine Zeit*, Bd. 2, 100-103을 따른다.
23　이 '밀고'와 그 배경에 관해 KELLY, *Golden Mouth*, 154-156 참조.
24　『요한의 귀환에 관하여』라는 제목의 이 설교의 라틴어 번역본이 보존되어 있다 (MPG 52, Sp. 423-426).
25　『세베리아누스는 다시 받아들여져야 합니다』라는 제목의 이 설교의 라틴어 번역본이 보존되어 있다(MPG 52, Sp. 423-426).
26　Dial. 6, SC 341.
27　부주교(Suffraganbischof)들은 한 명의 수석 주교(Metropolit)가 관할하는 교회 관구의 주교들이다. 모든 이집트 주교는 알렉산드리아 총대주교(Patriarch)의 통솔을 받았고, 그에게 크게 의존하고 있었다. 교회의 직책들에 관해서는 주요 용어 해설을 참조할 것.
28　이 기록들은 SC 342에도 『팔라디우스의 대화』의 부록으로 게재되어 있다.

3. 유배

1　MPG 52, Sp. 427-432.
2　열왕기 상권 21장과 마르코 복음서 6장 14-29절 참조.
3　야고보서 4장 6절 참조.
4　하느님과 그분 교회의 결합, 주교와 그의 공동체의 결합을 해치는 자는 누구나 간음꾼이라는 표상 뒤에는, 이 결합을 결혼에 견주는 신앙이 있다(에페소서 5장 32절 등이 중요하다). 이 결합의 침해를 간음으로 해석하는 것과 관련하여, 호세아서 3장 참조.
5　이 설교는 여기서 발췌·인용했다. Chr. BAUR의 번역문: *Johannes Chrysostomus und seine Zeit*, Bd. 2, 229-230.
6　'Ⅱ. 삶과 활동 - 2. 콘스탄티노플 시절' 주 7 참조.
7　'성당 봉헌 시노드' 명칭과 관련하여, 이 책 1.1. '안티오키아, 동방의 꽃부리' 참조.
8　PALLADIUS, Dial. 9, 127-132.

9 BKV1, *Die Briefe der Päpste*, Bd. 3, 1877, 39.
10 이 발췌 대목들의 독일어 번역문: Chr. BAUR, *Johannes Chrysostomus und seine Zeit*, Bd. 2, 281.
11 열왕기 상권 16장 14-23절 참조.
12 이 서한의 독일어 번역문은 S. WENZLOWSKY가 편찬한 BKV1, *Die Briefe der Päpste*, Bd. 3, 1877, 66-70, *Die Briefe der Päpste und die an sie gerichteten Schreiben von Linus bis Pelagius II*(vom Jahre 67-590)에서 찾아볼 수 있다.
13 올림피아스에게 보낸 17통의 편지의 독일어 번역문: BKV1, *Chrysostomus*, Bd. 3, 1879. 프랑스의 요한 크리소스토무스 연구의 권위자인 Anne-Marie MALINGREY가 올림피아스에게 보낸 편지들을 전범적으로 편집하고 프랑스어로 번역했다(SC 13, 1968년까지).
14 A.-M. MALINGREY는 이 소책자를 *Lettre d'Exil. A Olympias et tous les fidèles (Quod nemo laeditur)*라는 제목으로 번역하고 해설했다(SC 103, 1964).
15 A.-M. MALINGREY는 이 소책자를 *Sur la Providence de Dieu*라는 제목으로 번역하고 해설했다(SC 79, 1961).
16 Dial. 11, 141; 창세기 49장 33절; 참조: 마카베오기 상권 2장 69절.
17 사도행전 1장 18절 참조. 2세기에 프리기아 지방 히에라폴리스의 주교 파피아스도 유다의 죽음을 그야말로 역겹게 묘사한다(Papias, Fragment 6. 손쉽게 찾아볼 수 있는 곳: *Schriften des Urchristentums, Dritter Teil. Papiasfragmente. Hirt des Hermas*, Hrsg. U.H.J. KÖRTNER und LEUTZSCH, Darmstadt 1998, 58-61).
18 이 둘로 접는 그림에 관해서는 주요 용어 해설 참조.
19 파울리누스에 관해서는 이 책 1.4. '은수자요 금욕 고행자'와 2.11. '테오필루스 총대주교의 전략' 참조.
20 보니파티우스는 418~422년 교황으로 재직하게 된다.
21 사도행전 1장 15-26절 참조.
22 델 코로 경당(Cappella del Coro)은 성 베드로 대성당 중앙 출입구를 지나 바로 왼쪽에 있다.

| 주요 용어 해설 |

- 강론Homilie: 성경 단락에 대한 (통상 연속적인) 해설 형식의 설교로서, 그리스도인 삶에의 실제적 적용을 포함하고 있다.
- 결혼Ehe: 국가는 여러 가지 법령을 통해 결혼을 장려했을 뿐 아니라, 과부나 홀아비의 재혼도 권장했다. 교회 쪽에서는 신자들에게 결혼 자체의 포기나 최소한 재혼의 단념을 은근히 권유했다.
- 고트족Goten: 동게르만 민족의 한 종족. 150년에서 180년 사이에 고트족은 흑해 북쪽 연안으로 이주했고, 그로써 최초의 게르만 민족 이동을 불러일으켰다. 이들은 나중에 다뉴브 강 하부 지역으로 이동했고, 또한 소아시아 지방으로 밀고 들어왔다. 269년부터 고트족은 서고트족과 동고트족으로 갈라졌다. 4세기 후반에 로마의 동맹으로 분류된 고트족은 많은 군인과 사령관을 배출했다. 동고트족의 우두머리 가이나스는 400년에 콘스탄티노플을 점령했다.
- 교회 분열Schisma: 규율이나 교회 주도권 등의 이유로 말미암은 교회 공동체의 분열. 안티오키아에서는 파울리누스-교회 분열이 아주 오랫동안 계속되었다. 작은 분파 하나가 파울리누스를 중심으로 모였다. 파울리누스 자신은 정통 신앙을 지니고 있었으나, 오직 그들에 의해서만 주교로 인정을 받았다. 요한 크리소스토무스는 콘스탄티노플 주교로 임명된 직후부터, 이 교회 분열을 종식시키기 위해 애썼다. 또한 요한 크리소스토무스가 파직된 뒤에도 유사한 방식으로 교회 분열이 발생했고, 그의 지지자들은 요한파로 지칭되었다.
- 금욕 수행Askese: 이기심과 관능의 억제와 음식, 음료, 잠 따위의 자발적 제한을 통해, 윤리·정신·종교적 완전성을 지속적으로 추구하는 일. 금욕 수행은 고대 말엽에 극히 다양한 종교적 색채를 지닌 아주 많은 사람(청소년들 포함)이 힘써 실행하던 삶의 방식이었다. 특히 시리아 지방에서는 매우 치명적인 금욕 수행 방식들도 있었다: 극히 좁은 공간에 자신을 꾸겨 넣기, 누울 자리도 없는 기둥 위에서 지내기('주두柱頭 성자들'), 굶어 죽기 직전까지 안 먹기, 잠 안 자기.

- 기념비(유골 없는 곳에 세운)Kenotaph : 글자 그대로는 '빈 무덤'. 다른 곳에 묻혀 있는 사람을 위한 묘비.
- 나르텍스Narthex : 초기 그리스도교와 비잔티움 성당들의 본당 입구 앞의 넓은 홀. 통상 폐쇄된 공간인 동방의 나르텍스는 성당 구역에 부속되어 있으며, 따라서 제의 공간의 일부다. 그래서 흔히는 많은 프레스코 벽화와 모자이크로 화려하게 장식되어 있다. 반면 서방에서는 나르텍스가 통상 교회의 주 건물 앞에 위치한 넓게 트인 홀이다.
- 노바티아누스파Novatianer : 로마 교회의 대립 주교 노바티아누스의 추종자들. 251년 로마 주교 코르넬리우스가 노바티아누스를 파문한 뒤, 대립 교회를 세웠다. 이들은 각별한 엄격함으로 유명했다. 죽을죄를 지은 자들은 하느님만이 용서하실 수 있지, 교회는 용서할 수 없다고 주장했다. 그런 죄인들을, 그리고 박해 시기에 배교했던 그리스도인들을 교회에 다시 받아들이는 것을 반대했다. 노바티아누스파 교회는 온 제국으로 퍼져 나갔다. 요한 크리소스토무스 시절에 콘스탄티노플의 노바티아누스파는 시신니우스 주교가 이끌었다.
- 독서대Ambo : 제단과 신자석 사이를 갈라놓는 곳에 돋우어 세워진 연단. 서방 성당에는 흔히 두 개의 독서대가 있었다. 본당 왼쪽 독서대에서는 구약성경을, 오른쪽 독서대에서는 복음서를 봉독했다.
- 독서자Lektor : '직책들'(교회)을 보라.
- 마카베오 형제들Makkabäer : 유다교에서 마카베오 집안의 일곱 형제와 그들의 어머니는 신앙을 위한 순교자들로 여겨진다(마카베오기 하권 7장 참조). 이 순교자들은 안티오키아에서 높이 공경되었다. 그들의 무덤을 이교인들과 그리스도인들도 참배했다. 율리아누스 황제가 사망한(363) 뒤, 유다인들은 마카베오 집안 형제들을 공경하던 지역의 회당을 넘겨주어야만 했다. 회당은 성당으로 탈바꿈했고, 그와 함께 마카베오 집안 형제들도 그리스도교의 순교자들이 되었다.
- 문지기Türsteher : '직책들'(교회)을 보라.
- 바실리카Basilika : 이 낱말은 넓은 공회당/회랑을 가리킨다. 바실리카는 로마 건물 양식의 하나인데, 고대의 언어 관습에서는 이 명칭이 건물의 한 가지 특정 형태나 목적에 국한되어 사용되지 않았다. 대개 광장에 자리 잡고 있던 널찍한 바실리카들은 상인과 환전상의 가게, 법정, 각종 관청의 사무실 등으로 두루 사용되었다. 황궁의 바실리카들은 알현실로 사용되었다. 좁고 긴 측면들에는 벽감壁龕들이 있었고, 중앙 벽감에는 황제의 옥좌가 자리 잡고 있었다. 거대한 광장 바실리카들에는 본당本堂이 세 개 혹은 그 이상 있는데, 중앙 본당이 통상 측랑보다 넓다. 여러 본당은 원주나 교각에 의해 구분되어 있다. 콘

스탄티누스 시대에 여러 본당을 갖춘 바실리카 건물 양식을 성당 건축이 넘겨받았다. 산 지오반니 인 라테라노의 다섯 본당을 갖춘 바실리카와, 오늘날 로마 베드로 대성당의 전신인 옛 성 베드로 성당의 역시 다섯 본당을 갖춘 바실리카가 유명하다. 중앙 본당의 벽감에는 주교가 설교 중에 앉는 주교의 고좌가 자리 잡고 있다.

- 부제|Diakon: '직책들'(교회)을 보라.
- 부주교Suffraganbischof: '직책들'(교회)을 보라.
- 비유사파非類似派Anhomöer: 4세기 말엽 동방교회에서 일정한 역할을 했던 그리스도인 집단. 더 상세한 내용은 '아리우스 논쟁'을 참조하라.
- 사제|Presbyter: '직책들'(교회)을 보라.
- 성유물Reliquien: 순교자와 성인들의 유물(특히 유골 그리고 옷, 고문 도구 등 성인과 밀접한 관계가 있는 물건들).
- 성인들Heilige: 신약성경에서는 그리스도인 공동체를 가리키는 명칭이다('성도들'). 고대 교회에서 성인들은 신앙을 위해 자신의 생명을 바친 순교자들, 또는 각별히 선행과 기적을 행하여 신자들이 공경하고 그들의 전구를 청하던 사람들을 가리킨다. 동방교회에서는 순교자들, 위대한 교부들 그리고 금욕 수행자들이 성인으로 공경되었다. 로마가톨릭교회에서는 꼼꼼히 규정된 절차를 거쳐 시성이 이루어진다. 동방교회에서는 개별적인 교회 관구들에서 공경되는 사람들이 다른 총대주교 관구들에서도 인정을 받으면 성인이 된다. 이늘은 '제단에서의 공경'으로 늘어 높여진다('제단 위 양절 그림' 참조).
- 성직매매Simonie: 이 개념은 마술사 시몬과 결부되어 있는데, 사도행전 8장 9-25절에 따르면 그는 사도들에게 돈을 주고 성령의 능력의 한몫을 사고자 했다.
- 성찬례Eucharistie: 예수께서 제자들과 나눈 마지막 식사(최후의 만찬)가 1세기 말엽부터 성찬례로 지칭되었다. 요한 크리소스토무스 시대에 교회는 매주 서너 번 성찬례를 거행했다. 성찬례 참석은 공동체의 세례 받은 구성원에게만 허용되었다. 세례 지원자들은 부제의 요청에 따라, 말씀 전례가 끝난 뒤 성당 밖으로 나갔다.
- 세례Taufe: 고대 교회는 통상 일 년에 한 번, 즉 부활 주일로 넘어가는 성토요일에 세례를 베풀었다('세례 지원자' 참조). 404년 부활날 밤에 콘스탄티노플에서는 약 3천 명이 극히 어려운 상황 속에서 세례를 받았다고 한다(이 책 3.2. '피로 물든 부활절' 참조).
- 세례당Baptisterium: 이 명칭은 3세기 이래 그리스도교 세례반盤의 초기 형태를, 또 흔히는 세례 성당 전체도 가리켰다. 세례당은 주교좌성당 옆의 별도 건물 안에 증축되거나 존재했다. 깊게 파인 큰 물 웅덩이는 대개 공간의 중앙에 자리 잡고 있었으며(동방의 세례당들에서는 후진後陣에도 있었다), 그래서 중앙집중식 건축양식(원형 또는 팔각형)이 선호되

었다. 정초定礎 작업은 콘스탄티누스 대제에게 소급되는, 로마의 산 지오반니 인 라테라노 바실리카 옆의 산 지오반니 인 폰테 세례당을 멋진 전범으로 꼽을 수 있다.
- 세례 지원자Katechumane: 이들은 명부에 이름을 올리고, 부활절 전의 사순 시기 동안 세례 교리문답Katechese 교육을 받았다. 또한 크리소스토무스가 저술한 세례 교리문답서들이 전해 온다('머리말' 주 1 참조).
- 수석 부제Archidiakon: '직책들'(교회)을 보라.
- 순교자Märtyrer: '증인'을 뜻하는 그리스어 낱말에서 파생됨. 1세기부터 '순교자'라는 낱말로써, 그리스도인 박해 때 죽음의 위험을 무릅쓰고 신앙을 고수하고, 극단적인 경우엔 죽임을 당한 사람들을 지칭했다. 그들의 수난에 관한 보고들, 이른바 순교록들은 고대 교회의 신앙을 이해하는 데 중요한 문서들이다.
- 신인 협력설Synergismus: 구원의 획득에서 하느님과 인간이 협력해야 한다는 교설.
- 아리우스 논쟁: 4세기에 교회는 아리우스 논쟁으로 말미암아 크게 동요되었다. 알렉산드리아 교회의 사제였지만 안티오키아 신학의 주창자였던 아리우스가 특히 그리스도론에서 알렉산드리아 신학에 반대함으로써 격렬한 충돌이 시작되었다. 아리우스는 하느님의 로고스(말씀)는 아버지 하느님에게 종속되어 있다고 가르쳤다. 하느님은 시작도 없고 하나이고 불변하시며, 그분과 같거나 비슷한 것은 아무것도 없다고 했다. 아들은 아버지에 의해 모든 시간 전에 무無로부터 산출되었으나, 그분의 본체로부터 나오지는 않았으며, 따라서 아버지와는 다른 존재이고 가변적이며 아버지와 동일하지 않다는 것이었다. 318년 알렉산드리아의 주교 알렉산더는 아리우스를 이단자로 단죄했다. 그러나 아리우스는 유력한 주교들의 지지를 얻었다. 그리하여 이른바 '아리우스 논쟁'이 불붙었다. 교회의 일치가 깨어질까 염려하던 콘스탄티누스 대제가 논쟁을 해결할 니케아 공의회(325)를 소집했다. 콘스탄티누스의 영향으로, 공의회에 모인 주교들은 아리우스를 단죄하고, 아들은 아버지와 동일 본질이라는homoousios, consubstantialis 정의를 인준했다. 그러나 이로써 논쟁이 종식된 것은 아니었다. 논쟁은 그 후에도 50년 이상 동방교회를 뒤흔들었다. 아리우스 자신은 여러 차례 교회에서 축출되고 다시 받아들여지기를 거듭하다가, 335년 또 한 번의 재심을 앞두고 사망했다. 한편 그의 지지자들은 다른 정의를 내세웠다. 아들은 아버지와 본질이 유사할 따름이라는 것이었다. 더 극단적인 파는 유사성까지도 부정했다. 이들을 사람들은 '비유사파'(그리스어 anhomois = 유사하지 않은)라고 불렀다. 요한 크리소스토무스는 386년 첫 번째 연속 설교에서 비유사파를 비판했다. 테오도시우스 1세는 381년 칙령 「모든 민족」을 반포하여, 사실상 아리우스파의 존립 바탕을 빼앗았다. 그러나 아리우스파는 거의 200년 넘게 일정한 구실을 했다. 로마제국 국경 부근

에 살고 있던 게르만족의 과반수는 아리우스 교설을 따랐는데, 처음으로 그들에게 선교한 사람들이 아리우스파였기 때문이다.
- 우의寓意적 해석Allegorese: 텍스트의 축어逐語적 의미 배후에 감춰진 더 깊은 의미를 찾는 해석.
- 이단Häresie: 공인된 교리에 어긋나는 특수한 교설. 교회는 2세기 이래 등장한 이단들을 단죄했다. 예를 들어 마르키온은 144년 로마 교회에서 축출되었다. 테오도시우스 1세는 380년 2월 28일 칙령「모든 민족」을 통해, 로마 교회와 알렉산드리아 교회가 주장하는 그리스도교 교리를 보편적 구속력을 지닌 것으로 규정했다. 383년 7월 25일에는 이단자 관련 법령을 공포했다. 모든 비非가톨릭 신앙 공동체들은 회합이 금지되었다. 법령들은 이렇게 엄격했음에도 불구하고, 가톨릭교회와 국가가 이단적이라고 판정한 그리스도교 분파들은 수세기 동안 제국의 대부분의 도시에서 존속했다. 이들은 이런저런 제약들을 감수해야 했다. 예를 들어 콘스탄티노플의 아리우스파는 테오도시우스 1세 때 상황이 바뀐 이후, 더 이상 수도의 성당들에서 집회를 갖지 못했고, 성벽 밖에서 자기네 미사를 거행해야 했다.
- 재치권Jurisdiktion: 판결, 재판권. 고대 교회에서 주교는 자기 교구의, 수석 주교 또는 총대주교는 자기 교회 관구의 교회법적 문제들을 각기 단독으로 처결했다. 다른 주교는 누구도 간섭할 수 없었다. 그러나 한 주교의 판결을 거슬러, 그를 관장하는 총대주교에게 항소할 수 있는 제노가 점차 관철되었다. 그런데 한 총대주교의 판결을 거슬러 일종의 최고 심급에 항소할 수 있는가 하는 것은 더 골치 아픈 문제였다. 이 권한을 로마 교황이 자기 것으로 요구했다. 이와 관련하여 동방에서 특히 갈등이 심했던 문제는 '동방의 한 총대주교의 판결을 거슬러, 콘스탄티노플의 주교(나중엔 총대주교)에게 항소할 수 있는가?' 하는 것이었다.
- 전례Liturgie: 확정된 형식에 따라 진행되는 그리스도 교회들의 예배. 정교 교회들의 전례는 상징적 표지와 동작이 풍부하다. 전례에서 결정적인 것은, 지상에서의 예배는 천상에서 거행되는 하느님께 대한 장엄한 경배의 모사複寫라는 관념이다. 전례가 거행되는 동안, 영원한 하느님의 광채가 성당 안에서 세상의 어둠 속으로 비쳐 든다. 죄스러운 인간과 거룩한 하느님 사이의 간극이 전례에서 메워진다. 이 신비Mysterium 안에서 하느님은 인간 영혼 속에 찾아드시어, 그것을 성화 · 변화 · 변용 · 신화神化시키신다.

정교회의 '성 요한 크리소스토무스의 거룩한 전례' ― 이것이 공식 명칭이다 ― 는 아나스타시오스 칼리스Anastasios Kallis가 마인츠의 마티아스-그뤼네발트 출판사Mattias-Grünewald-Verlag에서 출간한 다음의 아름다운 책을 통해 쉽게 이해할 수 있다: *Litur-*

gie. Die göttliche Liturgie der Orthodoxen Kirche. Deutsch-Griechisch-Kirchenslawisch. 전례를 콤팩트디스크에 담은 것들도 아주 많은데, 개인적으로는 'harmonia mundi' 시리즈(번호 90641)가 훌륭하다고 생각한다.

• 제단 위 양절兩折 그림Diptychon : 경첩으로 연결한, 나무나 상아로 된 두 장의 직사각형 판으로, 밀랍을 바른 안쪽에 메모나 계산 따위를 적어 둘 수 있었다. 교회가 사용하면서 여기에 망자나 생존 인물들의 명단을 적고, 미사 중에 이들에게 전구를 청했다.

• 주교Bischof: '직책들'(교회)을 보라.

• 주교 고좌Cathedra: 주교좌대성당Kathedrale 벽감 안의 주교 좌석. 주교는 여기서 설교했다. 주교는 앉아서 설교하고, 청중은 서서 들었다.

• 직책들(교회): 동방교회에는 4세기에 문지기, 독서자, 부제, 사제, 주교의 다섯 직책이 있었다. 수석 부제Archidiakon는 부제들의 우두머리였다. 여기에 여부제들과, 대개는 연령 등의 조건이 엄격히 정해져 있던 과부들 동아리도 추가될 수 있다. 수석 주교 Metropolit는 대략 서방의 대주교에 해당한다. 수석 주교에게는 일련의 주교들[이른바 부주교(Suffraganbischof)들]이 속해 있었다. 알렉산드리아와 안티오키아의 주교들은 총대주교Patriarch로 지칭되었다. 콘스탄티노플의 주교는 칼케돈 공의회(451) 이후 비로소 총대주교로 지칭되었다.

• 직책들(국가): 최고 행정관Prätorianerpräfekt: 원래는 황제 친위대의 사령관을 가리켰는데, 콘스탄티누스 이래 최고 행정관을 지칭하게 되었다. 제국의 네 관할구Präfektur인 오리엔스, 일리리쿰, 이탈리아, 갈리아를 각기 한 명씩의 최고 행정관이 관할했다. 이 책에서 일정한 역할을 하는 네 최고 행정관 루피누스, 아우렐리아누스, 카이사리우스, 안테미우스는 동방 제국의 실질적 주권자들이었다.

• 측신側臣Comes: 원래 황제와 각별히 가까운 관계를 나타냈던 '코메스'라는 칭호는, 콘스탄티누스 이래 의미가 확대되고 군사와 민정의 수많은 직책과 결부되었다. 코메스 오리엔티스Comes Orientis는 황제의 대리인으로서, 제국 동방의 최고 관료들 가운데 하나였다. 안티오키아 주재 코메스 오리엔티스였던 아스테리우스는 요한 크리소스토무스가 콘스탄티노플 주교로 선택되었다는 소식을 그에게 전해 주었다. 이 책에서 요한 크리소스토무스의 적으로 일정한 역할을 하는 코메스 요한은 재무 장관이었다.

• 최고 행정관Prätorianerpräfekt: '직책들'(국가)을 보라.

• 파문Exkommunikation: 교회 공동체로부터의 축출, 제명.

• 호교서Apologie: 변호 연설 또는 변호서. 2세기의 호교가들은 이교인들의 비난과 공격에 맞서 그리스도교를 옹호하기 위해 호교서들을 저술했다. 중요한 호교가로 순교자 유

스티누스, 아테나고라스, 타티아누스, 테르툴리아누스 등을 들 수 있다. 후대 저자들도 호교 모티브를 이용했다. 요한 크리소스토무스는 순교자 바빌라스를 칭송하는 설교에서, 이교의 주장들을 논박하는 진실 입증을 시도했다. 바빌라스는 죽은 뒤에도 친히 일으킨 기적을 통해 진실을 입증했다는 것이었다.

• 황궁 시종장Praepositus sacri cubiculi : 황궁 시종장의 직무들을 명확히 규정한 자료는 전혀 없다. 이 직책 보유자(이 책에서는 주로 에우트로피우스다)는 항상 황제 옆에 머물렀기에, 핵심 지위에 있었다. 시종장만이 통치자와의 직접 면담을 주선할 수 있었다.

| 인명 해설 |

아래 목록에서는 통상 그리스어 이름을 라틴어 형태로 표기한다. 연대는 주교와 황제의 경우에는 재임 시기를, 다른 사람들의 경우엔 생애를 나타낸다. 성경에 등장하는 인물들은 수록하지 않았다.

가말리엘 5세Gamaliel V: 4세기 후반 티베리아 유다인들의 대大장로.
가우덴티우스Gaudentius: 브레시아의 주교. 요한 크리소스토무스가 보낸 한 편지의 수신인. 교황 인노켄티우스 1세가 동방에 파견한 대표단의 일원.
가이나스Gainas: 로마군에 복무한 고트족 장군.
갈루스Gallus: 율리아누스 황제의 배다른 형. 354년 처형됨.
게론티우스Gerontius: 니코메디아의 주교. 요한 크리소스토무스에 의해 해직됨.
게르마누스Germanus: 콘스탄티노플 성 소피아 대성당의 부제.
게르바시우스Gervasius: 시기 미상의 순교자. 386년 그의 유골이 암브로시우스에 의해 밀라노의 한 바실리카에서 발견됨.
그라티아누스Gratianus(375~383): 로마 황제.
그레고리우스(나지안주스의)Gregorius Nazianzenus(381): 콘스탄티노플의 주교.
그레고리우스(니사의)Gregorius Nyssenus(335~394경): 대大바실리우스의 동생. 많은 책을 쓴 저술가.
네브리디우스Nebridius: 콘스탄티노플 시 최고 행정관. 올림피아스와 결혼. 390년 사망.
네스토리우스Nestorius(428~431): 콘스탄티노플의 주교.
넥타리우스Nectarius(381~397): 콘스탄티노플의 주교.
노바티아누스Novatianus: 3세기 중엽 로마의 사제이자 대립 주교.
데모스테네스Demosthenes(기원전 384~322): 고대의 가장 유명한 연설가.
돔니나Domnina: 안티오키아 교회의 여자 순교자. 요한 크리소스토무스가 설교에서 칭송했음.

디오도루스Diodorus(378~394): 요한 크리소스토무스의 스승. 타르수스의 주교.

디오스코루스Dioscorus: 이집트 수도승. '키다리 수도승들' 중 최고 연장자.

레오Leo: 동로마 장군.

레온티우스Leontius: 안키라의 주교. 요한 크리소스토무스의 적대자.

루키아누스Lucianus: 동방 최고위 관리들 중 한 사람. 395년 최고 행정관 루피누스의 명령으로 안티오키아에서 채찍에 맞아 사망함.

루키아누스Lucianus: 안티오키아 교회의 순교자. 요한 크리소스토무스가 설교에서 칭송.

루키우스Lucius: 장교. 404년 부활절 밤 부대를 이끌고 세례식이 집전되던 성당을 점거.

루터Martin Luther(1483~1546): 독일의 종교개혁가.

루피누스Rufinus: 최고 행정관. 395년 11월 27일 살해됨.

루피누스(아퀼레이아의)Rufinus Aquileiensis: 많은 신학책을 그리스어에서 라틴어로 번역.

리바니우스Libanius(314~393): 안티오키아의 수사학 교수.

리시아스Lysias: 기원전 5세기 그리스의 유명한 연설가.

리시프Lysipp: 기원전 4세기의 매우 유명한 조각가.

리우트프란두스Liutprandus: 955년부터 황제 오토 1세의 사절.

리코메르Richomer: 로마제국에 복무한 프랑크족 장군. 막시무스와 싸운 전투의 사령관.

마루타Marutha: 메소포타미아 지방 마이페르카타의 주교.

마르샤Marsa: 에우독시아 황후의 궁녀.

마르쿠스Markus: 가자의 포르피리우스 주교의 부제. 포르피리우스 전기의 저자.

마르티리우스Martyrius: 콘스탄티노플의 부제.

마르티리우스Martyrius: 요한 크리소스토무스의 한 전기의 신원 불명 저자의 가명.

마리나Marina: 403년 2월 10일 태어난, 아르카디우스 황제와 에우독시아 황후의 딸.

마리아누스Marianus: 주교. 교황 인노켄티우스 1세가 동방에 파견한 사절단의 일원.

막시무스Maximus: 383~388년에 찬탈자로서 테오도시우스 1세와 대립했다.

멜라니아(노)Melania: 로마의 귀부인.

멜라니아(소)Melania: 383년 로마 출생. 노老멜라니아의 손녀. 439년 예루살렘에서 사망.

멜레티우스Meletius(360~381): 안티오키아 주교.

멤논Memnon: 콘스탄티노플 사도 성당의 성직자.

바빌라스Babylas: 안티오키아 주교. 데키우스 황제 치세인 250~251년에 순교함.

바실리스쿠스Basiliscus: 순교자. 코마나 폰티나에 있는 그의 경당에, 요한 크리소스토무스가 사망한 뒤 매장되었음.

바실리우스Basilius: 요한 크리소스토무스의 청소년기 친구.

바실리우스(대)Basilius(370~379): 카파도키아 카이사리아의 주교.

바우투스Bautus: 로마군에 복무한 프랑크족 장군. 에우독시아 황후의 아버지.

바흐Johann Sebastian Bach(1685~1750): 작곡가.

발렌스Valens(364~378): 동로마 황제.

베네리우스Venerius: 밀라노의 주교. 요한 크리소스토무스가 보낸 한 편지의 수신인.

베레니케Berenike: 안티오키아 교회의 여자 순교자. 요한 크리소스토무스가 설교에서 칭송했음.

베르니니Giovanni Lorenzo Bernini(1598~1680): 바로크 시대의 건축가, 조각가, 화가.

베토벤Ludwig van Beethoven(1770~1827): 작곡가.

브리손Brison: 에우독시아 황후의 시종.

브리악시스Bryaxis: 아테네 출신으로, 기원전 4세기의 가장 탁월한 조각가들 중 한 사람.

비길리우스Vigilius: 트렌토의 주교. 요한 크리소스토무스에게 편지 한 통을 써 보냈음.

사비니아나Sabiniana: 여부제. 요한 크리소스토무스의 고모.

사투르니우스Saturnius: 테오도시우스 1세 휘하의 장군.

살루스티우스 세레누스Sallustius Serenus: 4세기 페르가뭄 출신의 신플라톤주의자. 리바니우스와 함께 율리아누스 황제가 이교를 부흥시키는 것을 도왔다.

세라피온Serapion: 요한 크리소스토무스 시대 콘스탄티노플의 수석 부제.

세레나Serena: 황제 콘스탄티누스 1세의 조카딸. 스틸리코와 결혼함.

세베리아누스Severianus: 가발라의 주교. 요한 크리소스토무스의 가장 극렬한 적대자들 중의 한 사람. 408년 이후 사망.

세쿤두스Secundus: 요한 크리소스토무스의 아버지. 동방 군대 최고 사령부의 고위 관리.

셀레우키아Seleucia: 카파도키아 지방 카이사리아 부근에 별장을 소유하고 있던 여인.

소조메누스Sozomenus: 테오도시우스 2세 당시의 교회사가.

소크라테스Socrates: 테오도시우스 2세 당시의 교회사가.

소파테르Sopater: 아르메니아 프리마 지방의 태수. 유배된 요한 크리소스토무스의 감시 책임자였으나, 제집 손님처럼 후대했음.

스투디우스Studius: 요한 크리소스토무스가 해직될 당시 콘스탄티노플 시 최고 행정관.

스틸리코Flavius Stilicho: 반달족 출신의 게르만인. 로마 군대의 최고 사령관. 호노리우스 황제의 장인.

시리키우스Siricius(384~399): 로마 교황.

시메온Symeon Stylites(390~459): 주두柱頭에서 고행한 수도승.
시모니데스Simonides: 철학자. 391~392년 겨울 안티오키아에서 화형됨.
시시니우스Sisinnius: 요한 크리소스토무스 시대 콘스탄티노플의 노바티아누스파 주교.
실비나Silvina: 콘스탄티노플 주교좌대성당에서 요한 크리소스토무스를 보좌한 여부제.
심플리키우스Simplicius: 404년 콘스탄티노플 시 최고 행정관.
아르사케스 4세Arsaces IV: 378년부터 아르메니아의 왕.
아르사키우스Arsacius: 율리아누스 황제 당시의 갈라티아 지방 이교 대사제.
아르사키우스Arsacius(404~405): 콘스탄티노플의 주교.
아르카디우스Arcadius(383~408): 동로마 황제.
아리우스Arius: 알렉산드리아 바우칼리스 성당의 사제. 알렉산드리아 학파 신학에 대한 그의 반대가 318년부터의 이른바 아리우스 논쟁(주요 용어 해설 참조)을 촉발시켰다. 안티오키아 학파 신학의 이 대표자는 325년 니케아 공의회에서 단죄되었고, 335년 자신에 관한 재심 직전에 사망했다.
아스테리우스Asterius: 안티오키아에 주재하던 황제의 총독Comes Orientis.
아우구스티누스Augustinus(395~430): 히포 레기우스(오늘날 알제리의 보네)의 주교.
아우렐리아누스Aurelianus: 카이사리우스의 형제. 399~404년의 최고 행정관.
아이밀리우스Aemilius: 베네벤토의 주교. 교황 인노켄티우스 1세 사절단 단장.
아카키우스Acacius(378~437): 베로이아(오늘날 시리아의 알레포)의 주교.
아타나시우스Athanasius(328~373): 알렉산드리아의 주교. 니케아 신앙의 선봉장.
아티쿠스Atticus: 405년부터 콘스탄티노플의 주교.
안테미우스Anthemius: 405~414년의 최고 행정관.
안토니우스Antonius: 에페소의 수석 주교. 402년 요한 크리소스토무스에 의해 해직됨.
안토니우스Antonius: 은수자. 250년경 이집트 중부에서 부유한 집안의 아들로 태어남. 수도생활의 시조로 여겨진다. 아타나시우스가 그의 생애를 저술했다.
안투사Anthusa: 요한 크리소스토무스의 어머니.
안티오쿠스Antiochus: 프톨레마이스의 주교. 요한 크리소스토무스의 적대자.
안티오쿠스 4세 에피파네스Antiochus IV Epiphanes(기원전 175~164): 셀레우쿠스 왕조의 임금.
알렉산더Alexander(412~416): 안티오키아의 주교.
알렉시우스 5세Alexius V: 1204년 1월 28일부터 4월 13일까지 비잔티움 황제. 제4차 십자군 원정 중에 콘스탄티노플에서 살해됨.

알리피우스Alypius: 율리아누스 황제에 의해 브리타니아 총독으로 임명되었고, 나중에 예루살렘 성전 재건의 책임을 맡음.
암모니우스Ammonius: 이집트 수도승. '키다리 수도승들' 중 한 사람.
암미아누스 마르켈리누스Ammianus Marcellinus(330~395): 역사가.
암브로시우스Ambrosius(374~397): 밀라노의 주교.
야즈데게르드 1세Jesdegerd I(399~420): 페르시아 왕.
에우게니우스Eugenius(392~394): 로마의 제위 찬탈자.
에우그라피아Eugraphia: 에우독시아 황후의 궁녀.
에우도키아Eudokia: 황후. 황제 테오도시우스 2세와 결혼함.
에우독시아Eudoxia: 황후. 바우투스의 딸. 아르카디우스 황제와 결혼함. 404년 10월 6일 사망.
에우세비우스Eusebius(313~340): 팔레스티나 카이사리아의 주교. '교회사의 비조'로 여겨짐. 아리우스 논쟁에서의 중재자.
에우세비우스Eusebius: 400년 무렵 발렌티노폴리스의 주교.
에우에티우스Euethius: 사제. 요한 크리소스토무스의 유배 길에 동행함.
에우트로피우스Eutropius: 아르카디우스 황제 시절의 황궁 시종장. 399년 처형됨.
에우티키데스Eutychides: 기원전 3세기의 조각가. 리시프의 제자.
엘라피우스Elaphius: 황실의 고위 관리.
에피파니우스Epiphanius(367~403): 키프로스의 수석 주교.
엘피디우스Elpidius: 사제. '떡갈나무 시노드'에서 요한 크리소스토무스의 반대 측 증인으로 나섰음.
오리게네스Origenes(185~254경): 걸출한 성경 주석가. 알렉산드리아와 카이사리아(팔레스티나)에서 활동했음.
올림피아스Olympias: 네브리디우스의 미망인. 콘스탄티노플의 여부제. 408년 7월 25일 사망.
옵타투스Optatus: 404~405년 콘스탄티노플 시 최고 행정관.
외코람파드Johannes Oekolampad(1482~1531): 바젤의 종교개혁가.
요한Johannes: 콘스탄티노플의 부제. 요한 크리소스토무스에 의해 해직됨.
요한Johannes: 콘스탄티노플의 수도승. 요한 크리소스토무스를 고발했음.
요한Johannes: 황제의 측신Comes. 에우독시아 황후의 심복. 재무 장관. 요한 크리소스토무스의 적대자.

요한Johannes: 400년 무렵 카이사리아(팔레스티나)의 수석 대주교.

요한 카시아누스Johannes Cassian: 콘스탄티노플의 부제. 라틴어로 집필한 교회 저술가. 요한 크리소스토무스가 서방에 파견한 사절. 마르세유 부근 수도원들의 창설자.

우닐라Unila: 고트인들의 주교.

울딘Uldin: 400년경 훈족의 우두머리.

울필라스Ulfila/Wulfila(341~383): 고트인들의 주교이자 성경 번역자.

유스티니아누스 1세Justinianus I(527~565): 동로마 황제. 로마 법전을 편찬하고 성 소피아 대성당을 신축하게 했으며, 서방의 광대한 지역을 정복하여 다시 한 번 통일된 로마제국을 이룩했다.

율리아나Juliana: 로마의 여자 귀족. 요한 크리소스토무스의 한 편지의 수신인.

율리아누스Julian(361~363): 로마 황제.

이그나티우스Ignatius: 안티오키아의 주교. 115년경 트라야누스 황제 치세에 로마 콜로세움에서 순교함. 죄수로서 이송 중에 일곱 편의 서간을 집필했음.

이사악Isaak: 콘스탄티노플 수도승들의 지도자.

이시도루스Isidorus: 알렉산드리아 교회의 극빈자·병자 보호시설들의 총책임자 사제.

이시도루스(펠루시움의)Isidorus: 수도승이자 작가. 435년 사망.

인노켄티우스 1세Innocentius I(402~417): 교황.

조시무스Zosimus: 500년경의 이교인 역사가.

츠빙글리Huldrych Zwingli(1484~1531): 취리히의 종교개혁가.

카스트리키아Castricia: 에우독시아 황후의 궁녀.

카이사리우스Cäsarius: 아우렐리아누스의 형제. 최고 행정관.

칼뱅Jean Calvin(1509~1564): 제네바의 종교개혁가.

코르넬리우스Cornelius(251~253): 로마의 주교.

콘스탄스Constans(337~350): 콘스탄티누스의 아들. 서방 황제.

콘스탄티누스Konstantinus(306~337): 로마 황제.

콘스탄티누스 7세 포르피로게네투스Konstantinus VII Porphyrogennetus(912~959): 비잔티움 황제.

콘스탄티우스 2세Constantius II(337~361): 콘스탄티누스의 아들. 로마 황제.

크로마티우스Chromatius(387~407): 아퀼레이아의 주교.

키리누스Cyrinus: 칼케돈의 주교. 요한 크리소스토무스의 적대자.

키릴루스Cyrillus(412~444): 알렉산드리아의 총대주교.

테오도루스Theodorus(392~428): 몹수에스티아의 주교.

테오도루스Theodorus: 콘스탄티노플의 장교.

테오도시우스 1세Theodosius I(379~395): 로마 황제. 같은 이름을 가진 스페인 장군의 아들. 아일리아 플라비아 플라킬라(386년 사망)와의 첫 번째 결혼에서 세 자식 풀케리아(385/386년 사망), 아르카디우스(황제, 395~408), 호노리우스(황제, 395~423)를 낳음. 그리고 갈라(394년 사망)와의 두 번째 결혼에서 딸 갈라 플라키디아(라벤나에 영묘가 있음)를 얻음.

테오도시우스 2세Theodosius II(408~450): 아르카디우스 황제와 에우독시아의 아들. 동로마 황제.

테오테크누스Theotecnus: 로마에 파견된 요한파 주교들의 대리인.

테오필루스Theophilus(385~412): 알렉산드리아의 총대주교.

테오티무스Theotimus: 392년부터 토미(오늘날 루마니아의 콘스탄차)의 주교.

투키디데스Thukydides: 기원전 5세기 그리스의 역사가.

트리비길트Tribigild: 로마군에 복무한 동고트족 군대 사령관.

티사메누스Tisamenus: 요한 크리소스토무스가 '기둥 설교들'을 할 당시 안티오키아의 이교인 시장.

파레트리우스Pharetrius: 카파도키아 카이사리아의 주교. 처음에는 요한 크리소스토무스의 지지자였으나, 나중엔 적대자가 됨.

파울루스Paulus: 헤라클레아의 주교. '떡갈나무 시노드'의장.

파울루스Paulus: 크라테이아의 주교. 요한 크리소스토무스의 친구.

파울리누스Paulinus: 4세기 후반 안티오키아의 한 작은 집단의 주교.

파트리키우스Patricius: 황제의 법무관. 황제의 유배 명령을 요한에게 전달했음.

판소피우스Pansophius: 니코메디아의 주교. 요한 크리소스토무스에 의해 임명됨.

팔라디우스Palladius: 헬레노폴리스의 주교. 요한 크리소스토무스의 전기를 썼음.

페트루스Petrus: 테오필루스 총대주교 시절 알렉산드리아의 수석 사제.

펜타디아Pentadia: 콘스탄티노플 주교좌성당에서 요한 크리소스토무스를 보좌한 여부제.

펠라기아Pelagia: 안티오키아의 여자 순교자. 요한 크리소스토무스가 설교에서 칭송했음.

포르피리우스Porphyrius(400경): 가자의 주교.

포르피리우스Porphyrius(404~412): 안티오키아의 주교.

포카스Phokas: 안티오키아 교회의 순교자. 요한 크리소스토무스가 설교에서 칭송했음.

포티우스Photius(857~867과 877~886): 콘스탄티노플의 총대주교.

풀케리아Pulcheria: 황제 테오도시우스 2세의 누이.

프라비타Fravitta: 로마군에 복무한 고트족 사령관.

프로바Proba: 로마의 여자 귀족. 요한 크리소스토무스의 한 편지의 수신인.

프로스도케Prosdoke: 안티오키아 교회의 여자 순교자. 요한 크리소스토무스가 설교에서 칭송했음.

프로클라Procla: 콘스탄티노플 주교좌성당에서 요한 크리소스토무스를 보좌한 여부제.

프로클루스Proclus(434~446): 콘스탄티노플의 주교.

프로타시우스Protasius: 시기 미상의 순교자. 386년 그의 유골이 암브로시우스에 의해 밀라노의 한 바실리카에서 발견됨.

플라비아누스Flavianus(381~404): 안티오키아의 주교.

플라톤Plato(기원전 428~349): 아테네의 철학자.

플로티누스Plotinus(205~270경): 철학자. 신플라톤주의 창시자.

플루타르쿠스Plutarchus(45~120경): 대중 철학 저자이자 유명한 전기 작가.

필로고니우스Philogonius: 안티오키아 교회의 순교자. 요한 크리소스토무스가 설교에서 칭송했음.

필로스토르기우스Philostorgius: 425년까지의 교회사를 다룬 책의 저자.

헤라클리데스Heraclides(402~404): 에페소의 주교.

헤로도투스Herodotus: 기원전 5세기 그리스의 역사가.

헤시오도스Hesiodus: 기원전 7세기 그리스의 작가.

헬레나Hellena Augusta: 콘스탄티누스 대제의 어머니. 예루살렘에서 그리스도의 십자가를 발견했다고 함.

헬레비치Hellebich: 고위 관리. 387년 3월 안티오키아에서 '기둥 폭동'이 발생한 뒤, 카이사리우스와 함께 조사를 담당함.

호노리우스Honorius(393~423): 서방의 황제.

호메로스Homerus: 기원전 7세기 그리스의 작가. 고대에 가장 많이 읽힌 저자.

| 그림 출처 |

그림 I(19쪽)　　Doro Levi, Antioch Mosaic Pavements. Princeton 1947, Bd. 2, S. LXXVI, Tafel b.
그림 II(23쪽)　　Nach Glanville Downey, A History of Antioch in Syria. Princeton 1961, Tafel 11 (Anhang).
그림 III(30쪽)　　Tobias Dohrn, Die Tyche von Antiochia, Berlin 1960, Tafel 2.
그림 IV(42쪽)　　Alfred Heuss u. a. (Hrsg.), Geschichte Roms und der römischen Welt von den Anfängen bis zum 7. Jahrhundert n. Chr. Frankfurt 1979, S. 751. © Biblioteca Apostolica Vaticana.
그림 V(47쪽)　　Doro Levi, Antioch Mosaic Pavements. Princeton 1947, Bd. 2, S. XXX, Tafel b.
그림 VI(52쪽)　　Doro Levi, Antioch Mosaic Pavements. Princeton 1947, Bd. 2, S. LXXX, Tafel c.
그림 VII(90쪽)　　Cyril Mango, Materials for the Study of the Mosaics of St. Sophia at Istanbul. Dumbarton Oaks Research Library, Washington 1962, Tafel 70.
그림 VIII(93쪽)　　Philip Sherrard, Konstantinopel. Bild einer heiligen Stadt, Olten 1963, S. 87.
그림 IX(95쪽)　　Ranuccio Bianchi Bandinelli, Rom. Das Ende der Antike. Universum der Kunst, Bd. 17, München 1971, S. 359.
그림 X(118쪽)　　사진: Prof. Dr. Beat Brenk, Basel.
그림 XI(156쪽)　　Enciclopedia dell'Arte antica, Vol. II, Roma 1959. Art. Constantinopoli, S. 890.
그림 XII(159쪽)　　사진: Prof. Dr. Beat Brenk, Basel.
그림 XIII(196쪽)　　Wolfgang Müller-Wiener, Bildlexikon zur Topographie

그림 XIV(241쪽) Istanbuls, Tübingen 1977, S. 52. © Ernst Wasmuth Verlag Tübingen.
사진: 바티칸 도서관(아주 유사한 세밀화 하나가 Bibliothèque nationale de France에 소장되어 있다. Cod. gr. 1208, fol. 3v, 12세기 전반)

| 출전 |

• 요한 크리소스토무스의 편지들
요한 크리소스토무스의 삶에 관한 1차 자료는 240통의 편지다. 이 그리스어 편지들은 MPG 52로 출간되었으며, 그중에서 올림피아스에게 보낸 17통만 번역되었다(독일어 번역본: BKV1, *Chrysostomus*, Bd. 3, 1879. 프랑스어 번역본: SC 13, 1968년까지).

• 요한 크리소스토무스 『사제직에 관하여』
독일어 번역본: BKV2, *Chrysostomus*, Bd. 4, 1916. 그리스어 원문과 프랑스어 번역문 대조본: Anne-Marie MALINGREY (Hrsg.), JEAN CHRYSOSTOME, *Sur le sacerdoce*, SC 272, Paris 1980.

• 요한 크리소스토무스 『유다인 반박 연설』 여덟 편
Rudolf BRÄNDLE/Verena JEGHER-BUCHER (Hrsg.), JOHANNES CHRYSOSTOMUS, *Acht Reden gegen Juden*. Stuttgart 1995.

• 요한 크리소스토무스의 그 밖의 저작들
요한 크리소스토무스의 삶과 활동에 관한 개별적 정보를 담고 있는 기타 작품들은 MPG 47-64로 출간되었다. 독일어와 프랑스어 번역본에 관해서는 이 책 '머리말' 주 1 참조.

• 리바니우스의 편지들
이 편지들의 한 선집의 독일어 번역본: Georgios FATOUROS/Tilman KRISCHER (Hrsg.), LIBANIOS, *Briefe*, *Tusculum-Bücherei*, München 1980.

• 마르티리우스 『요한 크리소스토무스의 생애』
그리스어 원문은 아직 전체가 출간되지는 않았다. 종결 부분은 MPG 47, Sp. 43-52에 들어 있다.

• 소조메누스 『교회사』

Josef BIDEZ (Hrsg.), SOZOMENUS, Kirchengeschichte. Die griechischen christlichen Schriftsteller. 1995년 Berlin에서 출간된 2판에는 Günther Christian HANSEN이 작업한 색인이 갖추어져 있다. I-IV권의 프랑스어 번역본은 Sources Chrétiennes 총서에서 SOZOMÈNE, Histoire ecclésiastique, 306; 418로 출간되었다.

• 소크라테스 『교회사』

Günther Christian HANSEN (Hrsg.), SOCRATES, Kirchengeschichte. Die griechischen christlichen Schriftsteller, Berlin 1995.

• 암미아누스 마르켈리누스 『로마사』

Wolfgang SEYFARTH (Hrsg.), AMMIANUS MARCELLINUS, Römische Geschichte. Lateinisch und deutsch und mit einem Kommentar versehen, 4 Bde., Darmstadt 1971~1975.

• 율리아누스의 편지들

이 편지들의 독일어 번역본: Lisette GOESSLER (Hrsg.), Kaiser Julian der Abtrünnige, Die Breife, Zürich 1971.

• 팔라디우스 『요한 크리소스토무스의 생애에 관한 대화』

Anne-Marie MALINGREY (Hrsg.), PALLADIUS, Dialogue sur la vie de Jean Chrysostome. SC 341; 342, Paris 1988.

| 참고문헌 |

Gerhard ALBERT, *Goten in Konstantinopel. Untersuchungen zur oströmischen Geschichte um das Jahr 400*, Paderborn 1984.

Chrysostomus BAUR, *Der heilige Johannes Chrysostomus und seine Zeit*, 2 Bde., München 1929~1930.

Rudolf BRÄNDLE, Matth. 25,31-46 im *Werk des Johannes Chrysostomos. Ein Beitrag zur Geschichte der Exegese und zur Erforschung der Ethik der griechischen Kirche um die Wende vom 4. zum 5. Jahrhundert*, Tübingen 1979.

――, Art. "Johannes Chrysostomus I", in: *Reallexikon für Antike und Christentum*, Bd. 18, 1997, Sp. 426-503.

Peter BROWN, *Die letzten Heiden. Eine kleine Geschichte der Spätantike*, Berlin 1986.

――, *Die Keuschheit der Engel. Sexuelle Entsagung, Askese und Körperlichkeit am Anfang des Christentums*, München 1991(같은 저자의 *The Body und Society. Men, Women and sexual Renunciation in Early Christianity*, New York 1988의 독일어 번역본이다).

HANS VON CAMPENHAUSEN, Johannes Chrysostomos, in: ders.: *Griechisiche Kirchenväter*, Stuttgart 1955, S. 137-152.

John Norman Davidson KELLY, *Golden Mouth. The Story of John Chrysostom. Ascetic, Preacher, Bishop*, London 1995.

Doro LEVI, *Antioch Mosaic Pavements*, 2 Bde., Princeton 1947.

John Hugo Wolfgang Gideon LIEBESCHUETZ, *Antioch. City and Imperial Administration in the Later Roman Empire*, Oxford 1972.

Peter STOCKMEIER, Johannes Chrysostomus, in: Martin GRESCHAT (Hrsg.), *Gestalten der Kirchengeschichte*, Bd. 2, Stuttgart 1984, S. 125-144.

Robert Louis WILKEN, *John Chrysostom and the Jews. Rhetoric and Reality in the Late 4th Century*, Berkeley 1983.